Herausgeber: Dr. Frank Bräutigam

MEIN RECHT AUF GELD VOM STAAT

Welche Leistungen stehen mir zu?

verbraucherzentrale

Eine Produktion des Südwestrundfunks in Zusammenarbeit
mit den Verbraucherzentralen

Der Staat hilft bei sozialen Notlagen, die zum Beispiel durch Krankheit, Alter, Arbeitslosigkeit oder benachteiligende Lebensumstände entstehen können. Aber auch beim Vermögensaufbau und der Altersvorsorge, während der Elternschaft sowie bei Ausbildung und Studium bietet er finanzielle Unterstützungen.

Für Laien ist es jedoch nicht leicht, das Dickicht der verschiedenen Sozialleistungen zu durchdringen und die zuständigen Behörden auszumachen. Dieser Ratgeber zeigt, welche Leistungen wann zustehen – und hilft, die bürokratischen Hürden zu nehmen. Anhand konkreter Beispiele wird die jeweilige Problematik so verdeutlicht, dass Sie Ihre individuelle Situation erkennen und die richtigen Schritte einleiten können. Damit Sie bekommen, was Ihnen zusteht.

Dr. Jürgen Brand ist Rechtsanwalt; er war Präsident des Landessozialgerichts Nordrhein-Westfalen.

Dr. Otto N. Bretzinger ist Jurist und Journalist, er ist als Autor zahlreicher Publikationen bekannt.

Peter F. Brückner ist Präsident des Sozialgerichts Düsseldorf.

Dr. Jürgen Brand · Dr. Otto N. Bretzinger ·

Peter F. Brückner

MEIN RECHT AUF GELD VOM STAAT

Welche Leistungen stehen mir zu?

Bibliografische Information der Deutschen Bibliothek
Die Deutsche Bibliothek verzeichnet diese Publikation in der Deutschen Nationalbibliografie; detaillierte bibliografische Daten sind im Internet über http://dnb.ddb.de abrufbar.

1. Auflage 2015, 6.000 Exemplare

Printed in Germany.
ISBN 978-3-86336-624-7

VORWORT

Geld vom Staat, wer möchte das nicht? Aber so einfach, wie man sich das bisweilen vorstellt, ist das leider nicht.

Nicht, dass Sie keine Ansprüche auf staatliche Leistungen haben. Schließlich definiert unsere Verfassung unser Land als Sozialstaat. Staatliche Aufgabe ist mithin, bei sozialen Notlagen und Beeinträchtigungen, wie sie z.B. durch Krankheit, Alter, Invalidität, Arbeitslosigkeit und andere benachteiligende Lebensumstände entstehen, zu helfen. Und das tut auch unser Staat. Schließlich fließen fast 700 Milliarden Euro jährlich in den Sozialbereich. Das Problem liegt vielmehr darin, das Dickicht der verschiedenen Sozialansprüche und die für den Laien verwirrenden Zuständigkeiten zu durchschauen. Noch schwieriger wird es, wenn es um ganz konkrete Einzelfragen geht.

Dieser Ratgeber will Ihnen eine Orientierung bei den Sozialleistungen geben, die Ihnen zustehen. Ausgehend von unterschiedlichen Lebensumständen wie Schwangerschaft, Elternschaft, Ausbildung und Studium, Berufstätigkeit, Vermögensbildung und Altersvorsorge, Wohnen, Arbeitslosigkeit, Gefährdung der Existenz, Krankheit, Unfall, Pflegebedürftigkeit und Erreichen der Altersgrenze werden die verschiedenen staatlichen Hilfen dargestellt.

Beachten Sie aber auch, dass Ihnen gegenüber den Behörden ein gesetzlich verankerter Anspruch auf Beratung und Auskunft zusteht. Jeder Leistungsträger hat Sie in einer konkreten Angelegenheit umfassend mündlich oder schriftlich zu beraten. Und die Auskunftspflicht erstreckt sich auch darauf, Ihnen alle zuständigen Leistungsträger zu benennen sowie auf Sach- und Rechtsfragen hinzuweisen, die in diesem Zusammenhang von Bedeutung sind. Nutzen Sie also diese Möglichkeiten!

INHALT

01 FINANZIELLE HILFEN FÜR ELTERN UND KINDER

02 FINANZIELLE HILFEN FÜR SCHULE, AUSBILDUNG UND STUDIUM

03 STAATLICHE FÖRDERUNG DER VERMÖGENSBILDUNG UND ALTERSVORSORGE

05 LEISTUNGEN BEI ARBEITSLOSIGKEIT

06 LEISTUNGEN BEI DROHENDER ODER BEVORSTEHENDER ARBEITSLOSIGKEIT

07 LEISTUNGEN FÜR BEHINDERTE MENSCHEN

08 FINANZIELLE HILFEN DER UNFALLVERSICHERUNG

09 FINANZIELLE HILFEN BEI PFLEGEBEDÜRFTIGKEIT

10 LEISTUNGEN FÜR ERBRACHTE SONDEROPFER: DAS SOZIALE ENTSCHÄDIGUNGSRECHT

11 LEISTUNGEN BEI VERLUST DER ERWERBSFÄHIGKEIT

12 LEISTUNGEN NACH DEM AUSSCHEIDEN AUS DEM BERUFSLEBEN

13 LEISTUNGEN AN HINTERBLIEBENE

14 SOZIALHILFE – ZUR FÜHRUNG EINES MENSCHENWÜRDIGEN LEBENS

01

FINANZIELLE HILFEN FÜR ELTERN UND KINDER

Kinder sind unsere Zukunft – sie kosten aber auch Geld. Eltern und Kinder finanziell zu unterstützen, ist deshalb eine wichtige Aufgabe des Staates. Mutterschaftsgeld, Elterngeld, Betreuungsgeld und Kindergeld sind – neben anderen Leistungen – hierbei zentrale Säulen.

MUTTERSCHAFTSGELD VOR UND NACH DER GEBURT

Das Mutterschutzgesetz sieht vor, dass Mütter in den sechs Wochen vor der Geburt nicht arbeiten sollen und in den acht Wochen nach der Geburt – bei Früh- und Mehrlingsgeburten sogar zwölf Wochen danach – nicht arbeiten dürfen. Zum Ausgleich finanzieller Einbußen während dieser Mutterschutzfristen sind Frauen in der Regel durch das Mutterschutzgeld und einen Zuschuss, den der Arbeitgeber zu tragen hat, abgesichert.

Tipp

Weitere Informationen zum Mutterschaftsgeld enthält die Broschüre „Leitfaden zum Mutterschutz" des Bundesministeriums für Familie, Senioren, Frauen und Jugend. Im Internet nachzulesen unter www.bmfsfj.de.

Während des Bezugs von Mutterschaftsgeld bleibt die Mitgliedschaft in der gesetzlichen Kranken- und Rentenversicherung beitragsfrei, wenn die Versicherte dort schon vorher pflichtversichert war und keine weiteren beitragspflichtigen Einnahmen hat. Als freiwilliges Mitglied in der gesetzlichen Krankenversicherung bleiben Frauen hier weiterhin beitragspflichtig.

Kein Mutterschaftsgeld erhalten Hausfrauen, Selbstständige, die nicht in der gesetzlichen Krankenversicherung mit Anspruch auf Krankengeld versichert sind, und Beamtinnen (für sie gilt das Mutterschutzgesetz nicht). Selbstständige Frauen, die privat krankenversichert sind, sollten sich bei ihrer Versicherung erkundigen, welche Leistungen sie aufgrund ihres Versicherungsvertrags erhalten.

MUTTERSCHAFTSGELD DER GESETZLICHEN KRANKENVERSICHERUNG

Mutterschaftsgeld der gesetzlichen Krankenversicherung wird gezahlt, wenn die Frau

- bei Beginn der Schutzfrist eigenständiges Mitglied einer gesetzlichen Krankenversicherung ist (gleichgültig ist, ob es sich um eine Pflichtmitgliedschaft oder eine freiwillige Mitgliedschaft handelt) und

- mit einem Anspruch auf Krankengeld versichert ist oder
- in einem Arbeitsverhältnis steht, jedoch wegen der Schutzfrist kein Arbeitsentgelt gezahlt wird.

01

Sockelbetrag

Maßgebend für die Höhe des Mutterschaftsgeldes ist das durchschnittliche Nettoarbeitsentgelt der letzten drei Kalendermonate bzw. der letzten 13 Wochen bei Beginn der Schutzfrist (nach der Entbindung). Davon zahlt die Krankenkasse 13 Euro für jeden Kalendertag. Im Regelfall wird das Nettoeinkommen allerdings über dem Sockelbetrag von 13 Euro täglich liegen. In diesem Fall gibt es einen Anspruch auf einen Zuschuss vom Arbeitgeber, der die Differenz zwischen dem Sockelbetrag und dem entsprechenden Nettoverdienst ausgleicht.

A hat vor Beginn der Schutzfrist in den letzten drei Monaten jeweils 850 Euro netto verdient. Auf den Kalendertag umgerechnet sind das 28,33 Euro (850 Euro x 3 = 2.550 Euro, geteilt durch 90 Tage). Sie erhält 13 Euro pro Kalendertag von ihrer Krankenkasse und weitere 15,33 Euro von ihrem Arbeitgeber als Arbeitgeberzuschuss.

Geringfügige Beschäftigung

Auch an Frauen, die eine geringfügige Beschäftigung ausüben, also bis 450 Euro pro Monat verdienen und keinen Anspruch auf Krankengeld haben (z. B. Studentinnen), erhalten Mutterschaftsgeld bis zu 13 Euro kalendertäglich von ihrer Krankenkasse, wenn ihnen während der Schutzfristen kein Arbeitsentgelt gezahlt wird.

B hat vor Beginn der Schutzfrist in den letzten drei Monaten jeweils 330 Euro netto verdient. Umgerechnet auf einen Kalendertag sind das 11 Euro. Sie erhält 11 Euro pro Kalendertag von ihrer Krankenkasse, jedoch keinen Zuschuss ihres Arbeitgebers.

Frauen, die zu Beginn der Schutzfrist in einer gesetzlichen Krankenversicherung mit Anspruch auf Krankengeld versichert, aber gleichzeitig nicht abhängig beschäftigt sind (z. B. als Selbstständige), erhalten Mutterschaftsgeld in Höhe des Krankengeldes.

Antrag

Das Mutterschaftsgeld muss bei der Krankenkasse, der Zuschuss beim Arbeitgeber beantragt werden. Das Mutterschaftsgeld kann frühestens sieben Wochen vor dem mutmaßlichen Entbindungstermin beantragt werden, da die notwendige Bescheinigung des Arztes frühestens eine Woche vor Beginn der Schutzfrist ausgestellt werden darf. Im Antrag muss das Nettogehalt angegeben und belegt werden. Unter Umständen zahlt die Krankenkasse einen Teil des Mutterschaftsgelds auch als Vorschuss.

MUTTERSCHAFTSGELD VOM BUNDESVERSICHERUNGSAMT

Arbeitnehmerinnen, die nicht selbst Mitglied einer gesetzlichen Krankenkasse sind, z. B. privat Krankenversicherte, oder in der gesetzlichen Krankenversicherung familienversicherte Frauen erhalten ein verringertes Mutterschaftsgeld. Es beträgt einmalig bis zu 210 Euro. Daneben haben diese Frauen Anspruch auf den Arbeitgeberzuschuss, wenn deren Nettogehalt in den letzten drei Monaten über 13 Euro pro Tag lag. Ausgezahlt wird das verringerte Mutterschaftsgeld vom Bundesversicherungsamt.

Tipp

Das vom Bundesversicherungsamt zu zahlende Mutterschaftsgeld wird ebenfalls nur auf Antrag gewährt. Der Antrag ist an das Bundesversicherungsamt (Mutterschaftsgeldstelle), Friedrich-Ebert-Allee 38, 53113 Bonn, zu richten. Antragsformulare stehen auch im Internet unter www.mutterschaftsgeld.de zur Verfügung.

LEISTUNGEN FÜR ARBEITSLOSE FRAUEN OHNE ANSPRUCH AUF ARBEITGEBERZUSCHUSS

Frauen, die bei Beginn der Schutzfrist als Bezieherin von Arbeitslosengeld bei Arbeitslosigkeit oder nach beruflicher Weiterbildung nach dem SGB III gesetzlich krankenversichert sind, erhalten Mutterschaftsgeld durch die gesetzliche Krankenkasse. Die Höhe des Mutterschaftsgelds entspricht dem Betrag des Arbeitslosengelds bei Arbeitslosigkeit oder bei beruflicher Weiterbildung nach dem SGB III, den die Versicherte vor Beginn der Schutzfrist erhalten hat.

ELTERNGELD FÜR DIE ZEIT NACH DER GEBURT

Mit dem Elterngeld will der Staat finanziell unterstützen, damit sich Eltern in den ersten Lebensjahren selbst um die Betreuung ihrer Kinder kümmern können. Wenn Eltern ihre Erwerbstätigkeit unterbrechen oder reduzieren, erhalten sie einen an ihrem individuellen Einkommen orientierten Ausgleich dafür, dass sie im ersten Lebensjahr des Kindes nicht mehr (voll) arbeiten.

Tipp

Weitere Informationen gibt es in der Broschüre „Zeit für Familie und Beruf – Planen Sie gemeinsam Ihre Zukunft mit Elterngeld, ElterngeldPlus und Partnerschaftsmonaten" des Bundesministeriums für Familie, Senioren, Frauen und Jugend. Im Internet unter www.bmfsfj.de abrufbar.

BERECHTIGTE

Anspruch auf Elterngeld haben Mütter und Väter, die

- einen Wohnsitz oder ihren gewöhnlichen Aufenthalt in Deutschland haben,
- mit ihrem Kind in einem Haushalt leben,
- dieses Kind selbst betreuen und erziehen und
- nicht mehr als 30 Stunden in der Woche erwerbstätig sind.

Um Elterngeld zu beziehen, muss keine Elternzeit genommen werden. Anspruch auf Elterngeld hat also auch eine Hausfrau oder eine selbstständige Person, ebenso ein Auszubildender oder Studierender. Eine Arbeitnehmerin bzw. ein Arbeitnehmer muss jedoch in der Regel den Anspruch auf Elternzeit geltend machen, um die Arbeitszeit in dem oben genannten Umfang zu reduzieren.

Angenommene Kinder

Elterngeld gibt es nicht nur für die leiblichen Kinder. Auch für angenommene Kinder und mit dem Ziel der Annahme aufgenommene Kinder gibt es Elterngeld. Können die Eltern wegen einer schweren Krankheit, Schwerbehinderung oder Tod der Eltern ihr Kind nicht betreuen, haben Verwandte bis zum dritten Grad (Urgroßeltern, Großeltern, Onkel, Tanten, Geschwister) und ihre Ehegatten Anspruch auf Elterngeld, wenn sie die oben genannten Voraussetzungen erfüllen.

Tipp

Dem berechtigten Elternteil steht das Elterngeld auch dann zu, wenn er aus einem wichtigen Grund mit der Betreuung des Kindes nicht sofort beginnen kann (z. B. wegen eines verlängerten Krankenhausaufenthalts nach einer Frühgeburt) oder die Betreuung des Kindes unterbrechen muss (z. B. wegen einer Erkrankung, einer notwendigen Kur oder einer wichtigen Prüfung).

Keinen Anspruch auf Elterngeld haben Elternpaare, die im Kalenderjahr vor der Geburt ihres Kindes ein zu versteuerndes Einkommen von mehr als 500.000 Euro hatten. Für Alleinerziehende entfällt der Elterngeldanspruch ab einem zu versteuernden Einkommen von mehr als 250.000 Euro im Kalenderjahr vor der Geburt.

HÖHE

Das Elterngeld beträgt grundsätzlich 67 Prozent des in den zwölf Monaten vor dem Monat der Geburt des Kindes durchschnittlich erzielten monatlichen Einkommens aus Erwerbstätigkeit. Dabei gilt ein Höchstbetrag von 1.800 Euro für jeden Monat, in dem die berechtigte Person kein Einkommen aus

Erwerbstätigkeit erzielt. Unabhängig vom Einkommen wird das Elterngeld mindestens in Höhe von 300 Euro gezahlt, z. B. wenn jemand nicht erwerbstätig ist.

Mehrere Einkommen werden zusammengerechnet, steuerfreie Einkommen (z. B. aus einem Ehrenamt) werden nicht berücksichtigt.

Einkommen unter 1.000 Euro

Prozentualer Ausgleich

In den Fällen, in denen das durchschnittlich erzielte monatliche Einkommen aus Erwerbstätigkeit vor der Geburt geringer als 1.000 Euro war, erhöht sich der Prozentsatz um 0,1 Prozentpunkte für je zwei Euro, um die das maßgebliche Einkommen den Betrag von 1.000 Euro unterschreitet, auf bis zu 100 Prozent. Diese Obergrenze von 100 Prozent erreicht man bei einem Einkommen von 340 Euro vor der Geburt, sodass der Elterngeldberechtigte, der vor der Geburt mehr als 300 Euro verdient hat, nach der Geburt auch Elterngeld in Höhe von 300 Euro erhalten wird. Je niedriger also das Einkommen des Elternteils vor der Geburt war, desto höher ist der prozentuale Ausgleich, den er für das weggefallene Erwerbseinkommen erhält.

A hat vor der Geburt ihrer Tochter 800 Euro monatlich verdient. Ihr Anspruch auf Elterngeld erhöht sich damit auf 77 Prozent des wegfallenden Einkommens.

Rechenweg:
1.000 Euro – 800 Euro = 200 Euro
200 Euro : 2 Euro = 100
100 x 0,1 Prozentpunkte = 10 Prozentpunkte
67 % + 10 Prozentpunkte = 77 Prozent

Einkommen über 1.200 Euro

Ab einem zu berücksichtigenden Einkommen von 1.200 Euro monatlich verringert sich der Prozentsatz um 0,1 Prozentpunkte für je 2 Euro, um die das maßgebliche Einkommen den Betrag von 1.200 Euro überschreitet, auf bis zu 65 Prozent.

A hat vor der Geburt seines Sohnes 1.240 Euro monatlich verdient. Sein Anspruch auf Elterngeld mindert sich damit auf 65 Prozent, also insgesamt 806 Euro monatlich.

Rechenweg:
1.240 Euro – 1.200 Euro = 40 Euro
40 Euro : 2 Euro = 20
20 x 0,1 Prozentpunkte = 2 Prozentpunkte
67 % – 2 Prozentpunkte = 65 Prozent

Teilzeitarbeit

Anrechnung

Einkommen aus der Teilzeitarbeit ist in die Berechnung des Elterngelds einzubeziehen und auf die Höhe des Elterngelds anzurechnen. Das Elterngeld wird dann als Ersatz für das entfallende Einkommen, also für die Differenz zwischen dem durchschnittlichen Einkommen vor der Geburt und dem voraussichtlich durchschnittlich erzielten Einkommen während des Bezugs von Elterngeld gezahlt. Damit erhält der Bezugsberechtigte 65 bzw. 67 Prozent, bei einem Einkommen von unter 1.000 Euro bis zu 100 Prozent der Differenz zwischen dem vor und dem nach der Geburt zu berücksichtigenden Einkommen. Als bereinigtes Nettoeinkommen vor der Geburt werden maximal 2.770 Euro berücksichtigt. Auch bei Teilzeiteinkommen während des Elterngeldbezugs beträgt das Elterngeld mindestens 300 Euro monatlich.

Vor der Geburt hat der Vater ein Nettoeinkommen von 2.600 Euro monatlich bezogen, nach der Geburt verdient er 1.000 Euro netto. Die Differenz beträgt 1.600 Euro. Das Elterngeld beläuft sich auf 1.040 Euro (65 Prozent von 1.600 Euro).

Geschwisterbonus

Familien mit mehr als einem Kind können einen Geschwisterbonus erhalten. Dieser beträgt zehn Prozent des nach den allgemeinen Regeln zu errechnenden Elterngelds, mindestens aber 75 Euro monatlich.

Altersgrenze

Anspruch auf den Erhöhungsbetrag besteht so lange, bis das ältere Geschwisterkind drei Jahre alt ist. Sind drei oder mehr Kinder im Haushalt, genügt es, wenn mindestens zwei Geschwisterkinder das sechste Lebensjahr nicht vollendet haben. Mit dem Ende des Bezugsmonats, in dem das ältere Geschwisterkind sein drittes bzw. sechstes Lebensjahr vollendet, entfällt der Erhöhungsbetrag. Dagegen bleibt der Anspruch auf den Grundbetrag des Elterngelds bis zum Ende des Bezugszeitraums von zwölf bzw. 14 Monaten bestehen.

BEZUGSDAUER

Maximal 14 Monate

Das Elterngeld wird an Väter und Mütter für maximal 14 Monate gezahlt; beide können den Zeitraum frei untereinander aufteilen. Ein Elternteil kann dabei mindestens zwei und höchstens zwölf Monate für sich in Anspruch nehmen. Zwei weitere Monate gibt es, wenn sich auch der andere Elternteil an der Betreuung des Kindes beteiligt und den Eltern für mindestens zwei Monate Erwerbseinkommen wegfällt.

Unter Umständen kann die Mutter oder der Vater allein einen Anspruch auf 14 Monatsbeträge Elterngeld haben. Wenn bei Elternpaaren dem einen Elternteil die Betreuung des Kindes objektiv nicht möglich ist (z. B. wegen schwerer Krankheit oder Schwerbehinderung), erhält der andere Elternteil für bis zu 14 Monate Elterngeld, wenn die sonstigen Voraussetzungen der zusätzlichen Monate erfüllt sind, also eine Einkommensminderung vorliegt.

Tipp

Es besteht auch die Möglichkeit, den Betrag des Elterngelds auf 24 bzw. 28 Monate zu strecken. Eine Person kann dann bis zu 24 Monate halbes Elterngeld beziehen, eine alleinerziehende Person bis zu 28 halbe Monatsbeträge, wenn kein Anspruch auf Mutterschaftsleistungen besteht.

Alleinerziehende, bei denen sich für zwei Bezugsmonate das Erwerbseinkommen mindert, können allein bis zu 14 Monate Elterngeld erhalten. Voraussetzung ist, dass das Kind nur bei dem Elternteil in der Wohnung lebt, dem auch die elterliche Sorge oder zumindest das Aufenthaltsbestimmungsrecht allein zusteht.

ANTRAG

Elterngeld muss schriftlich beantragt werden. In jedem Bundesland gibt es ein eigenes Formular, das verschiedene Fragen beinhaltet. Der Antrag kann bis zu drei Monate rückwirkend gestellt werden.

Jeder Elternteil kann einen Antrag auf Elterngeld stellen. Im Antrag müssen die Lage und die Zahl der Bezugsmonate angegeben werden. Diese Festlegung kann einmal, ein weiteres Mal nur in Fällen besonderer Härte geändert werden.

Tipp

Eltern können das bisherige Elterngeld weiterhin beziehen. In diesem Fall darf allerdings der Umfang der Teilzeitarbeit von bis zu 30 Wochenstunden nicht überschritten werden. Nunmehr können Eltern sich zwischen dem Bezug von Elterngeld und ElterngeldPlus entscheiden.

ELTERNGELDPLUS

Für nach dem 1. Juli 2015 geborene Kinder können Eltern das sogenannte ElterngeldPlus beanspruchen. Davon profitieren Mütter und Väter, die während der Elternzeit arbeiten wollen. Für sie wird es leichter, Elterngeld und Teilzeitarbeit miteinander zu kombinieren, weil sie die staatliche Förderung während der Elternzeit dann aus folgenden drei Elementen zusammensetzen können: Basiselterngeld, ElterngeldPlus und Partnerschaftsbonusmonate.

Was sich durch ElterngeldPlus ändert

- Arbeiten Eltern während des Bezugs von Elterngeld in Teilzeit, bekommen sie länger ElterngeldPlus. Aus einem Elterngeldmonat werden zwei Monate ElterngeldPlus. Mütter und Väter können also das Elterngeldbudget besser ausnutzen.

- Wenn sich die Mutter und der Vater die Betreuung des Kindes teilen und parallel für vier Monate zwischen 25 und 30 Stunden arbeiten, erhalten sie jeweils zusätzlich für vier Monate ElterngeldPlus. Damit ist die partnerschaftliche Betreuung des Kindes möglich und die Familie bleibt während der Teilzeittätigkeit finanziell abgesichert.
- Auch Alleinerziehende können das ElterngeldPlus in Anspruch nehmen. Auch sie können vier zusätzliche Bonusmonate beantragen, wenn sie an vier aufeinanderfolgenden Monaten pro Woche zwischen 25 und 30 Stunden arbeiten. Zusammen mit den Partnermonaten können sie statt der 14 regulären Elterngeldmonate bis zu 28 Elterngeld-Plus-Monate in Anspruch nehmen.

Tipp

Eltern können sich zum neuen ElterngeldPlus und den Kombinationsmöglichkeiten mit dem Basiselterngeld und den Partnerschaftsbonusmonaten von der zuständigen Elterngeldstelle beraten lassen. Ferner steht der Elterngeldrechner unter www.familien-wegweiser.de/ElterngeldrechnerPlaner des Bundesfamilienministeriums zur Verfügung, der die neuen Gestaltungsmöglichkeiten beim Elterngeld berücksichtigt.

Pausiert etwa die Mutter für sechs Monate und bezieht volles Elterngeld, so kann sie anschließend für zwölf Monate ElterngeldPlus beziehen. Ihr Partner kann zwei Monate Elterngeld oder vier Monate ElterngeldPlus nutzen. Arbeiten beide im Anschluss für mindestens vier Monate Teilzeit mit 25 bis 30 Wochenstunden, können beide jeweils für diese Zeit ElterngeldPlus erhalten.

Es ist auch möglich, dass Mutter und Vater nach der Geburt bis zu 30 Stunden in der Woche in Teilzeit arbeiten und gemeinsam je 14 Monate ElterngeldPlus beziehen. Im Anschluss könnten auch sie den Partnerschaftsbonus nutzen.

BETREUUNGSGELD FÜR DIE KINDER-BETREUUNG ZU HAUSE

Betreuungsgeld erhalten Eltern, die für ihr Kind keinen öffentlich geförderten Betreuungsplatz und damit keine öffentliche Förderung bei der täglichen Betreuung ihres Kindes in Anspruch nehmen. Auf diese Weise soll die Erziehungsarbeit von Müttern und Vätern honoriert werden.

BERECHTIGTE

Anspruch auf Betreuungsgeld hat, wer

- seinen Wohnsitz oder seinen gewöhnlichen Aufenthalt in Deutschland hat,
- mit seinem Kind in einem Haushalt lebt,
- dieses Kind selbst betreut und erzieht und
- für das Kind keine dauerhaft durch öffentliche Sach- und Personalkostenzuschüsse geförderte Kinderbetreuung, insbesondere keine Betreuung in Tageseinrichtungen oder in der Kindertagespflege, in Anspruch nimmt.

Tipp

Für den Anspruch auf Betreuungsgeld ist es (im Gegensatz zum Elterngeld) nicht erforderlich, dass die berechtigte Person ihre Erwerbstätigkeit auf einen bestimmten Umfang begrenzt. Die Voraussetzung, dass das Kind selbst betreut und erzogen wird, ist also auch erfüllt, wenn die Erwerbstätigkeit mehr als 30 Wochenstunden umfasst.

Betreuungsgeld kann nur bezogen werden, wenn keine öffentlich bereitgestellte Kinderbetreuung in Anspruch genommen wird. Das kann beispielsweise auch dann der Fall sein, wenn sich Babysitter oder Au-pair um das Kind kümmern. Auch eine private Kinderbetreuung, die nicht öffentlich verantwortet und finanziert wird, steht dem Bezug von Betreuungsgeld nicht entgegen.

Betreuungsgeld gibt es nicht nur für die leiblichen Kinder. Auch wer nicht Mutter oder Vater des im gemeinsamen Haushalt betreuten Kindes ist, hat Anspruch auf Betreuungsgeld, wenn:

- er oder sie mit einem Kind in einem Haushalt lebt, das mit dem Ziel der Annahme als Kind (Adoption) aufgenommen wurde,
- er oder sie ein Kind des Ehegatten oder Lebenspartners in den Haushalt aufgenommen hat, oder
- er die Vaterschaft anerkennen will.

Keinen Anspruch auf Betreuungsgeld haben Elternpaare, die im Kalenderjahr vor der Geburt ihres Kindes ein zu versteuerndes Einkommen von mehr als 500.000 Euro hatten. Für Alleinerziehende entfällt der Betreuungsgeldanspruch ab einem zu versteuernden Einkommen von mehr als 250.000 Euro im Kalenderjahr vor der Geburt.

Tipp

Dem berechtigten Elternteil steht das Betreuungsgeld auch dann zu, wenn er aus einem wichtigen Grund mit der Betreuung des Kindes nicht sofort beginnen kann (z. B. wegen eines verlängerten Krankenhausaufenthalts nach einer Frühgeburt) oder die Betreuung des Kindes unterbrechen muss (z. B. wegen einer Erkrankung, einer notwendigen Kur oder einer wichtigen Prüfung).

01

HÖHE

Das Betreuungsgeld beträgt 150 Euro im Monat. Es ist nicht zu versteuern, wird jedoch bei der Berechnung von Arbeitslosengeld II, Sozialhilfe und Kinderzuschlag als Einkommen berücksichtigt.

DAUER DES BEZUGS

Betreuungsgeld kann grundsätzlich in der Zeit vom ersten Tag des 15. Lebensmonats bis zur Vollendung des 36. Lebensmonats des Kindes bezogen werden. Für jedes Kind wird höchstens für 22 Lebensmonate Betreuungsgeld gezahlt. Die Bezugszeit schließt damit an die vierzehnmonatige Rahmenbezugszeit für das Elterngeld an. Damit ist ein gleichzeitiger Bezug von Elterngeld und Betreuungsgeld ausgeschlossen.

Eltern können die Monatsbeträge, auf die sie für ein Kind Anspruch auf Betreuungsgeld haben, nur nacheinander beziehen. Anders als beim Elterngeld kann also Betreuungsgeld nicht von beiden Eltern gleichzeitig bezogen werden.

Vorsicht

Vor dem Bundesverfassungsgericht wird zurzeit verhandelt, ob der Bund das Gesetz über das Betreuungsgeld überhaupt erlassen durfte und ob es für die Herstellung gleichwertiger Lebensverhältnisse in der Bundesrepublik notwendig ist. Eine Entscheidung hierzu wird im Sommer 2015 erwartet.

ANTRAG

Das Betreuungsgeld muss schriftlich beantragt werden. Der Antrag ist nicht sofort nach der Geburt des Kindes zu stellen. Denn Betreuungsgeld wird rückwirkend für bis zu drei Monate vor dem Monat der Antragstellung gewährt.

Jeder Elternteil kann einen Antrag auf Betreuungsgeld stellen. Die Monate, für die Betreuungsgeld beantragt wird, sind im Antrag anzugeben. Diese Festlegung kann einmal, ein weiteres Mal nur in Fällen besonderer Härte geändert werden. Wenn beide Elternteile Anspruch auf Betreuungsgeld haben, muss der Antrag vom anderen Elternteil ebenfalls unterschrieben werden. Damit erklärt er, dass er mit der beantragten Zahl der Betreuungsgeldmonate einverstanden ist.

KINDERGELD FÜR ALLE ELTERN

Das Kindergeld soll die Grundversorgung für jedes Kind gewährleisten. Es ist ein Ausgleich dafür, dass durch die Besteuerung des Einkommens der Eltern auch das Existenzminimum des Kindes besteuert wird. Dieses steuerliche Existenzminimum soll durch das Kindergeld gesichert werden. Das Kindergeld ist quasi eine Vorauszahlung auf die Steuererstattung, die wegen der Steuerfreiheit des Existenzminimums des Kindes am Ende des Jahres fällig wäre. Somit handelt es sich beim Kindergeld zunächst auch nicht um eine staatliche Sozialleistung, sondern um eine steuerliche Ausgleichszahlung.

Vorsicht

Familien bekommen entweder Kindergeld oder den steuerlichen Kinderfreibetrag. Allerdings besteht kein Wahlrecht. Im Rahmen der Einkommensteuerveranlagung prüft das Finanzamt vielmehr von Amts wegen, was im Einzelfall günstiger ist: die Steuerersparnis aus dem Kinderfreibetrag oder das Kindergeld. Mit der Abgabe der Einkommensteuererklärung vergleicht das Finanzamt für jedes Kind, ob der steuerliche Vorteil durch die Freibeträge für Kinder höher ist als das Kindergeld. Ist dies der Fall, werden bei der Ermittlung des zu versteuernden Einkommens die Kinder- und Erziehungsfreibeträge berücksichtigt.

Eingehende Informationen sind in der Broschüre „Merkblatt Kindergeld" der Agentur für Arbeit zu finden. Diese ist auch im Internet unter www.arbeitsagentur.de abrufbar. Auch die zuständige Familienkasse der Agentur für Arbeit hilft weiter. Zudem sind unter www.familienkasse.de viele hilfreiche Informationen zusammengestellt.

BERECHTIGTE

Kindergeld wird grundsätzlich an den Kindergeldberechtigten (in der Regel die Eltern) ausgezahlt. Nur wenn das Kind Vollwaise ist oder den Aufenthalt seiner Eltern nicht kennt und kein anderer für dieses Kind bereits Kindergeld erhält, wird das Kindergeld direkt an das Kind ausgezahlt. Gleiches gilt, wenn der Kindergeldberechtigte seiner gesetzlichen Unterhaltspflicht dem Kind gegenüber nicht nachkommt.

Anspruch

Anspruch auf Kindergeld nach dem Einkommensteuergesetz besteht für Deutsche, wenn sie in Deutschland ihren Wohnsitz oder gewöhnlichen Aufenthalt haben, oder wenn sie im Ausland wohnen, aber in Deutschland unbeschränkt einkommensteuerpflichtig sind oder entsprechend behandelt werden.

In Deutschland wohnende Ausländer können Kindergeld erhalten, wenn sie eine gültige Niederlassungserlaubnis besitzen. Auch bestimmte Aufenthaltstitel können einen Anspruch begründen. Freizügigkeitsberechtigte Staatsangehörige der Europäischen Union sowie des Europäischen Wirtschaftsraums und Staatsangehörige der Schweiz können Kindergeld unabhängig davon erhalten, ob sie eine Niederlassungs- oder Aufenthaltserlaubnis besitzen.

Für ein und dasselbe Kind kann immer nur eine Person Kindergeld erhalten. Grundsätzlich bekommt es derjenige, der das Kind in seinen Haushalt aufgenommen hat. Lebt das Kind nicht im Haushalt eines Elternteils, ist der Elternteil kindergeld-

Berechtigte

berechtigt, der dem Kind laufend den höheren Unterhalt in Geld bezahlt. Lebt das Kind mit beiden Eltern zusammen, können diese untereinander festlegen, wer das Kindergeld erhält. Ist ein Kind in den gemeinsamen Haushalt von Eltern, einem Elternteil und dessen Ehegatten, Pflegeeltern oder Großeltern aufgenommen worden, so bestimmen diese untereinander den Berechtigten. Wird keine Bestimmung getroffen, so legt das Familiengericht auf Antrag den Berechtigten fest. Lebt ein Kind im gemeinsamen Haushalt von Eltern und Großeltern, so wird das Kindergeld vorrangig einem Elternteil ausgezahlt.

KINDERGELD FÜR MINDERJÄHRIGE KINDER

Bis zur Vollendung des 18. Lebensjahres wird das Kindergeld für alle Kinder gezahlt. Der Berechtigte erhält es für Kinder,

- die mit ihm im ersten Grad verwandt sind (also seine ehelichen, für ehelich erklärten, nicht ehelichen oder adoptierten Kinder),
- seines Ehegatten (Stiefkinder), Kinder des eingetragenen Lebenspartners und Enkelkinder, die der Antragsteller in seinen Haushalt aufgenommen hat und
- für Pflegekinder, die er in seinem Haushalt aufgenommen hat. Die Pflegekinder müssen wie eigene Kinder zur Familie gehören. Ein Obhut- oder Betreuungsverhältnis zu den leiblichen Eltern darf nicht mehr bestehen.

KINDERGELD FÜR ERWACHSENE KINDER

Voraussetzungen

Für Kinder, die das 18. Lebensjahr bereits vollendet haben, wird Kindergeld nur unter bestimmten zusätzlichen Voraussetzungen gezahlt.

Für ein über 18 Jahre altes Kind kann bis zur Vollendung des 25. Lebensjahres Kindergeld weiter gezahlt werden,

01

- solange es für einen Beruf ausgebildet wird. In einer Berufsausbildung befindet sich derjenige, der das Berufsziel noch nicht erreicht hat, sich aber ernsthaft darauf vorbereitet. Zur Ausbildung für einen Beruf gehören der Besuch allgemeinbildender Schulen, die betriebliche Ausbildung, eine weiterführende Ausbildung sowie die Ausbildung für einen weiteren Beruf;
- wenn es eine Berufsausbildung mangels Ausbildungsplatzes nicht beginnen oder fortsetzen kann. Voraussetzung für den Kindergeldanspruch ist, dass trotz ernsthafter Bemühungen die Suche nach einem Ausbildungsplatz zum frühestmöglichen Zeitpunkt bisher erfolglos verlaufen ist;
- wenn es ein freiwilliges soziales Jahr oder ein freiwilliges ökologisches Jahr im Sinne des Jugendfreiwilligendienstgesetzes oder Bundesfreiwilligendienst ableistet.

In den oben genannten Fällen wird ein Kind nach Abschluss einer erstmaligen Berufsausbildung oder eines Erststudiums nur berücksichtigt, wenn es keiner Erwerbstätigkeit nachgeht. Dies gilt auch dann, wenn die erstmalige Berufsausbildung bereits vor Vollendung des 18. Lebensjahres abgeschlossen worden ist. Eine Erwerbstätigkeit liegt vor, wenn das Kind einer Beschäftigung nachgeht, die darauf ausgerichtet ist, Einkünfte zu erzielen und den Einsatz seiner persönlichen Arbeitskraft erfordert.

Kindergeld wird auch für ein über 18 Jahre altes Kind bis zur Vollendung des 21. Lebensjahres gezahlt, wenn es nicht in einem Beschäftigungsverhältnis steht und bei einer Agentur für Arbeit im Inland als Arbeitsuchender gemeldet ist. Unschädlich ist eine geringfügige Tätigkeit. Eine solche liegt vor, wenn die Brutto-

Tipp

Trotz Erwerbstätigkeit besteht ein Kindergeldanspruch, wenn

- die Erwerbstätigkeit im Rahmen eines Ausbildungsverhältnisses ausgeübt wird,
- die Erwerbstätigkeit geringfügig ist, weil das Arbeitsentgelt aus der Beschäftigung regelmäßig im Monat 450 Euro nicht überschreitet oder
- die regelmäßige wöchentliche Arbeitszeit insgesamt nicht mehr als 20 Stunden beträgt.

einnahmen im Monatsdurchschnitt nicht mehr als 450 Euro betragen.

Behinderte Kinder

Für ein über 18 Jahre altes Kind wird Kindergeld gezahlt, wenn es wegen einer körperlichen, geistigen oder seelischen Behinderung nicht in der Lage ist, sich selbst zu unterhalten, das heißt, wenn es mit den ihm zur Verfügung stehenden finanziellen Mitteln seinen gesamten notwendigen Lebensbedarf nicht bestreiten kann. Die Behinderung des Kindes muss vor Vollendung des 25. Lebensjahres eingetreten sein. Für die Dauer gibt es in diesen Fällen keine altersbedingte Grenze.

Für verheiratete volljährige Kinder besteht ein Anspruch auf Kindergeld nur dann, wenn die Eltern weiterhin für ihr Kind aufkommen, weil Einkünfte und Bezüge des Kindes sowie das verfügbare Einkommen des Ehegatten so gering sind, dass der Unterhalt des Kindes nicht sichergestellt ist.

HÖHE

Das Kindergeld beträgt

- für die ersten zwei Kinder 184 Euro,
- für das dritte Kind 190 Euro,
- für jedes weitere Kind 215 Euro.

Zählkinder

Die Höhe des Kindergelds bemisst sich nach der Reihenfolge der Geburt. Das älteste Kind ist also stets das erste Kind. Es werden in der Reihe der Kinder auch die sogenannten Zählkinder mitgezählt; das sind Kinder, für die zwar ein Anspruch auf Kindergeld besteht, für die der Berechtigte jedoch kein Kindergeld erhalten kann, weil es vorrangig einem anderen Elternteil zusteht. Kinder, für die überhaupt kein Kindergeldanspruch mehr besteht, zählen in der Reihenfolge nicht mit.

Familie A. hat vier Kinder. Sie erhält monatlich 773 Euro Kindergeld (2 x 184 Euro für die Kinder 1 und 2, 190 Euro für das dritte Kind und 215 Euro für das vierte Kind). Wenn für das erste Kind der Kindergeldanspruch wegfällt, rücken die drei jüngeren Kinder an die Stelle des ersten, zweiten und dritten Kindes. Die Familie bekommt jetzt nur noch 558 Euro Kindergeld monatlich (2 x 184 Euro für die Kinder 1 und 2 und 190 Euro für das dritte Kind). Der monatliche Kindergeldanspruch verringert sich also um 215 Euro.

Vorsicht

Im Zusammenhang mit der steuerlichen Entlastung von Eltern ist vorgesehen, den Kinderfreibetrag und das Kindergeld aufzustocken. In welchem Umfang die Anhebungen erfolgen werden, war bei Redaktionsschluss noch nicht bekannt. Zurzeit ist eine Erhöhung des Kindergelds in 2015 um 4 Euro im Monat (rückwirkend für das ganze Jahr) und in 2016 nochmals um 2 Euro in der Diskussion.

01

Durch die Wahl des Kindergeldberechtigten können Eltern, die Kinder aus einer früheren Beziehung haben, mehr Kindergeld erhalten, weil Zählkinder mitgezählt werden.

Eine unverheiratete Mutter lebt mit dem Vater ihres Kindes zusammen. Dieser hat aus seiner früheren Ehe weitere drei Kinder. Wenn der Vater das Kindergeld beantragt, erhält er es in Höhe für das vierte Kind, also 215 Euro, im Gegensatz zur Mutter, die nur 184 Euro erhalten würde. Hier empfiehlt es sich also, dass der Vater zum Kindergeldberechtigten bestimmt wird.

ANTRAG

Kindergeld wird nur aufgrund eines schriftlichen Antrags bei der Familienkasse der zuständigen Agentur für Arbeit bewilligt.

Tipp

Im Internet unter www.arbeitsagentur.de gibt es ein Antragsformular, das ausgefüllt an die Familienkasse geschickt werden kann.

Für Angehörige des öffentlichen Dienstes und Empfänger von Versorgungsbezügen ist die zuständige Familienkasse in der Regel die mit der Festsetzung der Bezüge befasste Stelle des jeweiligen öffentlich-rechtlichen Arbeitgebers bzw. Dienstherrn.

KINDERZUSCHLAG FÜR ELTERN MIT GERINGEM EINKOMMEN

Wer über ein Einkommen verfügt, das zwar den eigenen Bedarf deckt, der Lebensunterhalt der Kinder aber nur gedeckt werden kann, wenn Arbeitslosengeld II (vgl. dazu Seite 100 ff.) und Sozialgeld (vgl. dazu Seite 118) gezahlt wird, kann stattdessen einen Kinderzuschlag bei der Familienkasse der Agentur für Arbeit beantragen. Soweit dadurch auch mit anderen Leistungen (z. B. Wohngeld) der Bezug von Leistungen nach dem SGB II für drei Monate vermieden würde, muss der Kinderzuschlag beantragt werden.

BERECHTIGTE

Gemeinsamer Haushalt

Den Kinderzuschlag können einkommensschwache Eltern erhalten, die mit ihrem unverheirateten Kind, das das 25. Lebensjahr noch nicht vollendet hat, in einem Haushalt leben. Ob die Eltern verheiratet sind, ob sie eheähnlich oder in einer eingetragenen Lebenspartnerschaft zusammenleben oder getrennt sind, spielt keine Rolle. Den Kinderzuschlag erhält aber nur, wer auch Kindergeld oder einen entsprechenden Ersatz erhält. Voraussetzung für den Anspruch ist, dass das Kind in der gemeinsamen Wohnung des Berechtigten lebt und dort betreut und versorgt wird.

VORAUSSETZUNGEN

Eltern haben Anspruch auf Kinderzuschlag für ihre unverheirateten, unter 25 Jahre alten Kinder, die in ihrem Haushalt leben, wenn

- sie für diese Kinder Kindergeld beziehen,
- die monatlichen Einnahmen der Eltern die Mindesteinkommensgrenze erreichen,

- das zu berücksichtigende Einkommen und Vermögen die Höchsteinkommensgrenze nicht erreicht und
- der Bedarf der Familie durch die Zahlung von Kinderzuschlag und eventuell zustehendem Wohngeld (vgl. Seite 74 ff.) gedeckt ist und deshalb kein Anspruch auf Arbeitslosengeld II oder Sozialgeld besteht.

Tipp

Laut Agentur für Arbeit gilt folgende Faustregel: Eltern mit Kindern, die nur Arbeitslosengeld II, Sozialgeld oder Sozialhilfe beziehen und sonst kein Einkommen bzw. Vermögen haben, können daneben nur das Kindergeld, aber keinen Kinderzuschlag erhalten.

01

Die Mindesteinkommensgrenze beträgt für Elternpaare 900 Euro, für Alleinerziehende 600 Euro. Nur wenn die monatlichen Einnahmen (z. B. Bruttoeinkommen aus Erwerbstätigkeit, Arbeitslosengeld I, Krankengeld etc.) die jeweilige Mindesteinkommensgrenze erreicht (ohne Wohngeld und Kindergeld), können Eltern den Kinderzuschlag beanspruchen. Gleichzeitig darf aber das zu berücksichtigende Einkommen und Vermögen die Höchsteinkommensgrenze nicht übersteigen. Letztere setzt sich aus dem elterlichen Bedarf nach den Regelungen zum Arbeitslosengeld II und dem prozentualen Anteil an den angemessenen Wohnkosten (Bemessungsgrenze) sowie dem Gesamtkinderzuschlag zusammen.

Der errechnete Kinderzuschlag wird nur gezahlt, wenn dieser zusammen mit anderem Einkommen und Vermögen und eventuell zustehendem Wohngeld ausreicht, den Bedarf der gesamten Familie zu gewährleisten, sodass kein zusätzlicher Anspruch auf Arbeitslosengeld II bzw. Sozialgeld besteht. Bei Personen, die Mehrbedarfe z. B. wegen Schwangerschaft, Alleinerziehung oder Behinderung beanspruchen, können diese bei der Feststellung, ob Hilfebedürftigkeit vermieden wird, ebenso wie die Leistungen für Bildung und Teilhabe außer Acht gelassen werden. Damit wird der Zugang zur Leistung Kinderzuschlag erleichtert.

Tipp

Das Verfahren zur Berechnung des Kinderzuschlags ist sehr kompliziert. Eingehende Informationen enthält das „Merkblatt Kinderzuschlag" der Agentur für Arbeit, das im Internet unter www.arbeitsagentur.de unter dem Stichwort Kinderzuschlag abrufbar ist.

Vorsicht

Im Zusammenhang mit der steuerlichen Entlastung von Eltern ist vorgesehen, den Kinderzuschlag zu erhöhen. In welchem Umfang die Erhöhung erfolgen wird, war bei Redaktionsschluss noch nicht bekannt.

HÖHE UND BEZUGSDAUER

Der Kinderzuschlag beträgt für jedes zu berücksichtigende Kind jeweils bis zu 140 Euro monatlich. Er wird zusammen mit dem Kindergeld ausgezahlt.

Der Kinderzuschlag wird, soweit die Anspruchsvoraussetzungen vorliegen, für ein Kind längstens bis zur Vollendung des 25. Lebensjahres gezahlt.

ANTRAG

Der Kinderzuschlag muss bei der Agentur für Arbeit beantragt werden. Dies gilt auch, wenn ein Elternteil im öffentlichen Dienst beschäftigt ist.

Für ein und dasselbe Kind kann immer nur eine Person Kinderzuschlag erhalten. In aller Regel wird dieser an denjenigen Elternteil gezahlt, der auch das Kindergeld beantragt hat oder bezieht.

UNTERHALTSVORSCHUSS FÜR ALLEINERZIEHENDE

Wer ein Kind allein erzieht hat es oft schwer, Arbeit, Kind und Haushalt unter einen Hut zu bringen. Die finanzielle Lage wird dann besonders prekär, wenn man nicht mindestens Unterhalt in Höhe des gesetzlichen Mindestunterhalts nach dem Bürgerlichen Gesetzbuch (BGB) bekommt. Dann muss der alleinerziehende Elternteil nicht nur den Unterhaltsanspruch des Kindes verfolgen, sondern auch im Rahmen der eigenen Leistungsfähigkeit für

Tipp

Es empfiehlt sich eine rechtzeitige Beratung über den Unterhaltsvorschuss. Der richtige Ansprechpartner ist das zuständige Jugendamt. Eine Broschüre zum Unterhaltsvorschuss kann auf der Internetseite des Bundesfamilienministeriums (www.bmfsfj.de) heruntergeladen werden. Diese ist auch beim Bundesministerium für Familie, Senioren, Frauen und Jugend, 10018 Berlin zu bestellen.

den ausfallenden Unterhalt aufkommen. In diesem Fall hilft der Unterhaltsvorschuss.

BERECHTIGTE

Unterhaltsvorschuss erhält ein Kind, wenn es

- in Deutschland seinen Wohnsitz oder seinen gewöhnlichen Aufenthalt hat,
- hier bei einem alleinerziehenden Elternteil lebt,
- von dem anderen Elternteil nicht oder nicht regelmäßig Unterhalt in Höhe des gesetzlichen Mindestunterhalts nach § 1612a BGB erhält und
- das 12. Lebensjahr noch nicht vollendet hat.

Das Kind und der alleinerziehende Elternteil müssen in einem Haushalt zusammenleben. Das muss allerdings nicht der eigene Haushalt des Alleinerziehenden sein; der alleinerziehende Elternteil und das Kind können z. B. auch im Haushalt der Großeltern zusammenleben. Alleinerziehend ist ein Elternteil, wenn er ledig, verwitwet oder geschieden ist oder von seinem Ehegatten oder Lebenspartner dauernd getrennt lebt. Ist der andere Elternteil verstorben, kommt es darauf an, ob das Kind Waisenbezüge in Höhe des Regelbetrags bezieht.

Vorsicht

Der Anspruch auf die Unterhaltsvorschussleistung ist ausgeschlossen, wenn keine Auskünfte über den zahlungspflichtigen Elternteil gegeben werden oder die Mitwirkung zur Feststellung der Vaterschaft oder des Aufenthalts des anderen Elternteils verweigert wird. Ferner besteht kein Anspruch auf Unterhaltsleistung für Monate, für die der andere Elternteil seine Unterhaltspflicht gegenüber dem Berechtigten durch Vorausleistung erfüllt hat.

HÖHE

Die Höhe des Unterhaltsvorschusses richtet sich nach der Regelbetrag-Verordnung, die die Beträge nach Altersgruppen gestaffelt vorgibt. Von diesem Betrag wird das volle Kind für ein erstes Kind abgezogen. Damit ergeben sich zurzeit folgende Unterhaltsvorschussbeträge:

- für Kinder bis unter sechs Jahren 133 Euro monatlich,
- für ältere Kinder bis unter zwölf Jahren 180 Euro monatlich.

Abzug von Unterhaltszahlungen

Von diesen Unterhaltsvorschussbeträgen werden Unterhaltszahlungen des anderen Elternteils oder die Waisenbezüge, die das Kind nach dessen Tod oder nach dem Tod eines Stiefelternteils erhält, abgezogen. Nicht abgezogen werden sonstige Einkünfte des Kindes und das Einkommen des alleinerziehenden Elternteils.

Der Unterhaltsvorschuss wird monatlich im Voraus gezahlt. Besteht der Unterhaltsanspruch des Kindes nicht für den ganzen Monat, so wird die Vorschussleistung anteilig berechnet.

BEZUGSDAUER

Die Unterhaltsleistung wird längstens für insgesamt 72 Monate, also sechs Jahre, gezahlt. Die Zahlung endet spätestens, wenn das Kind zwölf Jahre alt wird. Das gilt auch dann, wenn die Unterhaltsleistung noch nicht volle 72 Monate gezahlt worden ist.

Tipp

Der Unterhaltsvorschuss kann rückwirkend auch für den Monat vor dem Eingang des Antrags von der Behörde gezahlt werden. Es müssen allerdings die gesetzlichen Voraussetzungen bereits zu dieser Zeit erfüllt gewesen sein. Und es müssen in einem zumutbaren Rahmen Anstrengungen unternommen worden sein (insbesondere durch Mahnung), den unterhaltspflichtigen Elternteil zu Unterhaltszahlungen zu veranlassen.

ANTRAG

Der Unterhaltsvorschuss muss schriftlich beantragt werden. Ein mündlicher Antrag (z. B. ein Telefonanruf) genügt nicht. Der Antrag ist beim zuständigen Jugendamt zu stellen; das ist das Jugendamt, in dessen Bezirk das Kind lebt. Das Antragsformular gibt es bei der Kreis- oder Gemeindeverwaltung.

SCHWANGERSCHAFTSBEDINGTER MEHRBEDARF FÜR EMPFÄNGER VON ARBEITSLOSENGELD II, SOZIALHILFE ODER BAFÖG

Schwangere Frauen, die Anspruch auf Arbeitslosengeld II (vgl. dazu Seite 100 ff.) oder auf Sozialhilfe (vgl. dazu Seite 232 ff.) haben, erhalten ab der 13. Schwangerschaftswoche einen Mehrbedarfszuschlag in Höhe von 17 Prozent der Regelleistung. Auf Antrag können zusätzliche Leistungen für Erstausstattungen bei Schwangerschaft und Geburt gewährt werden. In Betracht kommen insbesondere eine Pauschale für die Beschaffung von Schwangerschaftsbekleidung, die Beihilfe für die Babyausstattung und eine Einrichtungsbeihilfe (einschließlich Kinderwagen).

Auch Auszubildende, die Leistungen nach dem Bundesausbildungsförderungsgesetz oder nach den Regelungen zur Berufsausbildungsbeihilfe erhalten (vgl. dazu Seite 41 ff. bzw. 50), haben Anspruch auf den schwangerschaftsbedingten Mehrbedarf und die notwendige Erstausstattung bei Schwangerschaft und Geburt.

LANDESERZIEHUNGSGELD IN EINIGEN BUNDESLÄNDERN

In den Bundesländern Bayern, Sachsen und Thüringen können Eltern im Anschluss an den Bezug von Elterngeld (vgl. dazu Seite 19 ff.) Landeserziehungsgeld erhalten. Voraussetzung ist, dass der Berechtigte seinen gewöhnlichen Aufenthalt seit der Geburt des Kindes in dem betreffenden Bundesland hat. Im Übrigen wird Landeserziehungsgeld in den Ländern in unterschiedlicher Höhe unter unterschiedlichen Voraussetzungen gewährt.

Tipp

Weitere Informationen zum Erziehungsgeld in den genannten Ländern sind im Internet unter www.zbfs.bayern.de, www.familie.sachsen.de und www.thueringen.de zu finden.

02 FINANZIELLE HILFEN FÜR SCHULE, AUSBILDUNG UND STUDIUM

Ausbildung und Studium kosten Geld. Der Staat unterstützt durch eine Vielzahl von Förderungs- und Darlehensmodellen. Besondere Bedeutung haben das BAföG und die Berufsausbildungsbeihilfe. Daneben können Ausbildung beziehungsweise Studium auch über einen Bildungskredit der staatlichen KfW-Förderbank finanziert werden.

BAFÖG FÜR ÄLTERE KINDER IN DER AUSBILDUNG

Bildung und Ausbildung sind heute wichtiger denn je. Aber nicht alle Eltern können ihren Kindern eine Ausbildung oder ein Studium finanzieren. Das Bundesausbildungsförderungsgesetz (BAföG) regelt die staatliche Unterstützung für die Ausbildung von Schülern und Studenten.

Tipp
Weitere Informationen bietet der Ratgeber „Clever studieren – mit der richtigen Finanzierung" der Verbraucherzentralen (www.ratgeber-verbraucherzentrale.de).

02

BERECHTIGTE

Ausbildungsförderung erhalten neben Deutschen auch Ausländer, wenn ein Elternteil bzw. der Ehegatte Deutscher ist oder wenn sie als Angehöriger eines EU-Staates Freizügigkeit oder ein Bleiberecht genießen. Grundsätzlich besteht für ausländische Auszubildende ein Anspruch auf Förderung immer dann, wenn sie eine Bleibeperspektive in Deutschland haben und bereits gesellschaftlich integriert sind.

Leistungsnachweise

Die Ausbildung wird gefördert, wenn die Leistungen erwarten lassen, dass das angestrebte Ausbildungsziel auch tatsächlich erreicht wird. Dies wird in der Regel angenommen, solange die Auszubildenden die Ausbildungsstätte besuchen oder am Praktikum teilnehmen. Auszubildende an Höheren Fachschulen, Akademien oder Hochschulen müssen zudem zu Beginn des fünften Fachsemesters entsprechende Leistungsnachweise vorlegen. Schreiben die Ausbildungs- und Prüfungsordnungen eine Zwischenprüfung oder einen entsprechenden Leistungsnachweis bereits vor Beginn des dritten Fachsemesters verbindlich vor, ist die Förderung auch im dritten und vierten Fachsemester von der Vorlage entsprechender Nachweise abhängig.

Ausbildungsförderung wird grundsätzlich nur denjenigen gewährt, die bei Beginn des Ausbildungsabschnitts, für den Ausbildungsförderung beantragt wird, das 30. Lebensjahr (bei

Masterstudiengängen das 35. Lebensjahr) noch nicht vollendet haben. In besonderen Fällen kann Ausbildungsförderung auch bei Überschreiten der jeweiligen Altersgrenze geleistet werden, so z. B. für Absolventen des zweiten Bildungsweges.

FÖRDERFÄHIGE AUSBILDUNG

Ausbildungsförderung wird nur gewährt, wenn die Ausbildung förderfähig ist.

Für Schüler, die nicht bei ihren Eltern wohnen und für die eine auswärtige Unterbringung notwendig ist, wird Ausbildungsförderung gewährt für den Besuch von

- weiterführenden allgemeinbildenden Schulen (z. B. Haupt-, Real- und Gesamtschulen, Gymnasien) ab Klasse 10,
- Berufsfachschulen, deren Besuch keine abgeschlossene Berufsausbildung voraussetzt, einschließlich der Klassen aller Formen der beruflichen Grundbildung (z. B. Berufsvorbereitungsjahr),
- Fach- und Fachoberschulklassen, deren Besuch keine abgeschlossene Berufsausbildung voraussetzt.

Auswärtige Unterbringung

Eine auswärtige Unterbringung des Schülers ist notwendig, wenn von der elterlichen Wohnung keine entsprechende Ausbildungsstätte in zumutbarer Entfernung erreichbar ist. Aber auch, wenn der Schüler einen eigenen Haushalt führt und verheiratet ist oder war oder er einen eigenen Haushalt führt und mit mindestens einem Kind zusammenlebt, kann die auswärtige Unterbringung notwendig sein.

Ist keine auswärtige Unterbringung notwendig, kann trotzdem eine Ausbildungsförderung gewährt werden, und zwar für den Besuch von

- Berufsfachschulklassen und Fachschulklassen, deren Besuch keine abgeschlossene Berufsausbildung voraussetzt, sofern diese in einem zumindest zweijährigen Bildungsgang einen berufsqualifizierenden Abschluss vermitteln,
- Fach- und Fachoberschulklassen, deren Besuch eine abgeschlossene Berufsausbildung voraussetzt,
- Abendhauptschulen, Berufsaufbauschulen, Abendrealschulen, Abendgymnasien und Kollegs,
- Höhere Fachschulen und Akademien,
- Hochschulen.

Erstausbildung

Grundsätzlich wird nur eine Ausbildung (Erstausbildung) gefördert. Die Erstausbildung setzt sich zusammen aus der weiterführenden allgemeinbildenden Schulausbildung und der berufsbildenden Ausbildung. Ausnahmsweise können aber auch weitere Ausbildungen gefördert werden, wenn die gesetzlichen Voraussetzungen vorliegen. Wenn der Auszubildende die Fachrichtung gewechselt oder eine frühere Ausbildung abgebrochen hat, ist eine weitere Ausbildungsförderung nur dann möglich, wenn er die frühere Ausbildung aus wichtigem oder unabweisbarem Grund abgebrochen hat (z. B. mangelnde intellektuelle, psychische oder körperliche Eignung).

BERECHNUNG

Ob Auszubildende Förderung erhalten, hängt davon ab, ob ihre finanziellen Mittel und die ihrer Ehegatten und Eltern reichen, um den Finanzbedarf während der Ausbildung zu decken.

Tipp

Die Berechnung der Ausbildungsförderung ist recht kompliziert. Online kann unter www.bafoeg-rechner.de die Höhe des Anspruchs selbst berechnet werden.

Bedarf

Für die Höhe der Ausbildungsförderung maßgebend sind nicht die bei den Auszubildenden tatsächlich und individuell anfallenden konkreten Kosten, sondern ein abstrakter Bedarf, den ein Auszubildender nach der Vorstellung des Gesetzgebers typischerweise für Lebensunterhalt (z. B. Ernährung, Unterkunft, Bekleidung) und Ausbildung (z. B. Lehrbücher, Fahrtkosten zur

Ausbildungsstätte) benötigt. Die in der folgenden Auflistung aufgeführten Bedarfssätze, die nach der Art der Ausbildung und der Unterbringung differieren, sind die Beträge, die bestenfalls gezahlt werden. Im Regelfall erhalten BAföG-Bezieher weniger, weil der jeweilige Bedarfssatz mit dem Einkommen des Auszubildenden und der Eltern verrechnet wird.

Ausbildungsstätte	Wohnung bei den Eltern	eigene Wohnung
weiterführende allgemeinbildende Schulen und Berufsfachschulen ab Klasse 10 sowie Fach- und Fachoberschulen, wenn der Besuch keine abgeschlossene Berufsausbildung voraussetzt	keine Förderung	465 Euro
Berufsfachschul- und Fachschulklassen, die in einem zumindest zweijährigen Bildungsgang einen berufsqualifizierenden Abschluss vermitteln, wenn der Besuch keine abgeschlossene Berufsausbildung voraussetzt	216 Euro	465 Euro
Abendhaupt- und Abendrealschulen, Berufsaufbauschulen, Fachoberschulklassen, deren Besuch eine abgeschlossene Berufsausbildung voraussetzt	391 Euro	543 Euro
Fachschulklassen, deren Besuch eine abgeschlossene Berufsausbildung voraussetzt, Abendgymnasien, Kollegs	397 Euro	572 Euro
Höhere Fachschulen, Akademien, Hochschulen	422 Euro	597 Euro

Für Auszubildende, die beitragspflichtig in der gesetzlichen Krankenversicherung oder einer privaten Krankenversicherung versichert sind, erhöht sich der Bedarfssatz um weitere 62 Euro monatlich. Zur Abgeltung der Kosten für die Pflegeversicherung wird für beitragspflichtige Auszubildende ein Pflegeversicherungszuschlag von 11 Euro geleistet.

Für Schüler und Studierende, die nicht bei den Eltern wohnen, erhöht sich der Bedarf um monatlich bis zu 72 Euro, wenn die Mietkosten für Unterkunft und Nebenkosten nachweislich

02

einen Betrag von 57 Euro (bei Schülern) bzw. 146 Euro (bei Studierenden) übersteigen.

Für Auszubildende, die mit mindestens einem eigenen Kind, das das zehnte Lebensjahr noch nicht vollendet hat, in einem Haushalt leben, erhöht sich der Bedarf um monatlich 113 Euro für das erste und um 85 Euro für jedes weitere dieser Kinder. Der Kinderbetreuungszuschlag wird für denselben Zeitraum nur einem Elternteil gewährt. Sind beide Elternteile förderungsfähig und leben sie in einem gemeinsamen Haushalt, bestimmen sie untereinander den Berechtigten.

Berechnung der individuellen Förderhöhe

Abstrakter Bedarf

Wie oben bereits dargelegt, kommt es hierbei nicht auf die individuell entstehenden Kosten an, sondern es wird ein abstrakter Bedarf zugrunde gelegt, der sich danach berechnet, was ein durchschnittlicher Auszubildender für seinen Lebensunterhalt und seine Ausbildung benötigt. Ob dann der Auszubildende diese monatliche Finanzspritze auch tatsächlich bekommt, hängt davon ab, ob seine eigenen Mittel und die seiner Eltern ausreichen würden, um den Schulbesuch oder das Studium eigenständig zu finanzieren. Aus diesem Grund wird das Einkommen ermittelt, das der Familie dafür theoretisch zur Verfügung stünde. Ergibt sich unterm Strich ein positiver Betrag, wird der Auszubildende in entsprechender Höhe gefördert.

Die individuelle Förderhöhe berechnet sich also wie folgt:

Bedarf nach BAföG
– anrechenbares Einkommen und Vermögen des Auszubildenden
– anrechenbares Einkommen des Ehepartners und der Eltern

= Förderbetrag nach BAföG

Freibeträge

Zunächst ist das **Einkommen des Auszubildenden** auf die mögliche Förderung anzurechnen, allerdings nicht uneingeschränkt und vollständig. Angerechnet wird das zu versteuernde Einkommen, steuerfreies Einkommen zum Beispiel aus einer ehrenamtlichen Tätigkeit bleibt unberücksichtigt. Von den Einkünften abzuziehen sind zumindest pauschalierte Werbungskosten von zurzeit 1.000 Euro jährlich und eine Sozialpauschale von 21,3 Prozent. Anrechnungsfrei bleiben monatliche Freibeträge des Auszubildenden von 255 Euro, des Ehegatten von 535 Euro und für jedes Kind von 485 Euro.

Neben dem Einkommen wird auch das **Vermögen des Auszubildenden** angerechnet. Aber auch hier gibt es anrechnungsfreie Beträge: 5.200 Euro für den Auszubildenden selbst, 1.800 Euro für seinen Ehegatten und weitere 1.800 Euro für jedes Kind des Auszubildenden. Der die Freigrenze übersteigende Vermögensbetrag wird durch die Zahl der Kalendermonate des Bewilligungszeitraums geteilt und dann auf den monatlichen Bedarf angerechnet.

Elternunabhängige Förderung

Nur in Ausnahmefällen wird das **Einkommen der Eltern** nicht angerechnet. Dann wird nur das eigene Einkommen und Vermögen der Auszubildenden sowie das Einkommen des etwaigen Ehegatten oder eingetragenen Lebenspartners angerechnet. Eine elternunabhängige Förderung erfolgt, wenn

- der Aufenthaltsort der Eltern nicht bekannt ist oder sie im Ausland leben und dort rechtlich oder tatsächlich gehindert sind, Unterhalt im Inland zu leisten,
- die Ausbildungsförderung für den Besuch eines Abendgymnasiums oder Kollegs geleistet wird,
- die Auszubildenden bei Beginn des Ausbildungsabschnitts bereits das 30. Lebensjahr vollendet haben (und ausnahmsweise trotz dieses Umstands gefördert werden),

- die Auszubildenden bei Beginn des Ausbildungsabschnitts schon fünf Jahre erwerbstätig gewesen sind, nachdem sie das 18. Lebensjahr vollendet haben,
- die Auszubildenden vor Beginn des Ausbildungsabschnitts eine zumindest dreijährige berufsqualifizierende Ausbildung absolviert haben und anschließend mindestens drei Jahre erwerbstätig waren.

In den beiden letzten Fällen müssen die Auszubildenden in den Jahren ihrer Erwerbstätigkeit in der Lage gewesen sein, sich aus deren Ertrag selbst zu unterhalten.

Wird das Einkommen der Eltern bei der Ausbildungsförderung angerechnet, so wird dieses nicht in voller Höhe berücksichtigt. Zunächst werden von den positiven Einkünften die Einkommen- und Kirchensteuer sowie die pauschal festgesetzten Beträge für die soziale Sicherung (z. B. Pflichtbeiträge zur gesetzlichen Krankenversicherung) abgezogen. Ferner gelten bestimmte Freibeträge, z. B. 1.605 Euro für verheiratete und zusammenlebende Elternteile, 1.070 Euro für alleinstehende Elternteile, 535 Euro für Stiefelternteile und 485 Euro für Kinder und sonstige Unterhaltsberechtigte, die nicht in einer förderungsfähigen Ausbildung sind. Vom Einkommen der Eltern bleiben nach Abzug dieser Grundfreibeträge weitere 50 Prozent sowie für jedes Kind, für das ein Freibetrag gewährt wird, weitere fünf Prozent anrechnungsfrei. Der so errechnete Betrag ist der Anrechnungsbetrag, den die Eltern des Auszubildenden nach dem BAföG für die Finanzierung der Ausbildung aufbringen müssen.

Tipp

In bestimmten Fällen bleibt das Einkommen der Eltern des Auszubildenden außen vor, so z. B. wenn die Eltern rechtlich oder tatsächlich gehindert sind, im Inland Unterhalt zu leisten, der Auszubildende ein Abendgymnasium oder ein Kolleg besucht oder er den Ausbildungsabschnitt erst nach Vollendung des 30. Lebensjahres begonnen hat.

BAFÖG-ÄNDERUNGEN AB 2016

Mit Beginn des Schuljahres 2016 beziehungsweise ab dem Wintersemester 2016/17 gibt es unter anderem folgende Änderungen bei der BAföG-Förderung:

- Die Bedarfssätze sollen generell um sieben Prozent angehoben werden.
- Die Einkommensfreibeträge sollen ebenfalls um sieben Prozent angehoben werden. Die Hinzuverdienstgrenze für die BAföG-Empfänger soll steigen, sodass ein sogenannter Minijob künftig wieder bis zur vollen Höhe von 450 Euro ohne Anrechnung auf ihre BAföG-Leistungen kontinuierlich ausgeübt werden kann.
- Der Freibetrag für jegliches eigenes Vermögen von Auszubildenden soll von 5.200 Euro auf künftig 7.500 Euro angehoben werden. Zugleich sollen für Auszubildende mit Unterhaltspflichten gegenüber eigenen Ehegatten, Lebenspartnern und Kindern die zusätzlichen Vermögensfreibeträge von derzeit jeweils 1.800 Euro auf 2.100 Euro erhöht werden.
- Der Kinderbetreuungszuschlag für Auszubildende mit Kindern soll auf einheitlich 130 Euro für jedes Kind angehoben werden.

BEZUGSDAUER

Regelstudienzeit

Ausbildungsförderung wird für die Dauer der Ausbildung geleistet. Schüler werden in der Regel gefördert, solange sie die Ausbildungsstätte besuchen. Die Dauer der Förderung von Studierenden entspricht grundsätzlich der Dauer der Regelstudienzeit. Eine Förderung darüber hinaus ist möglich, wenn der Studierende unter anderem aus schwerwiegenden Gründen (z. B. Krankheit), wegen einer Mitwirkung in der Hochschulverwaltung, aufgrund einer Behinderung oder wegen einer Schwangerschaft die Förderungszeit überschritten hat.

ZUSCHUSS ODER DARLEHEN

Ausbildungsförderung wird als Zuschuss oder Darlehen gewährt. In welcher Form die Ausbildungshilfe gezahlt wird, hängt davon ab, für welche Ausbildung die Förderung beansprucht wird.

Tipp
Schüler erhalten die Förderung als Vollzuschuss und müssen daher nichts zurückzahlen.

Studierende an Höheren Fachschulen, Akademien und Hochschulen erhalten die Förderung grundsätzlich nur zur Hälfte als Zuschuss. Die andere Hälfte bekommen sie als unverzinsliches Staatsdarlehen, das bis zu einem Gesamtbetrag von 10.000 Euro zurückgezahlt werden muss.

Nur ausnahmsweise wird Ausbildungsförderung als verzinsliches Bankdarlehen gewährt, so beispielsweise für eine einzige weitere Ausbildung, die eine Hochschulausbildung insoweit ergänzt, als dies für die Aufnahme des angestrebten Berufs rechtlich erforderlich ist, oder für die durch einen zweiten oder weiteren Fachrichtungswechsel verlängerte Studiendauer.

ANTRAG

Die Leistungen nach dem BAföG müssen schriftlich auf den dafür vorgesehenen Formblättern beim zuständigen Amt für Ausbildungsförderung beantragt werden.

Die Formblätter sind bei allen Ämtern für Ausbildungsförderung erhältlich, die auch die BAföG-Anträge bearbeiten und entscheiden, ob Auszubildende Leistungen nach dem BAföG bekommen. Der Antrag kann auch über das Internet unter www.bafoeg.bmbf.de ausgedruckt werden.

Zuständigkeit

Für Studierende ist in der Regel das Studentenwerk der Hochschule, an der sie immatrikuliert sind, das zuständige Amt für Ausbildungsförderung. Für Auszubildende an Abendgymnasien, Kollegs, Höheren Fachschulen und Akademien ist das Amt für Ausbildungsförderung zuständig, in dessen Bezirk sich die Ausbildungsstätte befindet. Und für alle anderen Schüler ist das Amt für Ausbildungsförderung der Stadt/Kreisverwaltung am Wohnort der Eltern zuständig.

RÜCKZAHLUNG

Das Schüler-BAföG ist grundsätzlich nicht zurückzuzahlen, weil es sich um einen Vollzuschuss handelt (vgl. oben).

Mit der Rückzahlung von zinslosen Staatsdarlehen muss erst fünf Jahre nach dem Ende der Förderungshöchstdauer oder bei Ausbildungen an Akademien fünf Jahre nach dem Ende der in der Ausbildungs- und Prüfungsordnung vorgesehenen Ausbildungszeit begonnen werden. Das Staatsdarlehen muss dann in gleich bleibenden monatlichen Raten von mindestens 105 Euro innerhalb von 20 Jahren zurückgezahlt werden.

BERUFSAUSBILDUNGSBEIHILFE ALS ARBEITSFÖRDERUNGSMASSNAHME

Um eine betriebliche oder außerbetriebliche Berufsausbildung in einem anerkannten Ausbildungsberuf zu ermöglichen, können Auszubildende Berufsausbildungsbeihilfe erhalten. Sie wird gezahlt, wenn Auszubildende während der Berufsausbildung nicht bei den Eltern wohnen können, weil der Ausbildungsbetrieb vom Elternhaus zu weit entfernt ist. Berufsausbildungsbeihilfe wird von der Agentur für Arbeit gezahlt.

BILDUNGSKREDIT ZUR FINANZIERUNG VON FORTGESCHRITTENEN AUSBILDUNGSPHASEN

Tipp

Weitere Informationen zum Bildungskredit gibt es im Internet unter www.bildungskredit.de.

Schüler und Studierende können zur Finanzierung von fortgeschrittenen Ausbildungsphasen einen Bildungskredit erhalten. Dieser kann neben einem BAföG-Darlehen gewährt werden. Anders als beim BAföG besteht jedoch kein Rechtsanspruch auf Gewährung eines Bildungskredits.

BERECHTIGTE

Unter anderem können folgende Personen einen Bildungskredit erhalten:

- Volljährige Schüler in den beiden letzten Jahren ihrer Ausbildung, wenn sie bereits über einen berufsqualifizierenden Abschluss verfügen oder diesen mit dem erfolgreichen Abschluss ihrer gegenwärtigen schulischen Ausbildung erlangen werden.
- Studierende
  - die die Zwischenprüfung ihres Studiengangs bestanden haben, für die Fortsetzung dieses Studiengangs,
  - die den ersten Teil eines Konsekutiv-Studiengangs erfolgreich abgeschlossen haben, ein postgraduales Studium oder ein Master- oder Magisterstudium betreiben, für die Fortsetzung dieses Studiengangs,
  - eines Zusatz-, Ergänzungs- oder Aufbaustudiums,
  - die Teilnehmer eines in- oder ausländischen Praktikums sind, das im Zusammenhang mit dem Studium durchgeführt wird.

Anerkannte Ausbildungsstätte

Es werden nur Ausbildungen an Ausbildungsstätten gefördert, die im Rahmen des Berufsausbildungsförderungsgesetzes anerkannt sind. Und eine Förderung ist nur möglich, solange der Auszubildende das 36. Lebensjahr noch nicht vollendet hat. Studierende können den Bildungskredit in der Regel nur bis zum Ende des zwölften Studiensemesters erhalten.

FÖRDERUNG

Der Bildungskredit wird monatlich im Voraus in gleich bleibenden Raten ausgezahlt. Beantragt werden können monatliche Raten von 100 Euro, 200 Euro oder 300 Euro. Innerhalb eines Ausbildungsabschnitts können bis zu 24 Monatsraten, also bis zu 7.200 Euro bewilligt werden.

Abschlagszahlung

Soweit insgesamt die Grenze von 24 Monatsraten und 7.200 Euro nicht überschritten wird, kann, gegebenenfalls neben dem monatlich auszuzahlenden Kredit, ein Teil des Kredites als Abschlag im Voraus ausgezahlt werden, und zwar einmalig bis zur Höhe von 3.600 Euro.

ANTRAG

Der Bildungskredit muss schriftlich beim Bundesverwaltungsamt, 50728 Köln, oder im Internet unter www.bildungskredit.de beantragt werden. Wenn die Fördervoraussetzungen vorliegen, erteilt die Behörde einen Bewilligungsbescheid. Dieser berechtigt die Auszubildenden, mit der Kreditanstalt für Wiederaufbau (KfW) einen Kreditvertrag abzuschließen.

ZINSEN UND RÜCKZAHLUNG

Der Kredit ist von der Auszahlung an zu verzinsen. Bis zum Beginn der Rückzahlung werden die Zinsen jedoch gestundet. Als Zinssatz für die ausgezahlte Kreditsumme gilt die European Interbank Offered Rate (EURIBOR) mit einer Laufzeit von sechs Monaten zuzüglich eines Aufschlags von einem Prozent. Das sind derzeit (2015) knapp 1,2 Prozent jährlich.

Der Bildungskredit ist nach einer mit der ersten Auszahlung beginnenden Frist von vier Jahren in monatlichen Raten von 120 Euro an die KfW zurückzuzahlen. Er kann auch vorab ganz oder teilweise zurückgezahlt werden, ohne dass zusätzliche Kosten anfallen.

Tipp
Weitere Informationen zum Meister-BAföG gibt es im Internet unter www.meister-bafoeg.de.

MEISTER-BAFÖG ZUR BERUFLICHEN AUFSTIEGSFÖRDERUNG

Das sogenannte Meister-BAföG soll Teilnehmer an Maßnahmen der beruflichen Aufstiegsfortbildung finanziell unterstützen.

BERECHTIGTE

Aufstiegsfortbildung kann beantragen, wer

- bereits über eine nach dem Berufsbildungsgesetz oder der Handwerksordnung anerkannte, abgeschlossene Erstausbildung oder einen vergleichbaren Berufsabschluss verfügt,
- noch keine berufliche Qualifikation hat, die dem angestrebten Fortbildungsabschluss zumindest gleichwertig ist und
- Deutscher bzw. Staatsangehöriger der EU ist.

Eine Altersgrenze gibt es hierbei im Gegensatz zur Förderung nach dem BAföG nicht.

FÖRDERFÄHIGE FORTBILDUNGEN

Vorbereitung auf Abschlüsse

Gefördert werden Fortbildungen, die fachlich gezielt auf öffentlich-rechtliche Prüfungen nach dem Berufsbildungsgesetz, der Handwerksordnung oder auf gleichwertige Abschlüsse nach Bundes- oder Landesrecht vorbereiten. Der angestrebte Abschluss muss über dem Niveau einer Facharbeiter-, Gesellen- und Gehilfenprüfung oder eines Berufsfachschulabschlusses liegen. Darüber hinaus muss die Maßnahme insgesamt mindestens 400 Unterrichtsstunden umfassen.

HÖHE DER FÖRDERUNG

Bei Vollzeitmaßnahmen wird einkommens- und vermögensabhängig ein Unterhaltsbeitrag bis zur individuellen Bedarfssatzhöhe geleistet. Der Unterhaltsbeitrag besteht aus einer Zuschuss- und einer Darlehenskomponente. Er wird bis zu folgenden Höchstsätzen gewährt:

Familiensituation	Unterhaltsbeitrag insgesamt	davon als Zuschuss	davon als Darlehen
Alleinstehende ohne Kind	697 Euro	238 Euro	459 Euro
Alleinstehende mit Kind	907 Euro	343 Euro	564 Euro
Verheiratete	912 Euro	238 Euro	674 Euro
Verheiratete mit einem Kind	1.122 Euro	343 Euro	779 Euro
Verheiratete mit zwei Kindern	1.332 Euro	448 Euro	884 Euro

Kinderbetreuungszuschlag

Für jedes weitere Kind erhöht sich (einkommens- und vermögensabhängig) dieser Betrag auf 210 Euro und wird zu 50 Prozent als Zuschuss geleistet. Alleinerziehende erhalten darüber hinaus pauschaliert und ohne Kostennachweis einen Kinderbetreuungszuschlag von 113 Euro monatlich.

Die Förderung für die Lehrgangs- und Prüfungsgebühren beträgt bis zu 10.226 Euro. Davon werden 30,5 Prozent als Zuschuss geleistet. Der Rest kann über ein Darlehen finanziert werden. Das Prüfungsstück wird bis zur Hälfte der notwendigen Kosten, höchstens jedoch bis zu 1.534 Euro als zinsgünstiges Darlehen gefördert.

ANTRAG

Förderanträge sind in der Regel bei den kommunalen Ämtern für Ausbildungsförderung bei den Kreisen und kreisfreien Städten zu stellen.

STAATLICHE FÖRDERUNG DER VERMÖGENSBILDUNG UND ALTERSVORSORGE

03

Der Staat fördert die Vermögensbildung der Arbeitnehmer durch eine Geldzulage, die sogenannte Arbeitnehmersparzulage. Daneben subventioniert er die private Altersvorsorge durch Zulagen und bzw. oder steuerliche Ersparnisse; von Bedeutung sind in diesem Zusammenhang die Riester-Förderung, die Rürup-Rente und die Förderung der betrieblichen Altersvorsorge.

ARBEITNEHMERSPARZULAGE ALS ZUSCHUSS FÜR VERMÖGENSWIRKSAME LEISTUNGEN

Viele Arbeitgeber zahlen an ihre Arbeitnehmer sogenannte vermögenswirksame Leistungen zum privaten Vermögensaufbau. Der Arbeitgeber erbringt diese Leistungen aufgrund eines Tarifvertrags, einer Betriebsvereinbarung oder des Arbeitsvertrags. Dabei wird zwischen Arbeitgeber und Arbeitnehmer vereinbart, dass ein Teil des Nettogehalts – nach Abzug von Steuern und Sozialversicherung – in einen Sparvertrag überwiesen wird. Je nach Sparform und Einkommen besteht dann Anspruch auf Arbeitnehmersparzulage.

VORAUSSETZUNGEN

Einkommensgrenzen

Arbeitnehmersparzulage zahlt der Staat nur an Arbeitnehmer mit niedrigem Einkommen: Ledige dürfen bis zu 17.900 Euro, Verheiratete bis zu 35.800 Euro im Jahr verdienen. Diese Werte gelten für die Anlage in Bausparverträgen oder Darlehenstilgung. Beim Aktienfondssparen liegt die Grenze bei 20.000 bzw. 40.000 Euro.

Maßgebend ist das zu versteuernde Einkommen. Steuerliche Abzüge wie Werbungskosten, Sonderausgaben oder Kinderfreibeträge werden also vom Bruttoeinkommen abgezogen.

HÖHE

Für eine Anlagesumme von bis zu 470 Euro für Ledige bzw. 940 Euro für Verheiratete pro Jahr gibt es **9 Prozent** Arbeitnehmersparzulage, wenn die Raten für sogenannte wohnwirtschaftliche Zwecke verwendet werden. Dazu zählt u. a. das Besparen eines Bausparvertrags. Die Zulage beträgt damit maximal 43 Euro für Ledige und 86 Euro für Verheiratete.

Mit **20 Prozent** wird das Aktiensparen oder der Erwerb von Beteiligungen oder Belegschaftsaktien gefördert. Hier gilt ein Höchstbetrag von 400 Euro für Ledige bzw. 800 Euro für Verheiratete pro Jahr. Die Zulage beträgt dann höchstens 80 Euro (Ledige) bzw. 160 Euro (Verheiratete).

Tipp

Werden beide Anlageformen kombiniert, können bis zu 870 Euro jährlich an Sparleistung von Vater Staat gefördert werden.

ANTRAG

Die Arbeitnehmersparzulage wird auf Antrag von dem Finanzamt festgesetzt, das für die Besteuerung des Arbeitnehmers zuständig ist. Grundsätzlich erhalten Sparer von ihrem Anlageinstitut nach Ablauf des Jahres eine Anlage VL. Diese ist ausgefüllt der Einkommensteuererklärung beizufügen. Wer keine Einkommensteuererklärung abgibt, muss beim Finanzamt einen gesonderten Antrag auf Arbeitnehmersparzulage stellen.

WOHNUNGSBAUPRÄMIE ZUR FÖRDERUNG DES BAUSPARENS

Wohnungsbauprämie wird als staatliche Förderleistung für das Bausparen gewährt. Die Prämie wird nur auf solche Sparleistungen gezahlt, die nicht bereits schon im Rahmen der vermögenswirksamen Leistungen gefördert worden sind.

VORAUSSETZUNGEN

Wohnungsbauprämie kann beantragen, wer

- mindestens 16 Jahre alt ist,
- mindestens 50 Euro im Jahr auf einen Bausparvertrag einzahlt und
- ein zu versteuerndes Einkommen hat, das 25.600 Euro (Ledige) bzw. 51.200 Euro (Verheiratete) im Jahr nicht übersteigt.

Wohnwirtschaftliche Verwendung

Seit 2009 wird die Wohnungsbauprämie nur gezahlt, wenn das Kapital in eine sogenannte wohnwirtschaftliche Verwendung fließt. Dazu zählt nicht nur die Neu- und Anschlussfinanzierung der selbst genutzten oder vermieteten Wohnimmobilie. Auch die Investition in Renovierung und Modernisierung fällt darunter. Für junge Sparer unter 25 Jahren entfällt diese Zweckbindung. Sie dürfen bei Auszahlung nach sieben Jahren frei über das Guthaben verfügen.

HÖHE

Die Wohnungsbauprämie beträgt jährlich 8,8 Prozent der im Sparjahr geleisteten prämienbegünstigten Aufwendungen, die bei mehreren Verträgen zur Prüfung des Höchstbetrages zusammengerechnet werden. Begünstigt sind maximal Aufwendungen je Kalenderjahr bis zu 512 Euro (Ledige) bzw. 1.024 Euro (Verheiratete).

	prämienbegünstigte Höchstbeträge pro Jahr	**Wohnungsbauprämie pro Jahr (maximal)**
Alleinstehende	512 Euro	45,06 Euro
Verheiratete	1.024 Euro	90,11 Euro

Eigenleistungen

Sämtliche auf den Bausparvertrag geleisteten Eigenzahlungen – inklusive Abschlussgebühr und gutgeschriebener Zinsen – zählen zu den prämienbegünstigten Bausparbeiträgen, nicht aber die vermögenswirksamen Leistungen.

ANTRAG

Um die Wohnungsbauprämie zu erhalten, muss für jedes Sparjahr auf einem amtlich vorgeschriebenen Vordruck ein Wohnungsbauprämien-Antrag an die Bausparkasse gestellt werden. Letzte Frist für den Prämienantrag ist der 31.12. des zweiten Jahres, das auf das Sparjahr folgt. Die Bausparkasse meldet dann die gesamte Prämie beim zuständigen Finanzamt zur Auszahlung an, erhält die Prämie ausgezahlt und schreibt sie auf dem Bausparvertrag gut.

Tipp

Weitere Informationen bieten die Ratgeber „Altersvorsorge richtig planen" und „Altersvorsorge mit wenig Geld" der Verbraucherzentralen (www.ratgeber-verbraucherzentrale.de).

03

RIESTER-RENTE – ALTERSVORSORGE VOR ALLEM FÜR ARBEITNEHMER

Die Riester-Rente ist eine private Altersvorsorge auf freiwilliger Basis, mit der Arbeitnehmer ihre persönliche Versorgungslücke schließen können. Damit sollen breite Teile der Bevölkerung zur zusätzlichen individuellen Altersabsicherung durch finanzielle Zuschüsse und besondere Steuerersparnisse motiviert werden.

BERECHTIGTE

Zu den förderberechtigten Personen gehören unter anderem in der gesetzlichen Rentenversicherung pflichtversicherte Arbeitnehmer, Auszubildende, Beamte, geringfügig Beschäftigte (Minijobs mit einem Verdienst bis 450 Euro monatlich), wenn sie auf die Sozialversicherungsfreiheit verzichten und Rentenversicherungsbeiträge zahlen, Bezieher von Arbeitslosengeld und Arbeitslosengeld II. Auch Selbstständige, die in der gesetzlichen Rentenversicherung pflichtversichert sind, werden gefördert (z. B. Handwerker).

Tipp

Gehört bei verheirateten Paaren nur einer der Partner zum förderfähigen Personenkreis, so hat auch der Ehegatte oder eingetragene Lebenspartner Anspruch auf staatliche Förderung, wenn er auf einen eigenen Vorsorgevertrag mindestens 60 Euro pro Jahr einzahlt.

Nicht gefördert werden freiwillig in der gesetzlichen Rentenversicherung Versicherte, geringfügig Beschäftigte, die sich von der gesetzlichen Rentenversicherung haben befreien lassen, Bezieher einer Vollrente wegen Alters und Bezieher von Sozialhilfe und Sozialgeld.

ANLAGEPRODUKTE

Gefördert wird eine Vielzahl von Finanzprodukten. „Geriestert" werden kann mit einem Banksparplan, einer konventionellen Rentenversicherung oder einem Fondssparplan. Und seit 2008 ist auch das selbst genutzte Wohneigentum in die Riester-Förderung einbezogen („Wohn-Riester").

- Bei **Banksparplänen** handelt es sich um langfristige Ratensparverträge, die mit einer variablen Verzinsung ausgestattet sind und am Ende der Sparphase in einen Auszahlplan oder eine Rentenversicherung umgewandelt werden. Banksparpläne eignen sich vor allem für Anleger mit hohem Sicherheitsbedürfnis. Es besteht ein sehr geringes Risiko; die Erträge wachsen aber nur langsam.
- Die **private Rentenversicherung** verbindet Kapitalanlage und Versicherung. Die Einzahlungen werden im Regelfall mit einer garantierten Mindestverzinsung angelegt. Sie haben daher ein sehr geringes Risiko und eignen sich besonders für jüngere, sicherheitsbewusste Anleger.
- Beim **Fondssparplan** legt der Anbieter das Kapital in Investmentfonds (Aktienfonds, Rentenfonds oder Fonds mit einer Mischung aus Aktien und Rentenpapieren) an. Eine Mindestrendite wird nicht garantiert, der Erhalt des Kapitals (der Eigenbeiträge und Zulagen) dagegen schon. Der Fondssparplan ist eher für jüngere, risikofreudigere Anleger geeignet; hier besteht unter Umständen ausreichend Zeit, etwaige Kursschwankungen wieder auszugleichen.
- **„Wohn-Riester"** kann in unterschiedlichen Formen erfolgen: So kann zum Beispiel bei der Anschaffung einer Immobilie Kapital aus einem Riester-Vertrag entnommen und als Eigenkapital für den Erwerb eingesetzt werden. Bei einer laufenden Finanzierung kann jederzeit Kapital aus diesem entnommen und für Sondertilgungen des Anschaffungsdarlehens genutzt werden. Auch kann aus einem Riester-Produkt Kapital für Umbaumaßnahmen zum barrierefreien Wohnen entnommen werden.

FÖRDERUNG

Staatlich gefördert wird die private zusätzliche Altersvorsorge durch finanzielle Zuschüsse (Riester-Zulagen) und besondere Steuerersparnisse (zusätzlicher Sonderausgabenabzug).

Wird ein Teil des Einkommens in den Aufbau einer privaten zusätzlichen Alterssicherung investiert, gewährt der Staat Zulagen: eine Grundzulage und eine Kinderzulage.

Mindesteigenbeitrag

Um die maximale **Grundzulage** zu bekommen, müssen vier Prozent des rentenversicherungspflichtigen Vorjahresbruttoeinkommens eingezahlt werden. Wird der Mindesteigenbeitrag nur teilweise erbracht, gibt es auch nur eine anteilige Zulage. Jeder Riester-Sparer erhält eine Grundzulage von 154 Euro pro Jahr. Bei Ehepaaren erhalten beide Partner jeweils die Grundzulage, wenn sie beide einen eigenen Vertrag zur zusätzlichen Altersvorsorge abschließen (vgl. oben).

Zur Grundzulage kommt noch eine **Kinderzulage**. Damit werden besonders Familien bei der zusätzlichen privaten Altersvorsorge gefördert. Die Kinderzulage beträgt 185 Euro für jedes Kind, für Kinder, die ab 2008 geboren wurden und werden, sogar 300 Euro.

Für junge Riester-Sparer unter 26 Jahren gibt es einen einmaligen Bonus. Die erste Zulage wird um 200 Euro erhöht. Damit soll ein besonderer Anreiz geschaffen werden, frühzeitig in die Zusatzrente einzusteigen und den in seiner Wirkung beim Kapitalaufbau häufig unterschätzten Zinses-Zins-Effekt besser zu nutzen.

Vorsicht

Bei geringem Einkommen und hohem Zulageanspruch ist es möglich, dass bereits allein die Zulagen vier Prozent des sozialversicherungspflichtigen Einkommens erreichen bzw. übersteigen. Mithilfe der staatlichen Zulagen kann der Eigenanteil jedoch nicht beliebig nach unten gedrückt werden. Um die volle Zulage zu erhalten, muss deshalb ein Sockelbetrag als Mindesteigenbeitrag von 60 Euro jährlich geleistet werden.

Neben der Zulagenförderung gibt es die Möglichkeit eines zusätzlichen Sonderausgabenabzugs. So können im Rahmen

Günstigerprüfung

der Einkommensteuererklärung bis zu 2.100 Euro jährlich als zusätzliche Altersvorsorgeaufwendungen steuermindernd geltend gemacht werden – auch wenn dies mehr als vier Prozent des sozialversicherungspflichtigen Einkommens sind. Das Finanzamt prüft automatisch, ob und gegebenenfalls wie viel die Steuerersparnis höher ist als die Zulagenförderung (sogenannte Günstigerprüfung). Ist die Steuerersparnis größer als die Zulagen, zahlt das Finanzamt den Teil der Steuerersparnis, der die Zulagen übersteigt, als Steuerrückerstattung aus.

ANTRAG

Die Zulagenförderung muss beantragt werden. Dazu ist jedoch nicht jedes Jahr ein neuer Zulagenantrag zu stellen, sondern mit dem Dauerzulagenantrag kann der Anbieter bevollmächtigt werden, die Zulagen dauerhaft abzuwickeln.

RÜRUP-RENTE – ALTERSVORSORGE VOR ALLEM FÜR SELBSTSTÄNDIGE

Wie die Riester-Rente und die Betriebsrente (vgl. unten) ist die Rürup-Rente (Basisrente) eine staatlich subventionierte Altersversorgung. Sie entspricht in ihren Leistungskriterien und in der steuerlichen Behandlung der gesetzlichen Rente, ist aber nicht wie diese durch Umlagen finanziert, sondern kapitalgedeckt.

Tipp

Weitere Informationen bieten die Ratgeber „Altersvorsorge richtig planen" und „Altersvorsorge mit wenig Geld" der Verbraucherzentralen (www.ratgeber-verbraucherzentrale.de).

Die Rürup-Rente ist im Prinzip eine ganz normale private Rentenversicherung, bei der jedoch am Ende der Ansparphase ausschließlich die Umwandlung in lebenslange regelmäßige Rentenzahlungen möglich ist. Es besteht also kein Kapitalwahlrecht. Damit soll sichergestellt werden, dass die angesparten Beiträge auch tatsächlich zur Altersvorsorge genutzt werden. Und außerdem sind die Einzahlungen vor Insolvenz und Pfändung geschützt.

BERECHTIGTE

Der Abschluss eines Rürup-Vertrags steht grundsätzlich allen Steuerpflichtigen offen. Für Sparer mit niedrigem Einkommen ist die Rürup-Förderung aber kaum geeignet, weil allenfalls minimale Steuervorteile erzielt werden.

03

Konzipiert wurde die Rürup-Rente vor allem für nicht gesetzlich rentenversicherte Selbstständige, Freiberufler und Gewerbetreibende, die sich eine – staatlich geförderte – Altersvorsorge aufbauen möchten.

ANLAGEPRODUKTE

Kein Kapitalwahlrecht

Gefördert werden dieselben Anlageprodukte wie bei der Riester-Rente, also Banksparen, Fondssparen und Versicherungen. Am häufigsten werden Rentenversicherungen angeboten, bei denen am Ende der Ansparphase ausschließlich die Umwandlung in lebenslange regelmäßige Rentenzahlungen möglich ist. Es besteht also kein Kapitalwahlrecht. Damit soll sichergestellt werden, dass die angesparten Beiträge auch tatsächlich zur Altersvorsorge genutzt werden. Mit dem Tod des Versicherten ist das gesamte eingezahlte Guthaben verloren.

Lebenslange Rente

Um sicherzustellen, dass die Rente auch für die Altersvorsorge des Einzelnen eingesetzt wird, hat der Gesetzgeber die Förderung an einige Bedingungen geknüpft. So dürfen sich die Versicherten das angesparte Vorsorgekapital nicht in einem Betrag – auch nicht in Teilbeträgen – auszahlen lassen. Sie müssen eine monatliche, lebenslange Rente bekommen. Diese Rente darf für Neuabschlüsse seit 2012 frühestens ab dem 62. Geburtstag gezahlt werden (bei Verträgen vor 2012 ab dem 60. Lebensjahr). Die Versicherungsansprüche dürfen zwar nicht vererbt werden, können aber mit einer zusätzlichen Hinterbliebenenabsicherung und mit einem Berufsunfähigkeitsschutz kombiniert werden, sodass auch der Ehegatte und die kindergeldberechtigten Kinder des Versicherten abgesichert werden können.

FÖRDERUNG

Höchstbeträge

Die Beiträge zur Rürup-Rente können gemeinsam mit eventuellen Zahlungen zur gesetzlichen Rentenversicherung, zu landwirtschaftlichen Alterskassen oder zu berufsständischen Versorgungseinrichtungen als Sonderausgaben geltend gemacht werden. Dabei steht Ledigen ein Höchstbetrag für die Altersvorsorge von 20.000 Euro pro Jahr zur Verfügung, bei Verheirateten sind es 40.000 Euro. Bis zu diesen Obergrenzen können Beiträge von der Steuer abgesetzt werden, allerdings nur zu einem bestimmten Prozentsatz. 2005 waren es 60 Prozent; bis 2025 steigt dieser Anteil jährlich um 2 Prozentpunkte auf 100 Prozent. Konkret heißt das, dass ein Verheirateter 2015 Einzahlungen bis zu 40.000 Euro zu 80 Prozent (= 32.000 Euro) geltend machen kann. Erst ab dem Jahr 2025 können die Beträge in voller Höhe abgesetzt werden.

BETRIEBLICHE ALTERSVORSORGE – RENTE VOM CHEF

Tipp
Weitere Informationen bieten die Ratgeber „Altersvorsorge richtig planen" und „Altersvorsorge mit wenig Geld" der Verbraucherzentralen (www.ratgeber-verbraucherzentrale.de).

Arbeitnehmer haben einen Rechtsanspruch auf eine eigenfinanzierte betriebliche Altersversorgung. Dabei spart der Arbeitnehmer einen Teil seines Gehalts für seine Altersversorgung. Diese Entgeltumwandlung wird staatlich gefördert.

FÖRDERUNG

Wer auf bestimmte Teile des Gehalts verzichtet und diese vom Arbeitgeber als Beiträge für eine spätere Betriebsrente verwenden lässt, kann Steuern und Sozialabgaben sparen und sich über den Betrieb eine zusätzliche Altersversorgung aufbauen. Die für die Altersvorsorge eingesetzten Gehaltsbeträge müssen nicht versteuert werden. Auch sind dafür keine Sozialversicherungsbeiträge zu zahlen. Deshalb spricht man auch von Bruttoumwandlung.

Mit dem Arbeitgeber muss vereinbart werden, welcher Betrag des Bruttolohns für die betriebliche Altersversorgung umgewandelt werden soll. Bis zu vier Prozent der im jeweiligen Kalenderjahr geltenden Beitragsbemessungsgrenze (in 2015 sind dies 72.600 Euro) für die gesetzliche Rentenversicherung (West) können auf jeden Fall in die Gehaltsumwandlung eingebracht werden. Darauf gibt es einen gesetzlichen Anspruch. Die Umwandlung erfolgt aus dem Bruttogehalt und wird – wie gesagt – weder versteuert noch mit Sozialabgaben belegt. Weitere 1.800 Euro pro Jahr können aus dem Bruttogehalt steuerfrei, aber sozialversicherungspflichtig in eine Direktversicherung, eine Pensionskasse oder einen Pensionsfonds eingezahlt werden.

Tipp

Auch im Rahmen der betrieblichen Altersvorsorge ist die Förderung mit Riester-Zulagen und zusätzlichem Sonderausgabenabzug möglich (vgl. Seite 61), wenn die Beiträge aus dem Nettoentgelt des Arbeitnehmers auf das Betriebsrentenkonto gezahlt werden und die Altersvorsorge auf dem Weg der Direktversicherung, der Pensionskasse oder des Pensionsfonds gebildet wird.

ANLAGEFORMEN

Zur Durchführung der betrieblichen Altersvorsorge kann der Arbeitgeber zwischen fünf Wegen wählen:

Direktzusage (Pensionszusage): Hier nimmt das Unternehmen die Verwaltung seiner Betriebsrenten selbst in die Hand. Der Arbeitgeber verpflichtet sich, Arbeitnehmern oder ihren Angehörigen eine Alters-, Invaliditäts- oder Hinterbliebenenrente zu zahlen. Zur Finanzierung bildet der Arbeitgeber Rückstellungen, die häufig mit festverzinslichen Wertpapieren, Aktien und Fonds hinterlegt werden.

Unterstützungskasse: Die vom Arbeitgeber – gegebenenfalls gemeinsam mit anderen Unternehmen – gegründete Unterstützungskasse ist eine rechtlich selbstständige Versorgungseinrichtung. Häufig fließt das Geld an Versicherungen, manche Unterstützungskassen leiten das Geld auch an riskantere Aktienfonds weiter. Der Arbeitgeber hat gegenüber dem Arbeitnehmer für die versprochenen Leistungen einzustehen.

Direktversicherung: Eine Direktversicherung ist im Prinzip eine herkömmliche private Rentenversicherung, die der Arbeitgeber für den Arbeitnehmer abschließt. Ähnlich wie eine Lebens- oder Rentenversicherung müssen auch Pensionskassen die eingezahlten Guthaben sicherheitsorientiert anlegen. Arbeitnehmer oder deren Angehörige haben Anspruch auf die zugesagten Leistungen.

Pensionskasse: Pensionskassen sind rechtlich selbstständige Versorgungseinrichtungen (entweder ein Versicherungsverein auf Gegenseitigkeit oder eine Aktiengesellschaft), die ihren Mitgliedern – den versorgungsberechtigten Arbeitnehmern – einen Rechtsanspruch auf Leistungen gewähren. Sie unterliegen der Versicherungsaufsicht.

Vorsicht

Arbeitnehmer können sich nicht aussuchen, welche Anlageform für ihre Gehaltsumwandlung verwendet werden soll. Sie sind auf das Produkt angewiesen, das der Arbeitgeber anbietet.

Pensionsfonds: Pensionsfonds sind rechtlich selbstständige Einrichtungen, die gegen Zahlung von Beiträgen eine betriebliche Altersversorgung für den Arbeitgeber durchführen. Pensionsfonds können – im Unterschied zu Versicherungen und Pensionskassen – das angesammelte Versorgungskapital relativ frei auf dem Kapitalmarkt anlegen. Daraus resultieren Renditechancen, aber auch die Gefahr von Verlusten. Der Arbeitgeber muss jedoch dafür einstehen, dass Arbeitnehmern zu Rentenbeginn grundsätzlich die Summe der zugesagten Beiträge zur Verfügung steht.

WOHNGELD – FINANZIELLE HILFE FÜR ANGEMESSENES UND FAMILIENGERECHTES WOHNEN

04

Wohnraum ist teuer, für manche Menschen zu teuer. Mit dem Wohngeld leistet Vater Staat eine Finanzspritze, damit eine angemessene und familiengerechte Unterkunft wirtschaftlich gesichert ist. Wohngeld ist kein Almosen des Staates – auf Wohngeld besteht ein Rechtsanspruch. Es wird als staatlicher Zuschuss gewährt und nicht als Darlehen.

WOHNGELD FÜR MIETER UND EIGENTÜMER

Varianten

Wohngeld wird in zwei Varianten gezahlt: Als Mietzuschuss erhalten es Personen, die Mieter einer Wohnung oder eines Zimmers sind. Als Lastenzuschuss wird es Personen gewährt, die Eigentümer von selbst genutztem Wohnraum sind. Dabei ist es unerheblich, ob der Wohnraum in einem Altbau oder Neubau liegt und ob er öffentlich gefördert, steuerbegünstigt oder frei finanziert worden ist.

WOHNGELD ALS MIETZUSCHUSS

Mietzuschuss gibt es unter anderem für

- Mieter einer Wohnung oder eines Zimmers
- Untermieter
- Bewohner eines Heims
- Eigentümer eines Hauses mit mehr als zwei Wohnungen
- mietähnliche Nutzungsberechtigte (z. B. Inhaber einer Dienst- oder Werkwohnung)
- Inhaber eines dinglichen Wohnungsrechts, wenn sie diesen Wohnraum selbst nutzen.

WOHNGELD ALS LASTENZUSCHUSS

Lastenzuschuss gibt es unter anderem für

- Eigentümer einer Wohnung oder eines Hauses
- Erbbauberechtigte
- Eigentümer einer landwirtschaftlichen Nebenerwerbsstelle
- Inhaber eines eigentumsähnlichen Dauerwohnrechts.

Um Anspruch auf Lastenzuschuss zu haben, muss der Eigentümer die Räume selbst bewohnen und auch die Belastungen dafür aufbringen.

WOHNGELD UND ANDERE SOZIALLEISTUNGEN

Ausgeschlossener Personenkreis

Empfänger von sogenannten Transferleistungen, das sind vom Staat gezahlte Sozialleistungen, ohne dass dafür vorab Beiträge gezahlt oder andere Gegenleistungen erbracht worden wären (z. B. Empfänger von Arbeitslosengeld II, Sozialgeld, Hilfe zum Lebensunterhalt oder Grundsicherung im Alter und bei Erwerbsminderung), haben keinen Anspruch auf Wohngeld. Deren Unterkunftskosten werden im Rahmen der jeweiligen Transferleistung berücksichtigt. Der Ausschluss von Wohngeld besteht allerdings nicht, wenn kein Antrag auf eine Transferleistung gestellt oder ein schon gestellter Antrag zurückgenommenen wurde. Zum vom Wohngeld ausgeschlossenen Personenkreis gehören unter anderem auch Mitglieder einer Bedarfsgemeinschaft eines Empfängers des Arbeitslosengeldes II oder eines Sozialhilfeempfängers.

HÖHE

Ob und gegebenenfalls in welcher Höhe Wohngeld gezahlt wird, hängt ab von

- der Anzahl der zu berücksichtigenden Haushaltsmitglieder
- der Höhe des Gesamteinkommens und
- der Höhe der zuschussfähigen Miete bzw. Belastung.

WELCHE HAUSHALTSMITGLIEDER BERÜCKSICHTIGT WERDEN

Die Höhe des Wohngelds hängt unter anderem davon ab, wie viele Personen im Haushalt der wohngeldberechtigten Person leben. Das wiederum beeinflusst, welches Gesamteinkommen zu berücksichtigen ist und die Höhe der zuschussfähigen Miete bzw. Belastung (vgl. unten).

Haushaltsmitglied ist die wohngeldberechtigte Person, daneben auch

- sein Ehe- bzw. Lebenspartner (nach dem Lebenspartnerschaftsgesetz)
- Personen, die mit ihm in einer Verantwortungs- und Einstehensgemeinschaft leben
- seine Eltern und Kinder (auch Adoptiv- und Stiefkinder)
- seine Geschwister, Onkel, Tante, Schwiegereltern, Schwiegerkinder, Schwager und Schwägerin
- seine Pflegekinder und Pflegeeltern.

Vorsicht

Bei der Wohngeldberechnung werden nur Haushaltsmitglieder berücksichtigt, die auch Anspruch auf Leistung haben. Das ist beispielsweise bei Personen, die Anspruch auf Transferleistungen haben, nicht der Fall (vgl. oben).

Bei der Bewilligung von Wohngeld können nur zum Haushalt zugehörige Haushaltsmitglieder berücksichtigt werden. Als zugehörig gilt, wer den Wohnraum gemeinsam mit dem Haushaltsvorstand bewohnt und sich ganz oder teilweise gemeinsam mit diesem mit dem täglichen Lebensbedarf versorgt.

A wohnt mit seinem Vater, der Arbeitslosengeld II bezieht, in einer Wohnung zusammen. Bei der Wohngeldberechnung wird nur A berücksichtigt. Für den Mietanteil seines Vaters kommt die Agentur für Arbeit auf.

Familienmitglieder rechnen auch dann zum Haushalt, wenn sie vorübergehend abwesend sind (z. B. im Krankenhaus liegen), der Familienhaushalt aber auch während ihrer Abwesenheit Mittelpunkt ihrer Lebensbeziehungen bleibt. Auszubildende und Studenten zählen also dann noch zum Familienhaushalt, wenn sie zwar nicht mehr zu Hause wohnen, sie aber in ihrer Lebenshaltung überwiegend von anderen zum Haushalt rechnenden Familienmitgliedern unterstützt werden.

WIE HOCH DAS GESAMTEINKOMMEN SEIN DARF

Wohngeld wird nur gezahlt, wenn das monatliche Gesamteinkommen bestimmte Beträge, die nach der Anzahl der zu berücksichtigenden Haushaltsmitglieder unterschiedlich hoch sind, nicht überschreitet.

Das Gesamteinkommen setzt sich zusammen aus der Summe der Jahreseinkommen der zu berücksichtigenden Haushaltsmitglieder abzüglich bestimmter Freibeträge und Abzugsbeiträge für Unterhaltsleistungen. Kindergeld bleibt bei der Einkommensermittlung außer Betracht.

Alle Einnahmen zählen

Zum Gesamteinkommen zählen alle steuerfreien und steuerpflichtigen Einnahmen und alle einmaligen und regelmäßigen Einnahmen. Dazu gehören:

- **Arbeitseinkommen:** z. B. Gehälter, Löhne, Weihnachtsgeld, steuerfreie Zuschläge für Sonntags-, Nacht- und Feiertagsarbeit, pauschal besteuerte und steuerfreie Arbeitslöhne
- **Lohnersatzleistungen:** z. B. Arbeitslosengeld I, Unterhaltsgeld, Kurzarbeitergeld, Schlechtwettergeld, Krankengeld, Mutterschaftsgeld
- **Sonstige Einnahmen:** z. B. Renten, Pensionen, Versorgungsbezüge, Unterhaltszahlungen, Einkünfte aus Kapitalvermögen, Arbeitslosengeld II, Einnahmen aus Vermietung und Verpachtung.

Werbungskosten

Von den jeweiligen Einkünften aus nicht selbstständiger Arbeit können insbesondere die Werbungskosten abgezogen werden. Absetzbar sind pauschal mindestens 1.000 Euro.

Abzuziehen ist ferner von jedem einzelnen Einkommen eine Pauschale zwischen 6 und 30 Prozent. Die abzugsfähige Grundpauschale beträgt 6 Prozent. Sie gilt zum Beispiel für

Personen, die ausschließlich Arbeitslosengeld I beziehen. Die höchste Pauschale von 30 Prozent steht jedem zu berücksichtigenden Haushaltsmitglied zu, das Steuern vom Einkommen sowie Pflichtbeiträge zur gesetzlichen Kranken- und Pflegeversicherung und zur gesetzlichen Rentenversicherung entrichtet.

Freibeträge

Abgesetzt werden bei der Ermittlung des Einkommens auch noch Freibeträge: z. B. 125 Euro monatlich für jeden schwerbehinderten Menschen mit einem Grad der Behinderung von 100 oder von wenigstens 80 und wenn die schwerbehinderte Person häuslich pflegebedürftig ist, 50 Euro monatlich für jedes Kind unter zwölf Jahren, für das Kindergeld gewährt wird, wenn der Antragsberechtigte allein mit Kindern zusammenwohnt und wegen Erwerbstätigkeit oder Ausbildung nicht nur kurzfristig vom Haushalt abwesend ist, und bis zu 50 Euro monatlich, soweit ein zum Haushalt rechnendes Kind eigenes Einkommen hat und das 16., aber noch nicht das 25. Lebensjahr vollendet hat.

Einkommensgrenzen

Die nachfolgende Tabelle gibt einen ungefähren Anhaltspunkt dafür, ab welchem Gesamteinkommen Wohngeld noch gezahlt wird. Diese Einkommensgrenzen gelten für die ab 1. Januar 1992 bezugsfertig gewordenen Wohnungen in Gemeinden der Mietstufe VI (vgl. dazu unten). Bei Gemeinden der Mietstufen I bis V oder für andere Wohnungen gelten niedrigere Grenzen des Gesamteinkommens. Die rechte Spalte der Tabelle bezeichnet die Beträge, die vor dem jeweils vorzunehmenden pauschalen Abzug (vgl. oben) annähernd den Grenzen des Gesamteinkommens entsprechen.

Übersicht über Einkommensgrenzen für die ab 1.1.1992 bezugsfertig gewordenen Wohnungen in Gemeinden der Mietenstufe VI

Zahl der zum Haushalt rechnenden Familienmitglieder	Grenze für das monatliche Gesamteinkommen (nach den Wohngeldtabellen, in Euro)	Entsprechendes monatliches Bruttoeinkommen (ohne Kindergeld) bei einem Verdiener vor einem pauschalen Abzug von …(in Euro)			
		6 %	10 %	20 %	30 %
1	860	915	956	1.075	1.229
2	1.170	1.245	1.300	1.463	1.671
3	1.430	1.521	1.589	1.788	2.043
4	1.880	2.000	2.089	2.350	2.686
5	2.150	2.287	2.389	2.688	3.071
6	2.410	2.564	2.678	3.013	3.433

WELCHE MIETE BZW. BELASTUNG ZUSCHUSSFÄHIG IST

Kostenbestandteile

Die Höhe des Wohngelds richtet sich auch nach der Höhe der zuschussfähigen Miete bzw. Belastung. Miete ist das vereinbarte Entgelt für die Gebrauchsüberlassung des Wohnraums. Zur Miete gehören auch die Kosten des Wasserverbrauchs, der Abwasser- und Müllbeseitigung und die Kosten der Treppenbeleuchtung. Zur Belastung gehören Ausgaben des Kapitaldienstes (Zinsen, Tilgung usw.) für solche Fremdmittel, die dem Bau, der Verbesserung oder dem Erwerb des Eigentums gedient haben, Instandhaltungskosten und Betriebskosten in einer bestimmten Höhe, Grundsteuer und zu entrichtende Verwaltungskosten.

Höchstbeträge

Wohngeld wird nicht für unangemessen hohe Wohnkosten geleistet. Bis zu welcher Höhe die Miete bzw. Belastung in die Wohngeldberechnung einfließt, bestimmt eine Höchstbetragstabelle, die als Anlage dem Wohngeldgesetz beigefügt ist (vgl. nachfolgenden Auszug). Die Höchstbeträge

Tipp

Die Mietenstufe der jeweiligen Gemeinde ist auf der Internetseite des Bundesministeriums für Umwelt, Naturschutz, Bau und Reaktorsicherheit (www.bmub.bund.de) nachzulesen.

richten sich nach dem örtlichen Mietniveau. Jede Gemeinde mit 10.000 und mehr Einwohnern und die Kreise (mit allen Gemeinden unter 10.000 Einwohnern) gehören entsprechend ihrem Mietniveau einer bestimmten Mietenstufe an. Die Stufe I steht für Gemeinden mit dem relativ niedrigsten Mietniveau, die Stufe VI für die teuersten Wohnorte.

Heidelberg gehört zur Mietstufe 5, Bochum zur Stufe 3, Berlin zur Stufe 4, München zur Stufe 6, Koblenz zur Stufe 3.

Höchstbeträge für Miete (in Euro)

Anzahl der zu berücksichtigenden Haushaltsmitglieder	Mietenstufen					
	I	II	III	IV	V	VI
1	292	308	330	358	385	407
2	352	380	402	435	468	501
3	424	451	479	517	556	594
4	490	523	556	600	649	693
5	561	600	638	688	737	787
Mehrbetrag für jedes weitere anzurechnende Haushaltsmitglied	66	72	77	83	88	99

Ein Alleinstehender bewohnt eine Wohnung, die in einer Gemeinde liegt, die der Mietenstufe IV angehört. Er zahlt eine monatliche Brutto-Kaltmiete von 385 Euro. Der Höchstbetrag für die zuschussfähige Miete liegt bei 358 Euro. Bei der Berechnung des Wohngelds wird demnach nur der Höchstbetrag für die zuschussfähige Miete, nämlich 358 Euro, berücksichtigt.

HÖHE DES WOHNGELDS

Wenn die Anzahl der zu berücksichtigenden Haushaltsmitglieder, das monatliche Gesamteinkommen und die Mietstufe der

Wohnortgemeinde festgestellt worden sind, kann aus der Wohngeldtabelle abgelesen werden, wie hoch der individuelle Miet- bzw. Lastenzuschuss ist. In der Wohngeldtabelle sind die monatlichen Haushaltseinkommen und die berücksichtigungsfähigen Mieten gegenübergestellt. Liegt das Einkommen über der für die Mietstufe geltenden Einkommensgrenze, gibt es kein Wohngeld. Die Wohngeldtabellen sind auf der Internetseite des Bundesministeriums für Umwelt, Naturschutz, Bau und Reaktorsicherheit zu finden (www.bmub.bund.de). Selbstverständlich informieren auch die örtlichen Wohngeldstellen. Diese sind verpflichtet, Antragsteller über Rechte und Pflichten aufzuklären. Bei der Behörde sind auch alle relevanten Tabellen einzusehen.

Vorsicht

Zum 1. Januar 2016 soll eine Wohngeldreform in Kraft treten, durch die das Wohngeld deutlich erhöht wird. So sollen die Miethöchstbeträge, die bezuschusst werden, regional gestaffelt und zwischen 7 und 27 Prozent angehoben werden. Zudem ist vorgesehen, die sogenannten Tabellenwerte, also den bewilligten Wohngeldbetrag, um durchschnittlich 39 Prozent zu erhöhen.

ANTRAG UND VERFAHREN

Wohngeld wird nur auf Antrag gezahlt. Die entsprechenden Formulare gibt es bei der zuständigen Wohngeldstelle der Gemeinde-, Stadt- oder Kreisverwaltung, die auch die Bearbeitung übernimmt. Der Antrag ist von der wohngeldberechtigten Person (Mieter oder Eigentümer des selbst genutzten Wohnraums) zu stellen.

Bewilligung ab Antragsmonat

Wohngeld wird in der Regel erst vom Beginn des Monats an geleistet, in dem der Antrag bei der Wohngeldbehörde eingegangen ist. Für zurückliegende Zeiträume gibt es bis auf wenige Ausnahmen kein Wohngeld. Im Regelfall wird Wohngeld für zwölf Monate bewilligt. Danach muss es erneut beantragt werden.

05 LEISTUNGEN BEI ARBEITSLOSIGKEIT

Wer arbeitslos ist, bekommt Arbeitslosengeld – so einfach wie dieser Satz klingt, ist es leider nicht. Denn zum einen ist er ungenau, weil es mindestens drei Arten von Arbeitslosengeld (Arbeitslosengeld I bei Arbeitslosigkeit, Arbeitslosengeld I bei beruflicher Weiterbildung und Arbeitslosengeld II) gibt. Zum anderen beschreibt er die Ansprüche nur unvollständig, denn für manche Arbeitslosen gibt es auch Leistungen, um deren Chancen auf dem Arbeitsmarkt zu verbessern. Außerdem: Nicht jeder Arbeitslose hat Anspruch auf Arbeitslosengeld.

05

LEISTUNGEN DER AKTIVEN ARBEITS-FÖRDERUNG

BERATUNG, VERMITTLUNG, UNTERSTÜTZUNG

Die Agenturen für Arbeit müssen Jugendlichen und Erwachsenen, die am Arbeitsleben teilnehmen oder teilnehmen wollen, Berufsberatung anbieten (§ 29 SGB III). Die Berufsberatung umfasst die Erteilung von Auskunft und Rat zur Berufswahl, zur beruflichen Entwicklung und zum Berufswechsel, zur Lage und Entwicklung des Arbeitsmarktes und der Berufe, zu den Möglichkeiten der beruflichen Bildung, zur Ausbildungs- und Arbeitsplatzsuche sowie zu den Leistungen der Arbeitsförderung.

Neben der Beratung müssen die Arbeitsagenturen auch Vermittlung anbieten (§ 35 SGB III).

Unter Vermittlung sind alle Tätigkeiten zu verstehen, die darauf gerichtet sind, Arbeitssuchende, aber auch Ausbildungssuchende mit Arbeitgebern zusammenzuführen mit dem Ziel, ein Ausbildungs- oder Arbeitsverhältnis zu begründen. Ist unklar, in welche berufliche Tätigkeit, aber auch in welche berufliche Ausbildung vermittelt werden kann, soll die Arbeitsagentur durch eine Eignungsfeststellung vor allem Kenntnisse und Fähigkeiten, das Leistungsvermögen und die beruflichen Entwicklungsmöglichkeiten des Arbeitslosen ermitteln.

Trainingsmaßnahmen

Daneben gibt es insbesondere Bewerbungstraining, durch das die Selbstsuche des Arbeitslosen gefördert und weitere Kenntnisse und Fähigkeiten, die für eine erfolgreiche Vermittlung notwendig sind, vermittelt werden. Die Kosten für solche Trainingsmaßnahmen können von der Arbeitsagentur übernommen werden. Darunter fallen die Lehrgangskosten und Prüfungsgebühren, die Fahrtkosten für die tägliche Hin- und Rückfahrt zwischen Wohnung und dem Ort, an dem die

Trainingsmaßnahme stattfindet, sowie die Kosten für die Betreuung eines aufsichtsbedürftigen Kindes des Arbeitslosen in Höhe von 130 Euro monatlich je Kind.

Vorsicht

Ob die Kosten von der Arbeitsagentur übernommen werden, steht in deren Ermessen. Der Einzelne hat keinen unbedingten Anspruch auf deren Übernahme, sondern nur auf pflichtgemäße Ermessensausübung.

Daneben können Bewerbungskosten (früher bis zu einem Betrag von 260 Euro jährlich, jetzt höher) und Reisekosten im Zusammenhang mit Fahrten zur Berufsberatung, Vermittlung, Eignungsfeststellung und zu Vorstellungsgesprächen übernommen werden. Hier ist jedoch ein Antrag zu stellen, bevor die Ausgaben entstehen.

BEIHILFEN

Bietet sich für den Arbeitslosen die Chance, eine Arbeit anzunehmen, können Mobilitätshilfen bezahlt werden, wenn dies zur Aufnahme der Beschäftigung notwendig ist. Dazu gehören

- Leistungen für den Lebensunterhalt bis zur ersten Arbeitsentgeltzahlung (Übergangsbeihilfen),
- Leistungen für Arbeitskleidung und Arbeitsgerät (Ausrüstungsbeihilfen),
- die Übernahme der Kosten für die Fahrt zum Antritt einer Arbeitsstelle (Reisekostenbeihilfe),
- die Übernahme der Kosten für die tägliche Fahrt zwischen Wohnung und Arbeitsstelle (Fahrtkostenbeihilfe),
- die Übernahme der Kosten für eine getrennte Haushaltsführung (Trennungskostenbeihilfe) sowie
- die Übernahme der Kosten für einen Umzug (Umzugskostenbeihilfe).

§

Das Gesetz (§§ 45, 46 SGB III) sieht hierzu vor, dass Arbeitslose »aus dem Vermittlungsbudget der Agentur für Arbeit bei der Anbahnung oder Aufnahme einer versicherungspflichtigen Beschäftigung gefördert werden (können), wenn dies für die berufliche Eingliederung notwendig ist«.

Was hierzu gehört, sagt der Gesetzgeber nicht ausdrücklich. Und eine Verordnung des Bundesarbeitsministeriums über die näheren Fördervoraussetzungen ist bisher nicht ergangen.

Als Orientierung dienen daher die Beträge, die vor der Gesetzesreform 2009 als Beihilfe gewährt wurden: Als Übergangsbeihilfe konnte ein zinsloses Darlehen in Höhe von bis zu 1.000 Euro gezahlt werden, als Ausrüstungsbeihilfe konnten Kosten bis zur Höhe von 260 Euro übernommen werden, Reisekostenbeihilfe gab es bis zu 300 Euro und Trennungskostenbeihilfe konnte für die ersten sechs Monate der Beschäftigung bis zu einem Betrag von monatlich 260 Euro gewährt werden. Weil in den Materialien zu § 45 SGB III eindeutig steht, dass die Neufassung der Vorschrift eine breitere Förderung ermöglichen solle, heißt das in der Praxis, dass es hierbei nunmehr Zuschläge im Ermessen der Arbeitsagentur gibt.

GRÜNDUNGSZUSCHUSS FÜR SELBSTSTÄNDIGE

Will der Arbeitslose seine Arbeitslosigkeit dadurch beenden, dass er eine selbstständige Tätigkeit aufnimmt, kann er hierfür Leistungen von der Arbeitsagentur erhalten.

§ 93 SGB III sieht die Zahlung eines Gründungszuschusses vor. Dieser Gründungszuschuss wird für die Dauer von sechs Monaten geleistet.

Der Arbeitslose kann das bisherige Arbeitslosengeld weiter beziehen, zuzüglich monatlich 300 Euro. Nach den sechs Monaten wird kein Arbeitslosengeld mehr gezahlt; es können allerdings für weitere neun Monate 300 Euro gewährt werden.

Seit April 2012 ist der Anspruch auf Gründungszuschuss lediglich noch eine Ermessensleistung, das heißt, die Behörde kann, muss aber nicht zahlen. Sie kann aus guten Ermessensgründen die Leistung versagen. Daran kann auch kein Gericht etwas ändern. Das Sozialgericht kann zwar den Ablehnungsbescheid aufheben, ihn aber nicht ersetzen. Es kommt dann zu einem neuen Verwaltungsverfahren. Das ist nerven- und zeitraubend.

Vorsicht

Den Gründungszuschuss können nur Arbeitslose erhalten, die zum Zeitpunkt der Aufnahme der selbstständigen Tätigkeit noch einen Anspruch auf Arbeitslosengeld (gemeint ist das Arbeitslosengeld I nach dem SGB III, nicht das Arbeitslosengeld II nach dem SGB II) von mindestens 150 Tagen haben.

Voraussetzung für den Erhalt des Gründungszuschusses ist, dass der Arbeitslose eine selbstständige hauptberufliche Tätigkeit ausüben will und keinen Beruf, der aufgrund eines Arbeitsvertrages ausgeübt wird.

Außerdem muss der Arbeitslose der Arbeitsagentur die Tragfähigkeit der Existenzgründung nachweisen. Das kann er am besten durch eine Stellungnahme der IHK, der Handwerkskammer, einer Sparkasse, von Fachverbänden usw. Es muss sich um eine sogenannte fachkundige Stelle handeln. Schließlich muss er selbstverständlich auch die zur Ausübung der selbstständigen Tätigkeit erforderlichen Kenntnisse und Fähigkeiten haben.

Von großer Bedeutung ist, dass die Aufnahme einer selbstständigen Tätigkeit nicht erst dann beginnt, wenn zum Beispiel der Fliesenleger die ersten Fliesen legt, sondern bereits dann, wenn er für seine zukünftige Tätigkeit Werbung macht, Werkzeug kauft, Geschäftsräume anmietet oder sein Gewerbe anmeldet. Auf den frühestmöglichen Zeitpunkt sollte abgestellt werden, um nicht Gefahr zu laufen, dass der Arbeitslose bei Aufnahme der selbstständigen Tätigkeit keinen Anspruch mehr von mindestens 150 Tagen Arbeitslosengeld besitzt.

BERUFSAUSBILDUNGSBEIHILFE

Während einer beruflichen Ausbildung können Auszubildende von der Arbeitsagentur Berufsausbildungsbeihilfe beziehen (§ 56 SGB III). Hierdurch werden der Lebensunterhalt gedeckt und die Fahrtkosten, sonstige Aufwendungen und die Lehrgangskosten übernommen, soweit dem Auszubildenden diese Mittel nicht anderweitig zur Verfügung stehen. Allerdings muss die berufliche Ausbildung – aber auch eine berufsvorbereitende Bildungsmaßnahme – nach Ansicht der Arbeitsagentur förderungsfähig sein und der Auszubildende zum förderungsfähigen Personenkreis gehören. Als Bedarf für den Lebensunterhalt werden die Sätze nach dem Bundesausbildungsförderungsgesetz zugrunde gelegt (siehe Seite 44).

Auswärtige Unterbringung

Eine Berufsausbildungsbeihilfe erhalten Auszubildende, wenn sie während der Ausbildung nicht bei ihren Eltern wohnen können, weil der Ausbildungsbetrieb vom Elternhaus zu weit entfernt ist. Wie hoch die Berufsausbildungsbeihilfe ist, richtet sich im Wesentlichen danach, wie der Auszubildende untergebracht ist. Dabei wird sowohl sein Einkommen als auch das Einkommen der Eltern oder seines Ehegatten bzw. Lebenspartners angerechnet.

Allerdings besitzen Eltern und Ehegatten/Lebenspartner Freibeträge.

Tipp

Wie hoch die finanzielle Unterstützung im Einzelnen ist, kann einfach mit dem Berufsausbildungsbeihilfe-Rechner im Internet ermittelt werden (www.babrechner.arbeitsagentur.de).

ARBEITSLOSENGELD BEI WEITERBILDUNG

Lässt sich der Arbeitslose qualifizieren, das heißt, ist er in einer beruflichen Weiterbildungsmaßnahme, kann die Arbeitsagentur die Weiterbildungskosten (§ 83 SGB III) übernehmen, wenn die Weiterbildung zur beruflichen Wiedereingliederung notwendig ist.

Außerdem muss vor Beginn der Qualifizierungsmaßnahme eine Beratung durch die Agentur für Arbeit erfolgt sein und die Maßnahme selbst sowie deren Träger für die Förderung ausdrücklich zugelassen sein. An Weiterbildungskosten werden die Lehrgangskosten sowie die Kosten für die Eignungsfeststellung, die Fahrtkosten, die Kosten für auswärtige Unterbringung und Verpflegung sowie die Kosten für die Betreuung von Kindern übernommen (§ 83 SGB III).

Daneben kann der Arbeitslose auch weiterhin Arbeitslosengeld beziehen. Voraussetzung ist, dass er die Voraussetzungen für einen Anspruch auf Arbeitslosengeld bei Arbeitslosigkeit (siehe Seite 100 ff.) nur deswegen nicht erfüllt, weil er sich in einer von der Arbeitsagentur geförderten beruflichen Weiterbildungsmaßnahme befindet. Die Höhe ist genauso wie beim Arbeitslosengeld bei Arbeitslosigkeit (siehe Seite 107).

LEISTUNGEN AN BEHINDERTE ARBEITSLOSE

Ist der Arbeitslose behindert, hat er Anspruch auf eine Vielzahl von Leistungen, die über die normale Förderung eines Arbeitslosen hinausgehen (zu den Definitionen von Behinderungen siehe S. 137).

Abweichende Voraussetzungen

Behinderte Menschen haben zunächst die gleichen Ansprüche wie nicht behinderte (§ 113 SGB III). Dazu gehören der Anspruch auf Beratung und Vermittlung, auf Maßnahmen zur Verbesserung der Aussichten auf Teilhabe am Arbeitsleben, die Förderung der Aufnahme einer Beschäftigung, die Förderung der Aufnahme einer selbstständigen Tätigkeit, die Förderung der Berufsausbildung sowie die Förderung der beruflichen Weiterbildung. Behinderte Menschen erhalten in diesem Rahmen keine zusätzlichen Leistungen. In vielen Fällen sind aber die Voraussetzungen, unter denen die Leistungen gewährt werden können, einfacher zu erfüllen.

Zu den „besonderen Leistungen", die nur behinderte Menschen beanspruchen können, gehören u.a. Ausbildungsgeld und Übergangsgeld (§ 118 SGB III).

Anspruch auf Ausbildungsgeld können behinderte Auszubildende nach § 122 SGB III auch haben, wenn sie im Haushalt der Eltern oder eines Elternteils untergebracht und nicht verheiratet sind, keine Lebenspartnerschaft führen und das 21. Lebensjahr noch nicht vollendet haben. In diesen Fällen beträgt das Ausbildungsgeld 310 Euro, in anderen Fällen damit 397 Euro. Für die Unterbringung in einem Wohnheim oder Internat oder in sonstigen Fällen gibt es besondere Regelungen.

Behinderte Menschen erhalten während der Zeit ihrer Berufsausbildung, der Berufsvorbereitung einschließlich einer erforderlichen Grundausbildung bzw. der beruflichen Weiterbildung, für die besondere Leistungen erbracht werden, Übergangsgeld (§ 119 SGB III).

Versicherungspflichtige Beschäftigung

Voraussetzung ist allerdings, dass der behinderte Mensch innerhalb der letzten drei Jahre vor Beginn der Teilnahme mindestens zwölf Monate sozialversicherungspflichtig beschäftigt gewesen ist oder Krankengeld, Versorgungskrankengeld, Verletztengeld oder Krankentagegeld von einem privaten Krankenversicherungsunternehmen bezogen hat und unmittelbar vor Beginn dieser Leistungen eine versicherungspflichtige Beschäftigung (keine geringfügige!) ausgeübt hat (Versicherungspflichtverhältnis).

Dies sind nur einige von vielen Möglichkeiten, wann behinderte Menschen Übergangsgeld beziehen können. Das gilt z. B. auch für Personen, die ein Kind erziehen, das das 3. Lebensjahr noch nicht vollendet hat, wenn sie unmittelbar vor der Kindererziehung versicherungspflichtig waren, Arbeitslosengeld oder eine ähnliche Leistung bezogen haben. Die Einzelheiten sind so kompliziert, dass es ratsam ist, im konkreten Fall mit der Arbeitsagentur Kontakt aufzunehmen.

Auch wenn diese Voraussetzungen nicht erfüllt sind, können behinderte Menschen unter Umständen Übergangsgeld erhalten, wenn sie z. B. innerhalb des letzten Jahres vor Beginn der Qualifizierungsmaßnahme einen Berufsausbildungsabschluss erworben haben oder ihr Prüfungszeugnis dem Zeugnis über das Bestehen der Abschlussprüfung nach dem Berufsbildungsgesetz oder der Handwerksordnung gleichgestellt ist.

Tipp

Wegen der komplizierten Voraussetzungen, insbesondere bei der Berechnung des Übergangsgeldes, sollte auf jeden Fall der Kontakt zur Arbeitsagentur gesucht werden.

Die Höhe des Übergangsgeldes ergibt sich aus dem SGB IX (siehe § 46). Das Übergangsgeld beträgt 75 Prozent von 80 Prozent des regelmäßig erzielten Arbeitsentgelts bzw. Nettoentgelts, wenn der arbeitslose Behinderte mindestens ein Kind hat. In den übrigen Fällen beträgt das Übergangsgeld 68 Prozent.

LEISTUNGEN DER PASSIVEN ARBEITSFÖRDERUNG

ARBEITSLOSENGELD BEI ARBEITSLOSIGKEIT

Nach § 136 SGB III hat Anspruch auf Arbeitslosengeld bei Arbeitslosigkeit jede Person, die

1. arbeitslos ist,
2. sich bei der Arbeitsagentur arbeitslos gemeldet hat,
3. eine Anwartschaftszeit erfüllt hat,
4. noch nicht die Regelaltersgrenze (2015: 65 Jahre und vier Monate) überschritten hat und gegebenenfalls –
5. einen Antrag auf Arbeitslosengeld gestellt hat.

Ein besonderer Antrag muss nicht gestellt werden, er „steckt" in der Arbeitslosmeldung, es sei denn, der Arbeitslose will beispielsweise das Arbeitslosengeld erst später (und deswegen länger) erhalten (siehe Seite 90) und deshalb bei seiner Arbeitslosmeldung noch keinen Antrag stellen.

05

Nach dem Gesetz (§ 138 SGB III) ist ein Arbeitnehmer arbeitslos, wenn er

1. nicht in einem Beschäftigungsverhältnis steht, das heißt, beschäftigungslos ist,
2. sich bemüht, seine Beschäftigungslosigkeit zu beenden, das heißt, Eigenbemühungen zur Arbeitssuche unternimmt, und
3. den Vermittlungsbemühungen der Agentur für Arbeit zur Verfügung steht, das heißt verfügbar ist.

MITWIRKUNGSPFLICHTEN

Die Arbeitsagentur (und auch alle anderen Beitragszahler) erwarten von dem Arbeitslosen, dass er alle Möglichkeiten zur beruflichen Eingliederung in den Arbeitsmarkt nutzt und dazu insbesondere die Selbstinformationseinrichtungen der Agentur für Arbeit in Anspruch nimmt. Er sollte sich nicht nur durch die Arbeitsagentur, sondern auch durch Dritte vermitteln lassen und bestimmte Verpflichtungen aus einer Eingliederungsvereinbarung, die er mit der Arbeitsagentur geschlossen hat, wahrnehmen.

Eingliederungsvereinbarung

In der sogenannten Eingliederungsvereinbarung (§ 37 Abs. 2 SGB III), die regelmäßig zwischen einem Arbeitslosen und der Arbeitsagentur abgeschlossen wird, muss sich der Arbeitslose häufig verpflichten, innerhalb einer bestimmten Zeit (z. B. innerhalb von zwei Monaten) mehrere Bewerbungen (z. B. 20 bis 30) bei bestimmten Arbeitgebern zu starten. Je nachdem, wie unerfahren der Arbeitslose ist, muss ihn die Arbeitsagentur auch konkret beraten, wie und bei wem er sich zu bewerben hat.

Verfügbarkeit

Der gesetzliche Begriff der Arbeitslosigkeit umfasst auch die sogenannte Verfügbarkeit.

Die Verfügbarkeit ist nur dann gegeben, wenn der Arbeitslose eine versicherungspflichtige, mindestens 15 Stunden wöchentlich umfassende zumutbare Beschäftigung unter den üblichen Bedingungen des für ihn in Betracht kommenden Arbeitsmarktes ausüben kann und darf.

Vorsicht

Unter 15 Stunden darf der Arbeitslose seine Verfügbarkeit allerdings nicht einschränken. Dann ist er nicht mehr verfügbar im Sinne des Gesetzes und damit nicht mehr arbeitslos und er erhält überhaupt kein Arbeitslosengeld.

Unter den üblichen Bedingungen des Arbeitsmarktes versteht man vor allem die üblichen Arbeitszeiten von morgens 8 bis nachmittags um 16 Uhr. Der Arbeitslose kann seine Verfügbarkeit auch zeitlich einschränken, z. B. auf 18, 20 oder 30 Stunden pro Woche. Er erhält dann allerdings auch nur entsprechend gekürztes Arbeitslosengeld.

Auch die Lage der Arbeitszeit, für die der Arbeitslose vermittelt werden will, kann er bestimmen: also etwa festlegen, dass er nur von 8 bis 12 Uhr täglich oder von 13 bis 18 Uhr arbeiten möchte. Die Lage muss nur so sein, dass sie nicht völlig unüblich ist.

Zumutbarkeit

Stellen, die dem Arbeitslosen von der Arbeitsagentur angeboten werden, müssen für ihn auch zumutbar sein.

Zumutbar sind nach § 140 SGB III alle Stellen, die nicht gegen gesetzliche, tarifliche oder in Betriebsvereinbarungen festgelegte Bestimmungen über Arbeitsbedingungen oder gegen Bestimmungen des Arbeitsschutzes verstoßen.

Abschläge

Darüber hinaus braucht der Arbeitslose eine angebotene Stelle nicht anzunehmen, wenn das daraus erzielbare Nettoeinkommen niedriger ist als das Arbeitslosengeld. Dies gilt allerdings erst vom siebten Monat der Arbeitslosigkeit an. Vorher muss er lediglich Abschläge von 20 Prozent seines vorherigen Arbeitsentgelts für die ersten drei Monate und 30 Prozent für die folgenden drei Monate der Arbeitslosigkeit hinnehmen.

05

Thorsten Pohl hatte bei einem Bruttoeinkommen von 3.000 Euro nach Abzug von Sozialabgaben und Steuern ein Netto-Einkommen von 2.160 Euro. Er könnte Arbeitslosengeld in Höhe von 1.300 Euro im Monat erhalten. Angenommen, ihm würde eine Stelle in einer anderen Stadt bei einem großen Unternehmen angeboten, bei der er 2.000 Euro brutto und nach Abzug von Sozialabgaben sowie Steuern 1.440 Euro netto verdienen würde. Um zu seiner Arbeitsstelle zu gelangen, müsste er sich eine Monatskarte der Deutschen Bahn kaufen, die 140 Euro kostet.

Sein Nettoarbeitsentgelt aus der neuen Stelle (1.440 Euro) abzüglich der Werbungskosten in Zusammenhang mit dieser Stelle (140 Euro) würde also nicht niedriger als das Arbeitslosengeld von 1.300 Euro sein. Daher müsste er diese Stelle annehmen.

Das gilt auch, wenn er täglich zweieinhalb Stunden (hin und zurück) unterwegs wäre, um seine Arbeitsstelle zu erreichen bzw. von der Arbeitsstelle nach Hause zu kommen. Arbeitslosen wird eine Pendelzeit von zweieinhalb Stunden bei einer vollschichtigen Tätigkeit (mehr als sechs Stunden) und eine Pendelzeit von bis zu zwei Stunden bei einer Arbeitszeit von sechs Stunden und weniger zugemutet.

Der Arbeitslose darf eine ihm angebotene Stelle nicht schon deswegen ablehnen, weil sie befristet ist, vorübergehend eine getrennte Haushaltsführung erfordert oder nicht zu dem Kreis der Beschäftigungen gehört, für die er ausgebildet ist oder die er bisher ausgeübt hat.

Erreichbarkeit

Persönliche Erreichbarkeit

Um Arbeitslosengeld zu erhalten, muss der Arbeitslose außerdem für die Arbeitsagentur täglich unter seiner Postanschrift persönlich erreichbar sein. Allerdings mutet man dem Arbeitslosen nicht zu, dass er den ganzen Tag wartet, ob sich die Arbeitsagentur meldet und ein Stellenangebot macht oder ihn zu einer Vorstellung einlädt. Einmal am Tag (außer an Sonn- und Feiertagen!) muss er sich allerdings in seiner Wohnung aufhalten und in den Briefkasten schauen, ob Post von der Arbeitsagentur angekommen ist.

Kein Arbeitslosengeld gibt es, wenn sich der Arbeitslose nicht unter seiner Adresse aufhält. Will er sich im Nahbereich der Arbeitsagentur aufhalten (z. B. in einer benachbarten Stadt oder in allen Städten, die an den Bezirk der Arbeitsagentur angrenzen und von denen aus er die Arbeitsagentur in etwa 1 bis 1 ¼ Stunden erreichen kann), muss er dies der Arbeitsagentur sofort mitteilen, wenn sein Aufenthalt länger als einen Tag dauern sollte. Will der Arbeitslose den Nahbereich verlassen, kann er dies ohne Probleme. Er muss dies allerdings der Arbeitsagentur mitteilen und einen Antrag auf »Urlaub« stellen. Nach dem Gesetz können drei Wochen »Urlaub« pro Jahr zustehen.

Der Arbeitslose darf nicht bloß einen Nachsendeauftrag bei der Post stellen oder jemanden beauftragen, nach seiner Post zu schauen.

Annahme von Eingliederungsmaßnahmen

Außerdem muss der Arbeitslose bereit sein, jede Beschäftigung, aber auch jede Eingliederungsmaßnahme in das Erwerbsleben anzunehmen.

Eine kaum bekannte Regelung enthält Artikel 64 der Verordnung (EG) Nr. 883/2004. Danach kann ein Arbeitsloser in der EU in jedes Mitgliedsland der EU gehen und dort Arbeit suchen. Seinen Anspruch auf Arbeitslosengeld kann er in aller Regel nur drei Monate mitnehmen.

Persönliche Meldung

Nach § 141 SGB III hat sich der Arbeitslose persönlich bei der zuständigen Agentur für Arbeit arbeitslos zu melden, damit er Arbeitslosengeld bekommt. Zuständig ist die Arbeitsagentur, in deren Bezirk der Arbeitnehmer bei Eintritt der Arbeitslosigkeit seinen Wohnsitz oder gewöhnlichen Aufenthalt hat. Wenn der Arbeitnehmer von dem Eintritt der Arbeitslosigkeit überrascht wird und sich nicht an seinem Wohnort aufhält, kann er sich auch bei jeder anderen Arbeitsagentur melden, damit er keinen Tag des Arbeitslosengeldes verliert. Die nicht zuständige Arbeitsagentur wird seinen Antrag an die zuständige Arbeitsagentur übermitteln. Bei dieser muss er sich allerdings dann am nächsten Tag melden.

Vorsicht

Nimmt der Arbeitslose irgendeine Beschäftigung auf, und sei es nur, dass er in der Familie mithilft, erlischt die Wirkung der Meldung, wenn er dies der Arbeitsagentur nicht unverzüglich mitteilt. Das bedeutet, dass er ab dem gleichen Zeitpunkt eine »Schwarzarbeit« verrichtet und keinen Anspruch auf Arbeitslosengeld mehr hat. Möglicherweise muss er das gesamte Arbeitslosengeld, das er nach der Aufnahme der »Schwarzarbeit« erhält, später zurückzahlen.

Der Arbeitslose braucht nicht zu warten, bis die Arbeitslosigkeit eingetreten ist. Er kann seine Arbeitslosmeldung auch schon drei Monate vor ihrem Eintritt der Arbeitsagentur melden, wenn er bereits zu diesem Zeitpunkt davon erfahren hat.

ANWARTSCHAFTSZEIT

Das Gesetz (§ 142 SGB III) bestimmt, dass nicht jeder sofort Arbeitslosengeld erhalten darf. Vielmehr muss er vorher bereits eine gewisse Zeit als Arbeitnehmer beschäftigt gewesen sein. Es ist nicht erforderlich, dass Beiträge zur Sozialversicherung entrichtet worden sind! Durch die Beschäftigung oder einen anderen Umstand (siehe unten) kann man eine sogenannte Anwartschaft auf das Arbeitslosengeld erwerben.

Voraussetzung dafür ist, dass man innerhalb von zwei Jahren – gerechnet ab dem Zeitpunkt der Arbeitslosigkeit bzw. der Erfüllung aller sonstigen Voraussetzungen für den Anspruch auf

Arbeitslosengeld – mindestens zwölf Monate gearbeitet oder in einem sonstigen Versicherungspflichtverhältnis gestanden hat.

Rahmenfrist

Anstelle einer Beschäftigung kann man die erforderlichen zwölf Monate auch durch den Bezug von Krankengeld, Verletztengeld, Übergangsgeld, Krankentagegeld oder einer Rente wegen voller Erwerbsminderung erfüllen, sofern unmittelbar vorher Versicherungspflicht z. B. wegen Berufstätigkeit bestand oder Arbeitslosengeld bezogen wurde. Das Gleiche gilt für Arbeitslose, die ein Kind bis zum dritten Lebensjahr erzogen haben.

Die Zweijahresfrist (Rahmenfrist) kann aber auch kürzer sein. Dies ist immer dann gegeben, wenn sie in eine sonstige Rahmenfrist hineinreichen würde, in der der Arbeitslose eine Anwartschaftszeit erfüllt hatte.

ANTRAG

Lebensalter entscheidend

Grundsätzlich muss der Arbeitslose keinen besonderen Antrag auf Arbeitslosengeld stellen, wenn er sich persönlich arbeitslos meldet. In manchen Fällen kann es aber sinnvoll sein, sich zwar persönlich arbeitslos zu melden, gleichzeitig aber zu erklären, dass Arbeitslosengeld noch nicht beantragt wird. Dies ist z. B. in allen Fällen zweckmäßig, in denen der Arbeitslose kurz vor der Vollendung des 50., 55. oder 58. Lebensjahres steht, weil sich die Dauer des Arbeitslosengeldes in aller Regel ab diesen Geburtsdaten erheblich verlängert.

Wenn Thorsten Pohl nach vielen Jahrzehnten Arbeit etwa einen Monat vor Vollendung des 55. Lebensjahres zur Arbeitsagentur geht und einen Antrag auf Arbeitslosengeld stellt, würde er höchstens für 15 Monate Arbeitslosengeld beziehen. Kann er den einen Monat bis zur Vollendung des 55. Lebensjahres anderweitig finanziell überbrücken, stünde ihm drei Monate länger, das heißt 18 Monate Arbeitslosengeld zu. Ein 58-jähriger Arbeitsloser erhält unter bestimmten Voraussetzungen sogar sechs Monate länger Arbeitslosengeld.

BEZUGSDAUER

Anspruch auf Arbeitslosengeld gibt es für die Dauer von höchstens 24 Monaten – wie lange im Einzelnen geleistet wird, hängt davon ab, wie viele Monate der Arbeitslose vorher gearbeitet hat und wie alt der Betroffene ist. 50-Jährige müssen mindestens 30 Monate, 55-Jährige mindestens 36 Monate und 58-Jährige mindestens 48 Monate gearbeitet oder in einem anerkannten »Versicherungspflichtverhältnis« gestanden haben.

Ein Arbeitsloser, der noch keine 50 Jahre alt ist, kann höchstens zwölf Monate Arbeitslosengeld beziehen – unter der Voraussetzung, dass er mindestens 24 Monate eine versicherungspflichtige Beschäftigung ausgeübt hat. Die höheren Bezugsdauern von 15, 18 und 24 Monaten setzen neben einer höheren Dauer des Versicherungspflichtverhältnisses auch die Vollendung des 50., 55. und 58. Lebensjahres voraus.

Es gelten Besonderheiten, wenn der Arbeitslose bereits einmal Arbeitslosengeld bezogen hat, dieser Arbeitslosengeldanspruch aber erloschen ist, weil ein neuer Anspruch entstanden ist. In diesen Fällen kann er – wenn nach der Entstehung des erloschenen Anspruchs noch keine vier Jahre verstrichen sind – länger Arbeitslosengeld beziehen.

Thorsten Pohl war am 1. Januar 2014 nach zwölf Jahren Arbeit arbeitslos geworden. Er ist acht Monate lang arbeitslos und bezieht entsprechend Arbeitslosengeld. Danach findet er eine neue Arbeitsstelle, auf der er bis zum 31. Dezember 2015 tätig ist. Danach wird er wieder arbeitslos. Durch die neue Arbeit hat Thorsten Pohl einen neuen Anspruch auf Arbeitslosengeld für die Dauer von acht Monaten erhalten. Der Anspruch von acht Monaten aus der neuen Tätigkeit wird allerdings verlängert um die vier Monate, die ihm aus dem alten Arbeitslosengeldanspruch noch zustehen. Daher kann Thorsten Pohl nunmehr zwölf Monate lang Arbeitslosengeld beziehen.

Hätte Thorsten Pohl im Januar 2014 nur zwei Monate Arbeitslosengeld bezogen, wären noch zehn Monate Arbeitslosengeldbezug möglich gewesen. Diesen kann er nun nicht mehr vollständig in Anspruch nehmen, weil sich hierdurch eine Dauer des Anspruchs auf Arbeitslosengeld von 16 Monaten ergäbe. Ein Anspruch auf 16 Monate Arbeitslosengeld steht aber nur dem Arbeitslosen zu, der mindestens 30 Monate gearbeitet hat (trifft auf Thorsten Pohl zu) und 55 Jahre bzw. älter ist (Thorsten Pohl ist erst 38). Das Gesetz sieht nämlich vor, dass sich die Dauer des Anspruchs höchstens bis zu der dem Lebensalter des Arbeitslosen zugeordneten Höchstdauer verlängert. Dies sind bei Thorsten Pohl nur zwölf Monate.

KURZE ANWARTSCHAFTEN

Befristete Arbeitsverträge

Unter bestimmten Voraussetzungen kann bei Beschäftigungslosen, die eine Anwartschaftszeit auf Arbeitslosengeld nicht durch eine Beschäftigungszeit von einem Jahr innerhalb der letzten zwei Jahre erwerben können, eine Beschäftigungszeit oder gleichgestellte Zeit von lediglich sechs Monaten genügen, um eine Anwartschaftszeit zurückzulegen. Dafür ist Voraussetzung, dass die in den letzten zwei Jahren zurückgelegten Beschäftigungstage überwiegend auf Beschäftigungen entfallen, die auf nicht mehr als zehn Wochen im Voraus durch Arbeitsvertrag zeit- oder zweckbefristet waren. Das Arbeitsentgelt während der Beschäftigungszeit der letzten zwölf Monate darf 34.020 Euro in West- und 28.980 Euro in Ostdeutschland nicht übersteigen (Zahlen für 2015).

Um diese Voraussetzung zu erfüllen, müssen die Beschäftigungszeiten aus zehnwöchigen Arbeitsverträgen mehr als die Hälfte der versicherungspflichtigen Beschäftigungen insgesamt betragen: Bei einer Beschäftigungszeit von 180 Tagen innerhalb der zweijährigen Frist müssen also wenigstens 91 Tage in jeweils höchstens zehnwöchigen Arbeitsverhältnissen zurückgelegt worden sein.

Hat der Arbeitslose eine Beschäftigung oder gleichgestellte Zeit von mindestens sechs Monaten zurückgelegt, kann er einen Anspruch auf Arbeitslosengeld von drei Monaten, bei einer Zeit von acht Monaten vier Monate und bei zehn Monaten dann fünf Monate Arbeitslosengeld geltend machen.

HÖHE DES ARBEITSLOSENGELDES

Die Höhe des Arbeitslosengeldes hängt maßgeblich vom Familienstand des Arbeitslosen, von seiner Steuerklasse und seinem vorher bezogenen Arbeitsentgelt ab. Es wird ein bestimmter Prozentsatz des Nettoarbeitsentgelts ermittelt. Dazu wird das Bruttoarbeitsentgelt um pauschalierte Abzüge verringert; individuelle Abzüge des Arbeitslosen werden nicht berücksichtigt.

Pauschaliertes Nettoentgelt

67 Prozent erhalten Arbeitslose, die mindestens ein Kind haben bzw. Arbeitslose, deren Ehegatte oder Lebenspartner mindestens ein Kind hat. Für die übrigen Arbeitslosen errechnet sich das Arbeitslosengeld aus 60 Prozent des pauschalierten Nettoentgelts.

Vom Bruttoentgelt werden 21 Prozent Sozialversicherungspauschale, die Lohnsteuer nach der Lohnsteuertabelle sowie der Solidaritätszuschlag abgezogen. Freibeträge und Pauschalen, die nicht jedem Arbeitnehmer zustehen, werden nicht berücksichtigt.

Die Feststellung der Lohnsteuer richtet sich nach der Lohnsteuerklasse, die zu Beginn des Jahres, in dem der Anspruch entstanden ist, auf der Lohnsteuerkarte des Arbeitslosen eingetragen war.

Zugrunde gelegt wird das im letzten Jahr vor Eintritt der Arbeitslosigkeit verdiente Entgelt. Allerdings bleiben Arbeitsentgelte außer Betracht:

- die der Arbeitslose wegen der Beendigung des Arbeitsverhältnisses erhält oder die im Hinblick auf die Arbeitslosigkeit vereinbart worden sind (Abfindungen)
- die als Wertguthaben nach dem Altersteilzeitgesetz nicht gemäß einer Vereinbarung über flexible Arbeitszeitregelungen verwendet werden.

Vorsicht

Kein Arbeitslosengeld wird gezahlt, wenn der Arbeitslose eine Beschäftigung von 15 Stunden wöchentlich und mehr ausübt. Betragen die Stunden der Nebenbeschäftigung jedoch weniger als 15 Stunden und seien es nur 14,5 Stunden, so bekommt der Arbeitslose zwar Arbeitslosengeld, muss sich aber einen Teil seines Verdienstes auf das Arbeitslosengeld anrechnen lassen.

Bezieht der Arbeitslose Krankengeld, Versorgungskrankengeld, Verletztengeld, Mutterschaftsgeld oder Übergangsgeld sowie Berufsausbildungsbeihilfe für Arbeitslose, Rente wegen voller Erwerbsminderung oder Altersrente aus der gesetzlichen Rentenversicherung oder Ähnliches, dann ruht der Anspruch auf Arbeitslosengeld, das heißt, es wird kein Arbeitslosengeld gezahlt.

Das Gleiche gilt, wenn er Arbeitsentgelt erhält oder beanspruchen kann. Auch wenn der Arbeitslose wegen Beendigung des Arbeitsverhältnisses eine Urlaubsabgeltung erhält oder zu beanspruchen hat, ruht der Anspruch, das heißt, er bekommt kein Arbeitslosengeld.

Vorsicht

Für eine gewisse Zeit erhält der Arbeitslose dagegen kein Arbeitslosengeld, wenn eine Abfindung, Entschädigung oder eine ähnliche Leistung (§ 158 SGB III) gezahlt wird. Dafür muss das Arbeitsverhältnis allerdings beendet worden sein, ohne dass der Arbeitgeber eine der ordentlichen Kündigungsfrist entsprechende Frist eingehalten hat und der Arbeitslose gerade wegen der Beendigung des Arbeitsverhältnisses eine solche Abfindung, Entschädigung oder ähnliche Leistung erhalten haben.

Allerdings wird Arbeitslosengeld auch gezahlt, wenn der Antragsteller zwar noch in einem Arbeitsverhältnis steht, der Arbeitgeber aber das Arbeitsentgelt oder eine Urlaubsabgeltung nicht zahlt (§ 157 Abs. 3 SGB III).

Der Anspruch auf Arbeitslosengeld ruht dann für eine bestimmte Zeit.

Die Berechnungsvorschriften sind aber derart kompliziert, dass es ratsam ist, sich mit der Arbeitsagentur in Verbindung zu setzen.

Auch der Arbeitslose, der sich als Arbeitnehmer versicherungswidrig verhalten hat, ohne hierfür einen wichtigen Grund zu haben, erhält für eine bestimmte Zeit kein Arbeitslosengeld. In diesen Fällen wird häufig eine Sperrzeit festgesetzt.

§

Sperrzeiten gibt es nach § 159 SGB III bei Arbeitsaufgabe, bei Arbeitsablehnung, bei unzureichenden Eigenbemühungen, bei Ablehnung oder Abbruch einer beruflichen Eingliederungsmaßnahme, bei Meldeversäumnissen und bei verspäteter Arbeitsuchendmeldung.

Sperrzeit

Eine besonders belastende Sperrzeit wird bei der Aufgabe der Arbeitsstelle festgestellt. Hier wird für zwölf Wochen kein Arbeitslosengeld gezahlt. In den anderen Fällen des § 159 SGB III liegt die Sperrzeit zwischen sechs Wochen und einer Woche. Dies setzt allerdings voraus, dass der Arbeitslose das Beschäftigungsverhältnis selbst gelöst oder durch ein arbeitsvertragswidriges Verhalten dazu Anlass gegeben bzw. dass er mit dem Arbeitgeber einvernehmlich einen Aufhebungsvertrag geschlossen hat und die Arbeitslosigkeit hierdurch vorsätzlich oder grob fahrlässig ohne wichtigen Grund herbeigeführt worden ist.

TEILARBEITSLOSENGELD

Mehrere Beschäftigungen

Ein Arbeitsloser, der mehrere versicherungspflichtige Beschäftigungen – das heißt mehr als geringfügig (über 450 Euro) – nebeneinander ausgeübt hat und eine (oder mehrere hiervon) verliert, aber trotzdem weiterhin in mindestens einer Beschäftigung versicherungspflichtig beschäftigt ist, kann wegen der eingetretenen »Teilarbeitslosigkeit« ein Teilarbeitslosengeld beziehen. Die Voraussetzungen für die Gewährung von Teilarbeitslosengeld entsprechen denen für das Arbeitslosengeld (siehe Seite 89 ff.).

Voraussetzungen

Der Arbeitnehmer muss (teil-) arbeitslos sein, sich persönlich bei der Arbeitsagentur gemeldet und die Anwartschaftszeit erfüllt haben. Des Weiteren muss er eine versicherungspflichtige Beschäftigung verloren haben, die er vorher neben einer oder mehreren anderen versicherungspflichtigen Beschäftigungen ausgeübt hat. Außerdem muss er eine entsprechende neue Beschäftigung suchen.

Melanie Schmidt arbeitet bei drei Arbeitgebern. Bei dem ersten Arbeitgeber ist sie 16 Stunden in der Woche tätig und erhält 600 Euro, bei dem zweiten Arbeitgeber arbeitet sie zehn Stunden und erhält 400 Euro, und bei dem dritten Arbeitgeber erhält sie 800 Euro für 20 Stunden Arbeit in der Woche. Die Arbeit beim ersten Arbeitgeber fällt weg. Anspruch auf das »normale« Arbeitslosengeld hat sie nicht, weil sie immer noch beim dritten Arbeitgeber 20 Stunden in der Woche arbeitet und ein Arbeitslosengeldanspruch ausgeschlossen ist, wenn jemand 15 Stunden und mehr in der Woche arbeitet.

Vorsicht

Wenn die übrigen Voraussetzungen gegeben sind, könnte Melanie Schmidt aber einen Anspruch auf Teilarbeitslosengeld haben. Sie hat mehrere versicherungspflichtige Beschäftigungen nebeneinander ausgeübt. Hierzu zählt allerdings nicht die Beschäftigung bei dem zweiten Arbeitgeber für zehn Stunden in der Woche, da sie nur 400 Euro erhält und es sich damit um eine geringfügige, nicht versicherungspflichtige Beschäftigung handelt. Die Arbeit beim ersten Arbeitgeber (16 Stunden) hat sie aber neben der Arbeit beim dritten Arbeitgeber ausgeübt. Damit ist eine entscheidende Voraussetzung für die Gewährung von Teilarbeitslosengeld gegeben. Anspruch auf Teilarbeitslosengeld besteht lediglich sechs Monate lang. Die Höhe des Teilarbeitslosengeldes wird – allerdings nur bezogen auf die Nebentätigkeit – dadurch berechnet, dass bei der Feststellung der Lohnsteuer die Lohnsteuerklasse maßgeblich ist, die auf der Lohnsteuerkarte für das Beschäftigungsverhältnis, das den Anspruch auf Teilarbeitslosengeld begründet (das heißt, das der Antragsteller verloren hat), zuletzt eingetragen war.

INSOLVENZGELD

Wenn ein Arbeitgeber insolvent geworden ist (früher »Konkurs gemacht hat«), haben seine Arbeitnehmer Anspruch auf Insolvenzgeld (§ 165 SGB III) von der Arbeitsagentur, wenn ihnen für die vorausgehenden drei Monate des Arbeitsverhältnisses noch Ansprüche auf Arbeitsentgelt zustehen. Allerdings muss dazu das Insolvenzverfahren über das Vermögen des Arbeitgebers eröffnet (Beschluss des Amtsgerichts) oder der Antrag auf Eröffnung des Insolvenzverfahrens muss mangels Masse vom Amtsgericht abgewiesen worden sein. Das Gleiche gilt, wenn die Betriebstätigkeit im Inland vollständig beendet und ein Antrag auf Eröffnung des Insolvenzverfahrens nicht gestellt worden ist und ein Insolvenzverfahren offensichtlich mangels Masse nicht in Betracht kommt.

Tipp

Arbeitnehmer können die noch ausstehenden Löhne für die vorausgehenden drei Monate des Arbeitsverhältnisses allerdings auch geltend machen, wenn das Arbeitsverhältnis bei Eröffnung des Insolvenzverfahrens bzw. der Abweisung des Antrags oder der vollständigen Beendigung der Betriebstätigkeit schon längst beendet worden war.

05

Klaus Müller hat aus einem am 1. Juni 2015 beendeten Arbeitsverhältnis mit der Schneider-KG noch fünf Monate Arbeitslohn zu bekommen. Am 1. April 2016 wird der Antrag auf Eröffnung des Insolvenzverfahrens vom Amtsgericht abgewiesen. Für die Monate März bis Mai 2015 kann Klaus Müller Insolvenzgeld beantragen.

Höhe

Beitragsbemessungsgrenze

Das Insolvenzgeld wird in der Höhe des Nettoarbeitsentgelts geleistet, das sich ergibt, wenn das auf die monatliche Beitragsbemessungsgrenze (2015: 6.050 Euro in den alten und 5.200 Euro in den neuen Bundesländern) begrenzte Bruttoarbeitsentgelt um die gesetzlichen Abzüge vermindert wird. Dies hat für den Arbeitnehmer keine Lohneinbuße zur Folge, es sei denn, er verdient mehr als die Beitragsbemessungsgrenze in der Arbeitslosenversicherung beträgt.

ÜBERGANGSLEISTUNGEN

VERMITTLUNGSGUTSCHEINE

Hat ein Arbeitnehmer Anspruch auf Arbeitslosengeld (siehe Seite 84 ff.) und ist er nach einer Arbeitslosigkeit von sechs Wochen innerhalb einer Frist von drei Monaten noch nicht vermittelt worden, so hat er (nach § 45 Abs. 4 SGB III) Anspruch auf einen Vermittlungsgutschein.

Arbeitszeit

Mit dem Vermittlungsgutschein verpflichtet sich die Arbeitsagentur, einen vom Arbeitnehmer eingeschalteten Vermittler zu entlohnen, wenn er diesen in eine sozialversicherungspflichtige Beschäftigung mit einer Arbeitszeit von mindestens 15 Stunden wöchentlich vermittelt hat.

Höhe

Der Vermittlungsgutschein wird über 2.000 Euro ausgestellt. Die Vergütung wird in Höhe von 1.000 Euro nach einem sechswöchigen, der Rest nach einem sechsmonatigen Beschäftigungsverhältnis gezahlt.

Bei Langzeitarbeitslosen und behinderten Menschen kann der Vermittlungsgutschein bis zu einer Höhe von 2.500 Euro ausgestellt werden.

ENTGELTSICHERUNG FÜR ÄLTERE ARBEITNEHMER

Einen Anspruch auf Leistungen der Entgeltsicherung (§ 417 SGB III) haben Arbeitnehmer, die

1. das 50. Lebensjahr vollendet haben und
2. ihre Arbeitslosigkeit durch Aufnahme einer versicherungspflichtigen Beschäftigung beenden, wenn sie
3. einen Anspruch auf Arbeitslosengeld bei Aufnahme der Beschäftigung von mindestens 120 Tagen haben,

4. ein Arbeitsentgelt in der neuen Beschäftigung beanspruchen können, das den tariflichen oder – sofern eine tarifliche Regelung nicht besteht – den ortsüblichen Bedingungen entspricht und
5. zwischen den Entlohnungen aus der alten und der neuen Beschäftigung eine monatliche Nettoentgeltdifferenz von mindestens 50 Euro besteht.

Zur Entgeltsicherung werden ein Zuschuss zum Arbeitsentgelt sowie ein zusätzlicher Beitrag zur gesetzlichen Rentenversicherung geleistet.

Nettoentgeltdifferenz

Der Zuschuss zum Arbeitsentgelt beträgt im ersten Jahr 50 Prozent der monatlichen Nettoentgeltdifferenz und im zweiten Jahr 30 Prozent. Das ist der Unterschiedsbetrag zwischen dem pauschalierten Nettoentgelt aus der früheren Beschäftigung, aus dem das Arbeitslosengeld berechnet wird, und dem pauschalierten Nettoentgelt der neuen Beschäftigung.

Karl Schneider hat bis zum 31. Dezember 2014 gearbeitet. Danach ist er arbeitslos geworden. Er bezieht Arbeitslosengeld. Im April 2015 erhält er das Angebot der Klein-GmbH, die ihn für 2.000 Euro brutto einstellen will. Da Schneider vorher 3.000 Euro verdient hat, erscheint ihm dies sehr wenig.

Zunächst ist das vorherige Bruttoentgelt um die Sozialversicherungspauschale von 21 Prozent, die Lohnsteuer und den Solidaritätszuschlag zu vermindern. Dies ergibt den Nettobetrag. Das Gleiche ist beim neuen Arbeitsentgelt vorzunehmen. Geht man davon aus, dass sich durch diese Berechnung ein Nettoentgelt aus der früheren Beschäftigung in Höhe von 1.900 Euro und aus der neuen Beschäftigung von 1.440 Euro ergäbe, liegt eine Differenz von 460 Euro vor. 50 Prozent dieser Differenz, also 230 Euro, steuert die Arbeitsagentur im ersten Jahr bei, auf dem Rest bleibt der Arbeitslose »sitzen«. Zusätzlich wird ein Beitrag zur gesetzlichen Rentenversicherung gezahlt, der auf dem Unterschiedsbetrag zwischen dem Arbeitsentgelt aus der neuen Beschäftigung und 90 Prozent des Nettoentgelts aus der früheren Beschäftigung beruht.

ARBEITSLOSENGELD II UND ANDERE GRUNDSICHERUNGSLEISTUNGEN

Arbeitslosengeld II wird – anders als das Arbeitslosengeld I – auch dann gezahlt, wenn der Betroffene noch nie gearbeitet hat. Grundsätzlich wird Arbeitslosengeld II nicht durch die Arbeitsagentur, sondern durch das Jobcenter oder die Gemeinde selbst gezahlt. Durch Arbeitslosengeld II sollen alle diejenigen unterstützt werden, die ihr Existenzminimum nicht sichern können. Die Bandbreite, wer Arbeitslosengeld II beziehen kann, ist daher groß.

Arbeitslosengeld II können nur Personen erhalten, die

- das 15., aber noch nicht die Regelaltersgrenze (2015: 65 Jahre und vier Monate) vollendet haben,
- erwerbsfähig sind,
- hilfebedürftig sind und
- ihren gewöhnlichen Aufenthalt in der Bundesrepublik Deutschland haben (§ 7 Abs. 1 SGB II).

Leistungsberechtigte

Diese Personen nennt der Gesetzgeber „Leistungsberechtigte". Die Leistungen nach dem Zweiten Buch Sozialgesetzbuch (SGB II) werden grundsätzlich nur auf Antrag erbracht.

§

Nach § 8 SGB II ist erwerbsfähig, wer nicht wegen Krankheit oder Behinderung auf absehbare Zeit (darunter versteht man im Allgemeinen einen Zeitraum von sechs Monaten und mehr) außerstande ist, unter den üblichen Bedingungen des allgemeinen Arbeitsmarktes mindestens drei Stunden täglich erwerbstätig zu sein.

Arbeitslosengeld II bekommt auch nur, wer hilfebedürftig ist, das heißt, wer seinen Lebensunterhalt, seine Eingliederung in Arbeit und den Lebensunterhalt der mit ihm in einer Bedarfsgemeinschaft lebenden Personen nicht oder nicht ausreichend aus eigenen Kräften und Mitteln, vor allem nicht durch Aufnahme einer zumutbaren Arbeit, aus Einkommen oder Vermögen oder durch die Hilfe von Angehörigen sichern kann.

Grundsätzlich muss der Antragsteller eine Arbeit aufnehmen, wenn er sie bekommen kann. Er muss jede Arbeit annehmen, zu der er körperlich, geistig oder seelisch in der Lage ist. Allerdings darf die jetzt angebotene Arbeit ihm die künftige Ausübung seines bisherigen Berufs nicht wesentlich erschweren. Das wäre z. B. der Fall, wenn einem Geiger eine Tätigkeit als Gartenarbeiter angeboten würde, bei der die Hände stark in Mitleidenschaft gezogen werden. Ausnahmsweise kann eine Arbeit auch dann abgelehnt werden, wenn sie die Erziehung eines eigenen Kindes oder des Kindes seines Partners gefährden würde. Eine angebotene Arbeit braucht man auch dann nicht anzunehmen, wenn diese mit der Pflege eines Angehörigen nicht vereinbar wäre und die Pflege nicht auf andere Weise sichergestellt werden kann.

Vorsicht

Eine Arbeit darf nicht allein deshalb abgelehnt werden, weil sie nicht auf der gleichen Qualifikationsstufe wie die frühere berufliche Tätigkeit steht, für die der Hilfebedürftige ausgebildet ist oder die er ausgeübt hat. Das Gleiche gilt, wenn der Beschäftigungsort vom Wohnort des erwerbsfähigen Hilfebedürftigen weiter entfernt ist als ein früherer Beschäftigungs- oder Ausbildungsort oder die Arbeitsbedingungen ungünstiger sind als bei den bisherigen Beschäftigungen.

EINKOMMEN

Hilfebedürftig ist niemand, der seine Existenz bzw. die seiner Familie durch eigenes Einkommen sichern kann. Dabei sind als Einkommen alle Einnahmen zu berücksichtigen. Ausgenommen davon sind:

- Leistungen nach dem SGB II (Arbeitslosengeld II, Sozialgeld usw.)
- Grundrenten nach dem Bundesversorgungsgesetz und nach den Gesetzen, die eine entsprechende Anwendung des Bundesversorgungsgesetzes vorsehen

- Renten oder Beihilfen, die nach dem Bundesentschädigungsgesetz für Schäden an Leben sowie an Körper oder Gesundheit erbracht werden (bis zur Höhe der vergleichbaren Grundrente nach dem Bundesversorgungsgesetz).

Das Gleiche gilt für das Kindergeld, es sei denn, das Kindergeld wird nicht für den Lebensunterhalt des Kindes benötigt.

Kindergeld von minderjährigen Kindern ist zunächst immer Einkommen des jeweiligen Kindes, sofern sein Bedarf auf Leistungen nach dem SGB II nicht mit eigenen Mitteln gedeckt werden kann.

Nicht als Einkommen zählen z. B. Einnahmen von nicht mehr als 10 Euro pro Monat oder Geldgeschenke anlässlich einer Kommunion oder Konfirmation bzw. einem entsprechenden Fest bis zur Höhe von 3.100 Euro.

Allerdings sind vom Bruttoeinkommen – sofern man ein solches erhält – anrechnungsfrei:

- Steuern,
- Sozialversicherungsabgaben,
- Aufwendungen zur Erfüllung gesetzlicher Unterhaltsverpflichtungen, soweit diese in einem Unterhaltstitel oder einer notariellen Unterhaltsvereinbarung aufgeführt sind, sowie
- bei Bezügen aus einer Tätigkeit ein Anrechnungsbetrag von mindestens 100 Euro monatlich sowie 20 Prozent des Betrages zwischen 100 und 1.000 Euro (160 Euro) und von 1.000 bis 1.200 (bzw. 1.500 Euro, wenn der Hilfebedürftige ein Kind hat) in Höhe von 10 Prozent (20 bzw. 50 Euro),
- Einkommen aus ehrenamtlicher Tätigkeit bis 200 Euro.

Bei den öffentlichen und privaten Versicherungen ist zu unterscheiden:

- Die notwendigen Aufwendungen für eine gesetzlich vorgeschriebene Versicherung sind in voller Höhe abzusetzen.
- Für die Beiträge zu privaten Versicherungen, die dem Grunde und der Höhe nach angemessen sind, ist pauschal ein Betrag von 30 Euro abzusetzen von dem Einkommen volljähriger Hilfebedürftiger sowie bei minderjährigen Hilfebedürftigen, wenn der erwerbsfähige Hilfebedürftige nicht nachweist, dass höhere Aufwendungen notwendig sind (§ 6 Arbeitslosengeld-II-Verordnung).

Einkunftsarten

Die Werbungskosten werden nicht genauso wie im Steuerrecht berücksichtigt. Vielmehr unterscheidet das SGB II bzw. die Arbeitslosengeld-II-Verordnung zwischen Einkünften aus unselbstständiger Tätigkeit (z. B. als Arbeitnehmer) und Einkünften aus selbstständiger Tätigkeit:

- Bei den Einkünften aus nicht selbstständiger Tätigkeit ist nur die steuerrechtliche Werbungskostenpauschale (15,33 Euro) zuzüglich (sofern Kfz-Fahrtkosten anfallen) 0,20 Euro für jeden Entfernungskilometer (pro Tag) zwischen Wohnung und Arbeitsstätte anzusetzen. Des Weiteren die Kosten für private Versicherungen und die Kfz-Versicherung.
- Bei Einkünften aus selbstständiger Tätigkeit sind die Betriebsausgaben, das heißt, die im Bewilligungszeitraum tatsächlich geleisteten notwendigen Ausgaben ohne Rücksicht auf steuerrechtliche Vorschriften abzusetzen. Benutzt der Hilfebedürftige einen privaten Pkw für ausschließlich betriebliche Fahrten, kann er 0,10 Euro für jeden gefahrenen Kilometer absetzen.

Tatsächliche Ausgaben sollen allerdings nicht abgesetzt werden, soweit diese ganz oder teilweise vermeidbar sind oder offensichtlich nicht den Lebensumständen eines Hilfebedürftigen, der Arbeitslosengeld II bezieht, entsprechen. Hier bietet sich für die Arbeitsgemeinschaften ein breites Feld, Ermessen auszuüben.

Pauschalsatz

Bei erwerbstätigen Hilfebedürftigen wird anstelle der Einzel-Pauschalen für Versicherungsbeiträge, Altersvorsorgebeiträge und Werbungskosten ein einheitlicher Pauschalsatz von insgesamt 100 Euro abgesetzt. Verdient der Hilfebedürftige aber mehr als 400 Euro, kann er stattdessen nachweisen, dass die Summe der Beträge für die genannten Rechnungsposten höher ist und sie in der angemessenen Höhe vom Bruttoeinkommen absetzen.

Matthias bezieht Arbeitslosengeld II, nebenbei arbeitet er aushilfsweise und verdient monatlich 900 Euro. Hiervon sind Steuern (wenn sie denn gezahlt werden müssen), Sozialversicherungsbeiträge (etwa 180 Euro), evtl. Werbungskosten für die Fahrt zur Arbeitsstelle, Versicherungsbeiträge usw. (siehe vorigen Abschnitt) abzuziehen. Des Weiteren kann er den Grundbetrag von 100 Euro abziehen. Von den verdienten 900 Euro kann er weitere 160 Euro für das monatliche Einkommen, das 100 Euro übersteigt und nicht mehr als 1.000 Euro beträgt, abziehen. Er kann somit weitere 260 Euro als Freibetrag vom Einkommen absetzen bzw. dieser Betrag bleibt anrechnungsfrei. Den dann noch übrig bleibenden Betrag muss sich Matthias auf das Arbeitslosengeld II anrechnen lassen.

Einmalige Einnahmen

Eine besonders belastende Vorschrift findet sich in § 11 Abs. 3 SGB II. Nach dieser Vorschrift sind einmalige Einnahmen (zum Beispiel Einkommensteuererstattungen oder Abfindungen aus einem arbeitsgerichtlichen Vergleich, eine Erbschaft usw.) auf einen Zeitraum von sechs Monaten aufzuteilen und monatlich mit einem entsprechenden Teilbetrag auf das Arbeitslosengeld II anzurechnen.

Vorsicht

Wenn dem Hilfebedürftigen ein Betrag von 6.000 Euro aus einer Erbschaft zufließt, kann das Jobcenter monatlich 1.000 Euro auf das Arbeitslosengeld II anrechnen. Ist das Arbeitslosengeld II geringer als dieser Betrag, fällt die Leistung völlig weg. In diesem Fall ist der Hilfebedürftige auch nicht mehr kranken- oder pflegeversichert. Entgehen kann der Hilfebedürftige der Anrechnung nur, wenn er vorher weiß, dass ihm die Summe überwiesen wird und er sich mindestens einen Monat vor der Überweisung beim Jobcenter aus dem Leistungsbezug abmeldet. Er kann der Anrechnung auch entgehen, wenn die Überweisung der Summe zwar während des Leistungsbezugs erfolgt, der Hilfebedürftige aber in der Lage ist, sich auch ohne diese Summe mindestens einen Monat lang zu unterhalten, das heißt, seine Hilfebedürftigkeit muss mindestens einen Monat lang – ohne Berücksichtigung der ihm zugeflossenen Summe – entfallen. Das ist zum Beispiel möglich, wenn er eine Arbeit findet, deren Lohn oberhalb seines Bedarfs liegt.

VERMÖGEN

Grundfreibetrag

Selbstverständlich erhält niemand Arbeitslosengeld II, der über ein größeres Vermögen verfügt. Was ein größeres Vermögen ist, definiert § 12 SGB II. Danach können vom Vermögen zunächst ein Grundfreibetrag in Höhe von 150 Euro je vollendetem Lebensjahr des volljährigen Hilfebedürftigen und seines Partners abgesetzt werden.

Der 50-jährige Gero hätte also einen Grundfreibetrag in Höhe von 7.500 Euro. Wenn er verheiratet ist oder in einer Partnerschaft lebt und seine Partnerin gleichaltrig ist, kämen noch einmal 7.500 Euro Freibetrag dazu. Für jedes Kind besteht ein weiterer Grundfreibetrag in Höhe von 3.100 Euro, sofern es hilfebedürftig und minderjährig ist. Wichtig ist, dass jeder seinen eigenen Freibetrag für sein Vermögen hat und nicht alle zusammengerechnet werden. .

Altersvorsorge

Nicht angerechnet werden auch die Altersvorsorgebeträge in Höhe des nach Bundesrecht ausdrücklich als Altersvorsorge geförderten Vermögens (Riester-Rente) sowie andere geldwerte Ansprüche, die der Altersvorsorge dienen. Dies setzt aber voraus, dass der Inhaber dieser Ansprüche (z. B. bei einer Lebensversicherung) sie vor dem Eintritt in den Ruhestand (65. bzw. 60., in Ausnahmefällen auch ein geringeres Lebensalter) aufgrund vertraglicher Vereinbarung nicht verwerten kann und der Wert der geldwerten Ansprüche 750 Euro je vollendetem Lebensjahr nicht übersteigt.

Der 50-jährige Gero könnte 37.500 Euro aus der allgemeinen Altersvorsorge (falls er nicht zusätzlich eine Riester-Rente hat) anrechnungsfrei besitzen, seine Partnerin ebenfalls 37.500 Euro. Schließlich kommt dazu noch ein Freibetrag für notwendige Anschaffungen in Höhe von 750 Euro für jeden in der Bedarfsgemeinschaft lebenden Hilfebedürftigen.

Würde Gero also mit seiner Frau und einem Sohn leben, könnte er (unabhängig von der gesondert zu berechnenden Riester-Rente) einen Grundfreibetrag in Höhe von 15.000 Euro, den Grundfreibetrag für das Kind in Höhe von 3.100 Euro, die Altersvorsorgebeträge in Höhe von zusammen 75.000 Euro sowie den Freibetrag für notwendige Anschaffungen für drei Personen in Höhe von 2.250 Euro anrechnungsfrei geltend machen, das sind insgesamt 95.350 Euro.

Vermögensgegenstände

Daneben dürfen Antragsteller auch bestimmte Vermögensgegenstände behalten: Dazu gehören der angemessene Hausrat, ein angemessenes Kraftfahrzeug im Wert von 7.500 Euro, ein selbst genutztes Hausgrundstück in angemessener Größe oder eine entsprechende Eigentumswohnung. Angemessen ist eine Eigentumswohnung bzw. ein Haus dann, wenn die Wohnfläche z. B. bei vier Personen 120 bzw. 130 m^2 bzw. für zwei Personen 80 m^2 (das gilt auch für eine Person) nicht überschreitet.

Auch Vermögen, das nachweislich zur baldigen Beschaffung oder Erhaltung eines Hausgrundstücks bestimmt ist, kann der Antragsteller behalten, wenn dies zu Wohnzwecken behinderter oder pflegebedürftiger Menschen dient oder dienen soll.

Immobilienbesitz etwa in einer Erbengemeinschaft lässt sich nicht ohne Weiteres verwerten. Das Bundessozialgericht hat in mehreren Urteilen darauf hingewiesen, dass den Hilfebedürftigen ein Zuschuss und kein Darlehen zu gewähren ist, wenn die Verwertung nicht innerhalb des Bewilligungszeitraums von sechs Monaten für das Arbeitslosengeld II erfolgen kann. Solange darf der Vermögensgegenstand auf das Arbeitslosengeld II nicht angerechnet werden.

HÖHE DES ARBEITSLOSENGELDES II

- Der erwerbsfähige Hilfebedürftige, der allein lebt, erhält 399 Euro.
- Der Erwerbsfähige, der mit einem volljährigen Partner zusammenlebt, erhält – genauso wie der Partner – 90 Prozent des Regelsatzes, das sind je 360 Euro.
- Ist der Partner eines Erwerbsfähigen minderjährig, werden für diesen nur 80 Prozent des Regelsatzes, das sind 302 Euro, gezahlt.
- Kinder bis zur Vollendung des 6. Lebensjahres erhalten 234 Euro.
- Kinder vom 7. bis unter dem 14. Lebensjahr erhalten 267 Euro, Kinder vom 15. bis zum 18. Lebensjahr 302 Euro.
- Volljährige, aber unter 25-Jährige erhalten 320 Euro.
- 80 Prozent des Regelsatzes erhalten auch die sonstigen erwerbsfähigen Angehörigen der Bedarfsgemeinschaft.

BESONDERHEITEN IN DER BEDARFSGEMEINSCHAFT

Besondere Regeln gelten in einer Bedarfsgemeinschaft (§ 7 Abs. 3 SGB II).

- Zur Bedarfsgemeinschaft gehören – neben dem erwerbsfähigen Hilfebedürftigen – die im Haushalt lebenden Eltern bzw. der Elternteil eines unverheirateten erwerbsfähigen

Kindes, das das 25. Lebensjahr noch nicht vollendet hat, und der im Haushalt lebende Partner dieses Elternteils.

- Als Partner des erwerbsfähigen Hilfebedürftigen gelten sein nicht dauernd von ihm getrennt lebender Ehegatte, Lebenspartner einer eingetragenen Lebenspartnerschaft oder sein Lebensgefährte. Unter einem Lebensgefährten versteht man eine Person, die mit dem erwerbsfähigen Hilfebedürftigen in einem gemeinsamen Haushalt zusammenlebt, und zwar derart, dass anzunehmen ist, dass sie wie in einer Ehe Verantwortung füreinander tragen und füreinander einstehen wollen.
- Außerdem gehören zur Bedarfsgemeinschaft die dem Haushalt angehörenden und verheirateten Kinder der vorgenannten Personen, wenn sie das 25. Lebensjahr noch nicht vollendet haben, soweit sie die Leistungen zur Sicherung ihres Lebensunterhalts nicht aus eigenem Einkommen oder Vermögen bestreiten können.

Liegt eine Bedarfsgemeinschaft vor, erhalten auch die Personen, die mit erwerbsfähigen Hilfebedürftigen in einer Bedarfsgemeinschaft leben, Leistungen nach dem SGB II.

Einstandsgemeinschaft

Andererseits sind bei Personen, die in einer Bedarfsgemeinschaft leben, Einkommen und Vermögen des Partners zu berücksichtigen. Unter Partnern sind in diesem Zusammenhang der Ehegatte, der Lebenspartner einer eingetragenen Lebenspartnerschaft und der Partner einer Einstandsgemeinschaft (siehe nächster Absatz) zu verstehen. Das gilt bei unverheirateten Kindern, die mit ihren Eltern oder einem Elternteil in einer Bedarfsgemeinschaft leben und die sich nicht selbst unterhalten können, auch bezüglich des Einkommens und Vermögens der Eltern oder des Elternteils und dessen in Bedarfsgemeinschaft lebenden Partners.

Besondere Schwierigkeiten bereitet die Feststellung, ob jemand mit einem Lebensgefährten in einer sogenannten Einstandsge-

05

meinschaft zusammenlebt. Das bedeutet, dass Einkommen und Vermögen des einen zum Teil dem anderen angerechnet werden. Das führt häufig zu der vom Hilfebedürftigen unerwünschten Folge, dass der eigentlich Bedürftige kein Arbeitslosengeld II bekommt.

Eine Einstandsgemeinschaft ist nach dem Gesetz dann zu vermuten, wenn die Partner länger als ein Jahr oder mit einem gemeinsamen Kind zusammenleben oder Kinder oder Angehörige im Haushalt versorgen oder befugt sind, über Einkommen oder Vermögen des anderen zu verfügen (§ 7 Abs. 3a SGB II). Auch andere Umstände können bei der Prüfung, ob es sich um eine Einstandsgemeinschaft handelt, herangezogen werden. So z. B. gemeinsame Umzüge, Bezeichnung des anderen als Partner, gemeinsames Konto usw.

Vermutung

Wenn das Gesetz von einer »Vermutung« spricht, heißt das nicht, dass davon auch tatsächlich ausgegangen werden muss. Vielmehr kann eine Vermutung durch andere Umstände auch widerlegt werden.

Gero und Anke wohnen seit Jahren zusammen. Sie haben aber getrennte Kassen und gehen auch sonst häufig getrennte Wege, das heißt, sie haben unterschiedliche Bekannte usw. In diesem Fall ist die vom Gesetz aufgestellte Vermutung erschüttert und führt nicht zur Zahlungspflicht füreinander.

Eine Prognose, wie die Behörde bzw. später das Sozialgericht die einzelnen Umstände werten wird, ist schwierig, da diese unterschiedlich gewichtet werden können. Es kommt ganz auf den Einzelfall an.

Vorsicht

Wenn Behörde oder Sozialgericht nach den Ermittlungen nicht wissen, ob eine Einstandsgemeinschaft vorliegt oder nicht, geht das zulasten des Antragstellers, da er die Beweislast trägt. Deshalb ist es, wenn man davon ausgeht, dass man nicht in einer Einstandsgemeinschaft lebt, ratsam, die Umstände, unter denen man lebt, so ausführlich wie möglich darzulegen.

Lebensalter entscheidend

Nicht immer wird der volle Betrag gezahlt. Personen, die das 25. Lebensjahr noch nicht vollendet haben und in eine andere Wohnung ziehen, ohne dafür die Genehmigung der zuständigen Gemeinde zu haben, erhalten nur 80 Prozent der vollen Regelleistung in Höhe von 399 Euro. Bei fehlender Genehmigung bzw. Zusicherung der Gemeinde erhalten diese Personen nach ihrem Umzug keine Leistungen für Unterkunft und Heizung (§ 22 Abs. 5 SGB II). Die Leistungen werden erst wieder erbracht, wenn der Betreffende das 25. Lebensjahr vollendet.

Schwerwiegende Gründe

Grundsätzlich muss ein Kind, das in der Bedarfsgemeinschaft mit seinen Eltern lebt, die Gemeinde um Zustimmung ersuchen, wenn es aus deren Wohnung ausziehen will. Die Gemeinde ist zur Genehmigung bzw. Zusicherung nur verpflichtet, wenn es dafür schwerwiegende soziale Gründe gibt und deswegen nicht auf die Wohnung der Eltern oder eines Elternteils verwiesen werden kann oder der Bezug der Unterkunft zur Eingliederung in den Arbeitsmarkt erforderlich ist bzw. ein ähnlicher schwerwiegender Grund vorliegt. Der »übliche« Streit zwischen Eltern und Kindern gehört sicherlich nicht zu den vom Gesetzgeber gemeinten »schwerwiegenden« sozialen Gründen.

KOSTEN FÜR UNTERKUNFT UND HEIZUNG

Angemessenheit

Die Gemeinde oder das Jobcenter zahlen dem Hilfebedürftigen auch die Leistungen für seine Wohnung und die Heizung, und zwar in Höhe der tatsächlichen Aufwendungen. Voraussetzung ist allerdings, dass die Kosten »angemessen« sind.

Für die Entscheidung, was angemessene Kosten sind, gibt es keine festen Regeln. Vielmehr richtet sich die Angemessenheit der Kosten z. B. für eine Wohnung nach der Person des Hilfebedürftigen, der Art seines Bedarfs und den örtlichen Verhältnissen. Hier spielen vor allem die Wohnfläche, die Lage auf dem örtlichen Wohnungsmarkt und das örtliche Mietpreisniveau eine Rolle.

Um die Angemessenheit der Kosten der Unterkunft feststellen zu können,

1. wird die abstrakt angemessene Wohnungsgröße und der -standard bestimmt, indem festgestellt wird, welche Grenzen für Wohnungsgrößen im geförderten Wohnungsbau des Bundeslandes, in dem der Hilfebedürftige lebt, festgesetzt worden sind. Dies sind in aller Regel für einen Alleinstehenden 50 m² und für jede weitere Person 15 m². Als Wohnungsstandard ist der untere Standard einer einfachen Wohnung anzusehen.
2. Sodann ist ein Vergleichsraum festzulegen, der im Allgemeinen mit den Grenzen der politischen Gemeinde übereinstimmt.
3. Danach ist festzustellen, welche Wohnungsmieten im Vergleichsraum zu zahlen sind und welche davon als angemessen anzusehen sind. Das sind im Allgemeinen die Mieten im unteren Drittel der Mietpreisspanne.
4. Letztlich ist die Angemessenheit zu berechnen, indem der Quadratmeterpreis für Wohnungen einfachen Standards (siehe Nummer 3) mit der unter Nummer 1 festgestellten Quadratmeterzahl multipliziert wird.

Wird festgestellt, dass in der Stadt Essen im unteren Bereich zwischen zwei und fünf Euro pro Quadratmeter Miete gezahlt wird, beläuft sich die angemessene Miete für einen Alleinstehenden, dem an sich 50 m² zustehen, auf (5 x 50 =) 250 Euro; für die vierköpfige Familie beläuft sich die angemessene Miete auf (5 x 95 =) 475 Euro.

Es ist nun relativ gleichgültig, ob man als Alleinstehender auf 50, 80 oder 100 m² wohnt, wenn man nur nicht die angemessene Miete von 250 Euro für Alleinstehende bzw. 475 Euro für eine vierköpfige Familie übersteigt.

Welche Miete in der Gemeinde für Wohnungen einfachen Standards gezahlt wird, hat der Träger der Grundsicherung (Jobcenter) festzustellen. Dazu hat er sich eines sogenannten »schlüssigen Konzepts«, das zudem noch transparent sein muss, zu bedienen. Das bedeutet, dass seine Datenerhebung über den gesamten Vergleichsraum zu erfolgen hat, er genau nach dem Standard der Wohnungen zu unterscheiden hat, ebenso zwischen Brutto- und Nettomieten, die Daten relativ aktuell sein müssen usw.

Mietspiegel

Die Gemeinde kann sich auch auf einen sogenannten "qualifizierten" Mietspiegel beziehen. In diesem Fall ist auch zu berücksichtigen, ob Besonderheiten in der Familie bzw. Gemeinschaft vorhanden sind, z. B. ob ein Mitglied krank, pflegebedürftig oder behindert ist und deswegen ein erhöhter Raumbedarf besteht.

Bad, Küche, Toilette und Diele gelten nicht als Wohnraum, sind also nicht in den oben aufgelisteten Wohnraumzahlen enthalten, wohl aber in die Quadratmeterzahl der Wohnfläche einzurechnen.

Kaltmiete plus Nebenkosten

Erstattet wird grundsätzlich die Kaltmiete zuzüglich der nach dem Mietvertrag zu zahlenden Nebenkosten, und zwar ohne Heizkosten (die gesondert gezahlt werden) und ohne die Kosten der Warmwasserzubereitung (die über die Betriebskosten übernommen werden oder für die es andernfalls einen Zuschlag gibt).

Nicht zu den erstattungsfähigen Nebenkosten gehören die Kosten der Kochenergie, der Beleuchtung und des Betriebs elektrischer Geräte.

Für die Warmwasserzubereitung ist nach § 21 Abs. 7 SGB II zu unterscheiden, ob die Warmwassererzeugung dezentral erfolgt (dann wird ein Mehrbedarf für jede im Haushalt lebende leistungsberechtigte Person in Höhe von 0,6 Prozent für Kleinkinder bis 2,3 Prozent des Regelbedarfs für Alleinstehende anerkannt) oder zentral bereitgestellt wird.

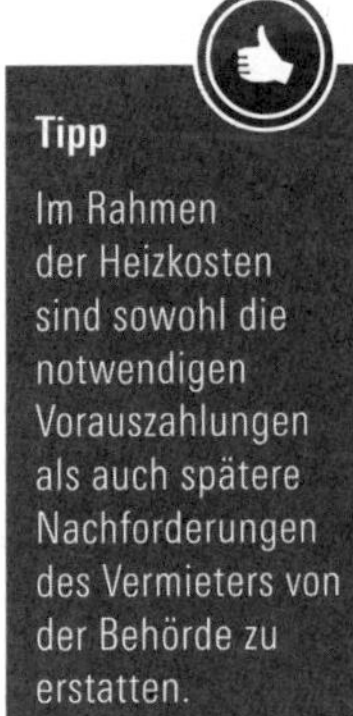

Dies alles darf allerdings nicht nur theoretisch angenommen werden. Vielmehr muss eine Wohnung, die von der Behörde als »angemessen« angesehen wird, auch tatsächlich auf dem Wohnungsmarkt vorhanden sein. Dazu muss z. B. ein Vermieter bereit sein, seine Wohnung an den konkreten Hilfebedürftigen zu vermieten.

Wohneigentum

Besonderheiten gelten bei einem Eigenheim (Haus) oder einer Eigentumswohnung. Hier gilt eine Wohnfläche von 80 m² als angemessen, unabhängig davon, ob ein oder zwei Personen in dem Haus bzw. der Eigentumswohnung leben. An Kosten für das Eigenheim bzw. die Eigentumswohnung werden eventuell die Kreditzinsen von der Behörde übernommen, Tilgungsleistungen nur in ganz seltenen Ausnahmefällen. Außerdem muss dem Hilfebedürftigen die Ansparung eines bestimmten Betrags für Aufwendungen an seinem Haus gestattet werden.

Grundsätzlich werden auch beim Eigenheim oder der Eigentumswohnung Kreditzinsen nur in der Höhe übernommen, die der Hilfebedürftige als Miete in seinem speziellen Fall zahlen müsste. Das kann ihn in erhebliche Schwierigkeiten bringen.

A. ist alleinstehend und bewohnt eine Eigentumswohnung von 80 m², für die er 380 Euro Kreditzinsen und 100 Euro Tilgung monatlich aufzubringen hat. Er möchte diese Kosten vom Jobcenter erstattet bekommen. Das Jobcenter wird nur die Kosten übernehmen, die als angemessene Mietkosten gelten. Würde der Fall in Essen spielen (siehe oben), wäre die angemessene Miete für einen Alleinstehenden 250 Euro. Mehr würde das Jobcenter nicht übernehmen. Den Rest müsste A. aus eigener Tasche zahlen, wobei er spätestens nach zwei Monaten gefragt würde, woher das Geld stammte.

Heizung

Wie die Wohnkosten werden auch die Heizkosten in Höhe der tatsächlichen Aufwendungen erstattet. Die tatsächlichen Aufwendungen ergeben sich aus dem Mietvertrag, den monatlichen Heizkostenvorauszahlungen sowie den späteren Nachzahlungen bzw. (in seltenen Fällen) auch Rückerstattungen. Hat jemand noch einen Ölofen oder heizt er mit Kohle, kann er die tatsächlichen Aufwendungen am einfachsten durch die Kaufquittungen für Heizmaterialien nachweisen.

Es dürfte einer Behörde schwerfallen, Heizkosten als unangemessen hoch zu bezeichnen, wenn die Größe der Wohnung angemessen ist. Zuvor muss sie alle Umstände der konkreten Wohnung berücksichtigen, also beispielsweise das Alter der Bewohner, ihren Gesundheitszustand, aber auch das Alter des Hauses bzw. der Wohnung, der Heizungsanlage, der Verglasung, die Lage der Wohnung innerhalb des Hauses, die Dämmung des Daches und des Gemäuers usw.

Wenn nach der Neufassung des SGB II die Gemeinden die Möglichkeit haben, stärkere Pauschalierungen der Heiz- und Mietkosten durch Satzung vorzunehmen, müssen die von den Gemeinden gefundenen Miet- und Heizkosten einer kritischen Überprüfung standhalten, ob sie wiederum auf einem sogenannten »schlüssigen Konzept« beruhen. Hier kann die Überprüfung durch das Landessozialgericht beantragt werden.

Wenn die Gemeinde die Kosten der Wohnung des Hilfebedürftigen als angemessen angesehen hat, kann sie nicht ohne Weiteres bemängeln, dass die Heizkosten zu hoch seien, weil zwar die Kosten der Unterkunft insgesamt angemessen seien, der Wohnraum aber zu groß sei. Hierzu bedarf es weiterer Ermittlungen der Behörde; insbesondere, wenn der Hilfebedürftige erläutert, dass er die Wohnung nicht vollständig heizt.

Schuldenübernahme

Sicherung der Unterkunft

Soweit die Gemeinde Leistungen für Unterkunft und Heizung erbringt, kann sie auch Schulden übernehmen, wenn dies zur Sicherung der Unterkunft oder zur Behebung einer vergleichbaren Notlage gerechtfertigt ist (§ 22 SGB II). Im Normalfall sollen die Schulden übernommen werden, wenn dies gerechtfertigt und notwendig ist und der Betreffende andernfalls ohne Wohnung dastünde.

Auszubildende, die Berufsausbildungsbeihilfe oder Ausbildungsgeld oder Leistungen nach dem BAföG beziehen, können ein Darlehen erhalten, um die angemessenen Kosten für Unterkunft und Heizung zu decken (§ 27 Abs. 3 SGB II).

LEISTUNGEN FÜR MEHRBEDARFE BEIM LEBENSUNTERHALT

Grundsätzlich soll alles – bis auf die Kosten für Unterkunft und Heizung – durch die Regelleistung (399 Euro Höchstsatz) abgedeckt sein. Nun gibt es Fälle, in denen dies unbillig wäre. Deswegen sieht § 21 SGB II vor, dass bestimmte Personengruppen zusätzliche Leistungen zum Lebensunterhalt bekommen. Dies sind

- werdende Mütter, die erwerbsfähig und hilfebedürftig sind,

- Personen, die mit einem oder mehreren minderjährigen Kindern zusammenleben und allein für deren Pflege und Erziehung sorgen,
- erwerbsfähige behinderte Hilfebedürftige, denen Leistungen zur Teilhabe am Arbeitsleben sowie sonstige Hilfen zur Erlangung eines geeigneten Platzes im Arbeitsleben oder Eingliederungshilfen gewährt werden, und
- erwerbsfähige Hilfebedürftige, die aus medizinischen Gründen einer kostenaufwendigen Ernährung bedürfen.

Vorsicht

Der Betrag für Schwangere hängt auch davon ab, ob die Schwangere alleinstehend ist oder mit einem volljährigen bzw. minderjährigen Partner zusammenlebt. Der Satz kann sich in diesen Fällen verringern.

Die in den genannten Fällen vorgesehenen Mehrleistungen sind jedoch unterschiedlich hoch: So wird werdenden Müttern monatlich ein Betrag von 17 Prozent des Regelsatzes gezahlt, Alleinerziehenden, die mit einem Kind unter sieben Jahren oder mit zwei oder drei Kindern unter 16 Jahren zusammenleben, ein Betrag von 36 Prozent des Regelsatzes. Es können aber auch 12 Prozent des Regelsatzes je Kind gezahlt werden, wenn sich dadurch ein höherer Betrag ergibt – höchstens aber bis zu 60 Prozent des Regelsatzes. Behinderten wird ein Betrag von 35 Prozent des Regelsatzes gezahlt. Bei den Hilfebedürftigen, die eine besonders kostenaufwendige Ernährung zu sich nehmen müssen, ist kein bestimmter Betrag im Gesetz vorgeschrieben. Es wird der Mehrbedarf in angemessener Höhe gezahlt. Allerdings ist die Höhe des Mehrbedarfs „gedeckelt“ (§ 21 Abs. 8 SGB II, siehe unten).

Bei den Hilfen für eine besonders kostenaufwendige Ernährung orientieren sich die Behörden (und in Streitfällen auch die Gerichte) im Allgemeinen an den Empfehlungen des Deutschen Vereins für öffentliche und private Fürsorge. Für die meisten Krankheiten sieht der »Deutsche Verein« keine Kostenübernahme mehr vor, sondern nur noch für besonders schwere Erkrankungen wie Multiple Sklerose, Krebs im fortgeschrittenen Stadium, Morbus Crohn usw.

In § 21 Abs. 7 SGB II wird unter bestimmten Voraussetzungen auch ein Mehrbedarf anerkannt, soweit Warmwasser dezentral erzeugt wird und deshalb keine Bedarfe für zentral bereitgestelltes Warmwasser anerkannt wurden (siehe oben).

05

Die Summe des insgesamt gezahlten Mehrbedarfs darf die Höhe der für den konkreten erwerbsfähigen Hilfebedürftigen maßgebenden Regelleistung (399 Euro, 360 Euro usw.) nicht übersteigen.

EINMALLEISTUNGEN

Grundsätzlich sind keine Einmalleistungen vorgesehen. Von diesem Grundsatz weicht der Gesetzgeber lediglich in folgenden Fällen ab (§ 24 SGB II): Bei

- der Erstausstattung für die Wohnung einschließlich Haushaltsgeräten,
- der Erstausstattung für Bekleidung,
- der Erstausstattung bei Schwangerschaft und Geburt und
- Anschaffung und Reparaturen von orthopädischen Schuhen sowie Miete und Reparaturen von therapeutischen Geräten

werden die entsprechenden Kosten übernommen.

Sonderbedarfe

Außerdem erbringt das Jobcenter nach § 24 Abs. 1 SGB II darlehnsweise Geld- oder Sachleistungen für Sonderbedarfe, die zwar vom Regelbedarf umfasst, aber unabweisbar sind (siehe S. 240 Bedarfe für Bildung und Teilhabe sowie Zuschüsse zu Versicherungsbeiträgen).

Auch wenn der Hilfebedürftige keine Leistungen zur Sicherung des Lebensunterhalts wie Arbeitslosengeld II oder Sozialgeld erhält und ihm auch keine Kosten für Unterkunft und

Heizung gewährt werden, können ihm diese Einmalleistungen gewährt werden.

SOZIALGELD

Mit dem erwerbsfähigen Hilfebedürftigen können Angehörige in der Bedarfsgemeinschaft zusammenleben, die nicht erwerbsfähig sind. Diese erhalten kein Arbeitslosengeld II, sondern ein Sozialgeld, sofern sie keine Grundsicherung für Erwerbsunfähige nach SGB XII erhalten. Das Sozialgeld umfasst die gleichen Leistungen wie das Arbeitslosengeld II, nämlich die Leistung zur Sicherung des Lebensunterhalts in Höhe von höchstens 399 Euro zuzüglich der Kosten für Unterkunft und Heizung. Hier besteht also kein Unterschied zwischen dem Sozialgeld und dem Arbeitslosengeld II. Allerdings gilt folgende Besonderheit:

- Bis zur Vollendung des 6. Lebensjahres erhält der Angehörige 234 Euro, vom 7. bis zum 14. Lebensjahr erhält der Angehörige 267 Euro und ab dem 14. Lebensjahr bis zur Vollendung des 18. Lebensjahres 302 Euro. Zwischen dem 18. und 25. Lebensjahr werden 320 Euro gezahlt (Stand: 2015).

EINSTIEGSGELD

Einzelfallentscheidung

Will ein Hilfebedürftiger eine sozialversicherungspflichtige Arbeit oder eine selbstständige Erwerbstätigkeit aufnehmen, kann ihm die Arbeitsgemeinschaft oder Gemeinde ein sogenanntes Einstiegsgeld (§ 16b SGB II) gewähren. Grundsätzlich orientiert am Einzelfall wird es gezahlt, wenn es zur Eingliederung in den allgemeinen Arbeitsmarkt erforderlich ist. Einstiegsgeld kann auch dann gewährt werden, wenn die Hilfebedürftigkeit durch die Aufnahme der Erwerbstätigkeit entfallen würde.

Klaus Kleber bezieht mit seiner Familie 1.500 Euro Arbeitslosengeld II (Leistungen für den Lebensunterhalt zzgl. der Kosten für Unterkunft und Heizung). Als ihm eine Arbeitsstelle angeboten wird, bei der er 1.900 Euro brutto verdienen kann, möchte er die Stelle nicht annehmen, weil seine Nettoeinkünfte unterhalb der bisher bezogenen Leistungen des Arbeitslosengeldes II lägen. Daraufhin gewährt ihm die Arbeitsgemeinschaft ein sogenanntes Einstiegsgeld in Höhe von 300 Euro.

Die Höhe des Einstiegsgelds ist in der Einstiegsgeld-Verordnung geregelt. Dazu wird ein monatlicher Grundbetrag bestimmt, dem Ergänzungsbeträge hinzugefügt werden sollen. Der Grundbetrag darf höchstens 50 Prozent der für den betroffenen Hilfebedürftigen maßgebenden Regelleistung (2014: 399 Euro für einen Alleinstehenden) betragen. Es kann festgelegt werden, dass sich die Höhe des Betrages innerhalb des Förderzeitraums verändert.

Langzeitarbeitslose

Bei Langzeitarbeitslosen soll ein Ergänzungsbetrag in Höhe von 20 Prozent der konkreten Regelleistung gezahlt werden. Das gilt auch für Personen, deren Eingliederung in Arbeit wegen persönlicher Schwierigkeiten problematisch ist. Hier ist eine Arbeitslosigkeit von lediglich sechs Monaten Voraussetzung.

Ergänzungsbeträge werden auch für jeden weiteren Leistungsberechtigten in Höhe von zehn Prozent der Regelleistung gezahlt, wenn der erwerbsfähige Hilfebedürftige mit weiteren Personen in einer Bedarfsgemeinschaft lebt.

In besonderen Fällen kann das Einstiegsgeld auch pauschal bemessen werden.

Insgesamt darf das Einstiegsgeld aber nicht den monatlichen Gesamtbetrag der Regelleistung überschreiten.

Vorsicht

Auf das Einstiegsgeld hat der Hilfebedürftige jedoch keinen Anspruch! Ob, in welcher Höhe und wie lange (höchstens 24 Monate) Einstiegsgeld gewährt wird, liegt im Ermessen der Arbeitsgemeinschaft bzw. Gemeinde. Diese darf natürlich nicht willkürlich handeln, sondern muss sachliche Gesichtspunkte für ihre Entscheidung heranziehen. Das bedeutet, dass die Behörde sich mit jedem Einzelfall sorgfältig auseinandersetzen muss. Sie kann auf keinen Fall argumentieren, ein Einstiegsgeld gebe es nicht, weil keine Mittel mehr vorhanden seien. Vielmehr ausschlaggebend ist die Frage, ob mit dem Einstiegsgeld eine Eingliederung in den allgemeinen Arbeitsmarkt herbeigeführt werden kann, und wenn ja, in welcher Höhe eine solche Unterstützung notwendig ist.

MEHRAUFWANDSENTSCHÄDIGUNG (1-EURO-JOBS)

Einfache Arbeitsgelegenheiten

Für erwerbsfähige Hilfebedürftige, die keine Arbeit finden können, sollen Arbeitsgelegenheiten geschaffen werden (§ 16d SGB II). Diese können als Arbeitsbeschaffungsmaßnahmen, aber auch als »einfache« Arbeitsgelegenheiten zur Verfügung gestellt werden. In beiden Fällen ist es notwendig, dass die Arbeiten, die der Hilfebedürftige verrichten soll,

- zusätzlich zum Normalgeschäft des Unternehmens anfallen und
- im öffentlichen Interesse liegen und
- wettbewerbsneutral sind.

Die erwerbsfähigen Hilfebedürftigen haben – zuzüglich zum Arbeitslosengeld II – bei den einfachen Arbeitsgelegenheiten einen Anspruch auf eine angemessene Entschädigung für ihre Mehraufwendungen. Diese beträgt im Allgemeinen 1 oder 2 Euro pro Arbeitsstunde.

Die zusätzlich gezahlten 1 bzw. 2 Euro pro Stunde sind kein Einkommen und dementsprechend auch weder sozialversicherungs- noch steuerpflichtig. Sie sind eine zweckbestimmte Einnahme und werden nicht auf die Leistungen des Jobcenters bzw. der Gemeinde angerechnet.

Die 1 bzw. 2 Euro heißen juristisch korrekt »Entschädigung für Mehraufwendungen«. Das bedeutet, dass der Arbeitslose dieses Geld einsetzen muss, wenn er solche Mehraufwendungen hat, z. B. eine Monatsfahrkarte kaufen muss. Gehen die Mehraufwendungen über die gezahlten 1 oder 2 Euro hinaus, ist hierfür nicht mehr der Arbeitslose, sondern das Jobcenter zuständig.

Kein Arbeitsverhältnis

Hilfebedürftige befinden sich bei diesen Arbeitsgelegenheiten nicht in einem Arbeitsverhältnis. Das schreibt das Gesetz ausdrücklich vor. Sie können sich daher z. B. nicht auf die Vorschriften des Kündigungsschutzgesetzes berufen. Allerdings gelten die Vorschriften über den Arbeitsschutz und das Bundesurlaubsgesetz mit Ausnahme der Regelungen über das Urlaubsentgelt.

EINGLIEDERUNGSLEISTUNGEN

Wie schon im Zusammenhang mit dem Arbeitslosengeld I ausgeführt (siehe Seite 85), sollen erst Eingliederungsleistungen (§ 16f SGB II) in Anspruch genommen werden, bevor Leistungen zum Unterhalt gezahlt werden. Die Behörde soll Arbeitslosengeld erst zahlen, wenn die Leistungen, die der Hilfebedürftige zur Eingliederung in den allgemeinen Arbeitsmarkt erhalten kann, nicht sinnvoll erscheinen. Genauso wie das Arbeitsförderungsrecht sieht die Grundsicherung für Arbeitssuchende die Eingliederung in Arbeit als vorrangige Aufgabe und die Zahlung von Arbeitslosengeld II usw. als nachrangig an.

Mit der Grundsicherung für Arbeitssuchende hat der Gesetzgeber die Eingliederungs- und ergänzenden Ansprüche von Arbeitssuchenden mit Anspruch auf Arbeitslosengeld II denen von Arbeitssuchenden angeglichen, die Arbeitslosengeld I beziehen oder beziehen könnten.

Arbeitssuchende, die Grundsicherungsleistungen in Anspruch nehmen wollen, können zunächst Eingliederungsleistungen beanspruchen, und zwar:

- Beratung, Vermittlung (mit der Möglichkeit, auch Dritte mit der Vermittlung zu beauftragen), Leistungen zur Unterstützung der Beratung und Vermittlung (z. B. die Übernahme von Bewerbungskosten bis zu 260 Euro jährlich sowie Reisekosten)
- Maßnahmen der Eignungsfeststellung und Trainingsmaßnahmen (hierzu gehört auch die Übernahme der erforderlichen und angemessenen Lehrgangskosten und Prüfungsgebühren, die Übernahme der Fahrtkosten für die tägliche Hin- und Rückfahrt des Teilnehmers zwischen Wohnung und Maßnahmestätte und die Kosten für die Betreuung der aufsichtsbedürftigen Kinder des Arbeitslosen in Höhe von 130 Euro monatlich je Kind)
- Mobilitätshilfen (Leistungen für den Lebensunterhalt bis zur ersten Arbeitsentgeltzahlung)
- Leistungen für Arbeitskleidung und Arbeitsgerät (Ausrüstungsbeihilfe)
- Kosten der Fahrt zum Antritt einer Arbeitsstelle (Reisekostenbeihilfe) und für die täglichen Fahrten zwischen Wohnung und Arbeitsstelle (Fahrtkostenbeihilfe)
- Kosten einer getrennten Haushaltsführung (Trennungskostenbeihilfe) und
- Umzugskostenbeihilfe (Einzelheiten siehe Seite 79).

Daneben können Arbeitssuchende auch in beruflichen Weiterbildungsmaßnahmen gefördert werden. Das bedeutet, dass die Behörde dem Hilfebedürftigen eine berufliche Weiterbildungsmaßnahme anbieten kann und die Kosten dafür übernimmt (siehe Seite 81).

Vorsicht

Die Hilfesuchenden haben jedoch keine durchsetzbaren Ansprüche auf diese Leistungen gegenüber der Behörde. Das Grundsicherungsgesetz legt nur fest, dass Weiterbildungskosten übernommen werden »können«, nicht übernommen werden »müssen«. Die Arbeitsagentur bzw. das Jobcenter ist nicht in jedem Fall verpflichtet, diese Leistungen zu erbringen, sondern es steht in ihrem Ermessen, ob sie diese gewährt. Das bedeutet natürlich nicht, dass die Behörde ihre Entscheidungen treffen kann, wie sie will. Sie muss ihre Entscheidungen schriftlich in dem Bescheid über die Gewährung oder Ablehnung der Maßnahmekosten begründen. Die Überlegungen der Behörde können gerichtlich überprüft werden.

Arbeitgeberleistungen

Neben den Leistungen an den Hilfebedürftigen können die Behörden auch Leistungen an Arbeitgeber vergeben, damit ein Hilfebedürftiger, der einen Antrag auf Arbeitslosengeld II gestellt hat, wieder in Arbeit kommt (z. B. Eingliederungszuschüsse, Einstellungszuschüsse, Zuschüsse zu Ausbildungsvergütungen und Praktikumsvergütungen usw.).

BESONDERE LEISTUNGEN

Daneben gibt es besondere Leistungen, die nur dem arbeitssuchenden Hilfebedürftigen, der Grundsicherungsleistungen beantragt hat oder beantragen will, zustehen. Hierzu gehören:

- die Betreuung minderjähriger oder behinderter Kinder oder die häusliche Pflege von Angehörigen,
- die Schuldnerberatung,
- die psychosoziale Betreuung,
- die Suchtberatung usw.

Die Gewährung dieser „freien Leistungen" zur Eingliederung schreibt das Gesetz (§§ 16 ff. SGB II) ausdrücklich vor, ohne diese jedoch abschließend aufzuzählen.

Die Ansprüche in diesem Bereich sind häufig Ermessensleistungen. Einen Anspruch haben Hilfebedürftige hingegen, dass sie einen Dritten mit der Vermittlung beauftragen dürfen oder die Arbeitsvermittlung durch einen zugelassenen kommunalen Träger erfolgt.

Die Betreuungs-, Pflege- und Beratungsleistungen der Behörde sollen verhindern, dass persönliche Verpflichtungen oder die allgemeine Lebensführung des Hilfebedürftigen dazu führen, dass er nicht in den allgemeinen Arbeitsmarkt eingegliedert werden kann.

Insbesondere die Schuldner- und Suchtberatung spielen heute in der Praxis eine große Rolle. Dabei ist unter »Sucht« das gesamte Spektrum der Drogen-, Alkohol-, Spiel-, Verschwendungssucht usw. gemeint. Die Beratung kann entweder durch die Behörde selbst erfolgen oder durch einen freien Träger, wenn die Behörde gegebenenfalls die Kosten für die Beratung übernimmt.

Tipp

Betroffene sollten darauf bestehen, sofort eine Eingliederungsmaßnahme zu bekommen. Notfalls hilft eine Beschwerde oder der Klageweg.

SOFORTANGEBOT

Hilfebedürftige, die erwerbsfähig sind, aber in den letzten zwei Jahren keine laufenden Geldleistungen zur Sicherung des Lebensunterhalts weder nach dem SGB III noch nach dem SGB II erhalten haben, sollen, wenn sie Leistungen nach dem SGB II beantragen, sofort Leistungen zur Eingliederung in Arbeit angeboten bekommen (§ 15a SGB II).

LEISTUNGEN BEI DROHENDER ODER BEVORSTEHENDER ARBEITSLOSIGKEIT

06

Viele Beratungs-, aber auch Arbeits- und Ausbildungsvermittlungsangebote der Arbeitsagentur können schon in Anspruch genommen werden, wenn Arbeitslosigkeit droht. Darüber hinaus gibt es eine Reihe von Leistungen, um bei der Arbeitsaufnahme zu unterstützen.

ALLGEMEINE LEISTUNGEN BEI DROHENDER ARBEITSLOSIGKEIT

Arbeitnehmer können manche Leistungen der Arbeitsagentur schon beanspruchen, wenn Arbeitslosigkeit zwar noch nicht eingetreten ist, aber unmittelbar bevorsteht oder droht.

Beratungsangebote

Zu diesen Leistungen gehören die Beratungsangebote der Arbeitsagentur (Berufsberatung, Eignungsfeststellung und Berufsorientierung), aber auch die Arbeits- und Ausbildungsvermittlung. Darüber hinaus gibt es unterstützende Leistungen wie die Übernahme der Bewerbungs- und Reisekosten, Trainingsmaßnahmen und Mobilitätshilfen. Auch Weiterbildungskosten (siehe Seite 81) können bei drohender Arbeitslosigkeit übernommen werden.

Weiterbildung

Selbst Arbeitslosengeld können Arbeitnehmer beziehen, ohne überhaupt einen Tag arbeitslos gewesen zu sein. Dies ist zum Beispiel dann der Fall, wenn sie direkt aus ihrem Arbeitsverhältnis in eine Weiterbildungsmaßnahme wechseln und einen Anspruch auf Arbeitslosengeld bei Arbeitslosigkeit hätten bzw. die Anwartschaftszeit (siehe Seite 89) erfüllt wäre, wenn sie bei Beginn der Weiterbildungsmaßnahme arbeitslos sind.

Arbeitnehmer, die eine selbstständige Tätigkeit aufnehmen wollen, sich aber noch in einem Arbeitsverhältnis befinden, haben keinen Anspruch auf einen Gründungszuschuss (§ 93 SGB II). Dieser steht nur zu, wenn Arbeitslosigkeit bereits eingetreten ist.

Das Gesetz definiert von Arbeitslosigkeit bedrohte Arbeitnehmer als Personen, die

- versicherungspflichtig beschäftigt sind,
- alsbald mit der Beendigung der Beschäftigung rechnen müssen und
- voraussichtlich nach Beendigung der Beschäftigung arbeitslos werden.

Voraussetzungen

Mit einer alsbaldigen Beendigung muss jemand rechnen, wenn z. B. die Kündigung bereits ausgesprochen oder die Eröffnung des Insolvenzverfahrens beantragt worden ist. Auch eine Anzeige des Arbeitgebers gegenüber der Arbeitsagentur, eine größere Gruppe von Arbeitnehmern entlassen zu wollen, wäre ein Indikator, um eine drohende Arbeitslosigkeit anzunehmen.

06

Es reicht jedoch nicht aus, dass erst langfristig die Gefahr einer Verschlechterung des Beschäftigungsverhältnisses im Beruf besteht. Auch die bloße Befristung des Arbeitsverhältnisses für sich allein trägt nicht, weil die Bedrohung unmittelbar sein muss. Das befristete Arbeitsverhältnis muss alsbald auslaufen, die Arbeitslosigkeit in Kürze bevorstehen, damit die betreffende Person als von Arbeitslosigkeit bedroht eingestuft wird.

Auch wenn der Arbeitnehmer selbst kündigt oder einen Aufhebungsvertrag schließt, gilt er nicht als von Arbeitslosigkeit bedroht, da die Arbeitslosigkeit von seinem eigenen Verhalten abhängt. Das gilt allerdings nicht, wenn der Arbeitslose für sein Verhalten einen wichtigen Grund hat, das heißt, wenn der Arbeitgeber beispielsweise gegen Arbeitsschutz- oder Arbeitszeitbestimmungen verstößt, wenn der Arbeitnehmer im Betrieb gemobbt wird usw.

Wenn einer dieser Fälle vorliegt, reicht dies auch dann als Grund, wenn die Arbeitslosigkeit erst in einigen Monaten (bis zu zwölf Monaten) eintritt. Es muss nur sicher sein, dass sie tatsächlich eintreten wird. Dies zeigen am ehesten eine bereits vorliegende Kündigung oder entsprechende Schritte des Arbeitgebers.

Zu den genannten Voraussetzungen muss im Übrigen hinzukommen, dass »voraussichtlich« Arbeitslosigkeit eintritt. Das ist z. B. nicht anzunehmen, wenn der Arbeitnehmer eine konkrete Aussicht auf einen Anschlussarbeitsplatz hat oder er in einem Mangelberuf arbeitet, sodass eine Vermittlung in Kürze möglich ist.

BESONDERE LEISTUNGEN BEI DROHENDER ARBEITSLOSIGKEIT

KURZARBEITERGELD

Arbeitnehmer haben Anspruch auf Kurzarbeitergeld (§§ 95 ff. SGB III), wenn

Voraussetzungen

- ein erheblicher Arbeitsausfall mit Entgeltausfall vorliegt,
- in dem Betrieb mindestens ein Arbeitnehmer beschäftigt ist,
- der Arbeitnehmer nach Beginn des Arbeitsausfalls eine versicherungspflichtige (das heißt nicht geringfügige) Beschäftigung fortsetzt oder aus zwingenden Gründen aufnimmt oder im Anschluss an die Beendigung eines Berufsausbildungsverhältnisses aufnimmt,
- das Arbeitsverhältnis nicht gekündigt oder sonst aufgelöst ist und
- der Arbeitnehmer nicht vom Bezug des Kurzarbeitergeldes ausgeschlossen ist (das ist z. B. gegeben, wenn er in der gleichen Zeit Krankengeld bezieht oder als Teilnehmer an einer beruflichen Weiterbildungsmaßnahme Arbeitslosengeld bei beruflicher Weiterbildung oder Übergangsgeld bezieht, wenn diese Leistung nicht für eine neben der Beschäftigung durchgeführte Teilzeitmaßnahme gezahlt wird usw.).

Antrag

Außerdem muss der Arbeitsausfall bei der Arbeitsagentur schriftlich vom Arbeitgeber oder dem Betriebsrat (also nicht vom Arbeitnehmer) angezeigt und (später) beantragt worden sein. Kurzarbeitergeld wird nicht automatisch, sondern nur auf Antrag gezahlt. Stellt der Arbeitgeber den Antrag nicht, dann sollten sich Arbeitnehmer sofort an den Betriebsrat wenden und ihn auffordern, tätig zu werden.

In einem Betrieb sind 76 Arbeitnehmer beschäftigt. 26 von ihnen erhalten anstelle von 2.500 Euro im Monat nur noch 1.250 Euro als Bruttoarbeitsentgelt, das heißt 50 Prozent weniger. Damit sind die Mindestvoraussetzungen für die Gewährung von Kurzarbeitergeld erfüllt: Ein Drittel der Belegschaft erhält mehr als 10 Prozent des Bruttoentgelts weniger.

Bezugsdauer

Kurzarbeitergeld wird sechs Monate lang gezahlt. Diese Laufzeit kann durch Verordnung auf zwölf bzw. 24 Monate verlängert werden. Für 2015 hat der Gesetzgeber eine Laufzeit von zwölf Monaten festgelegt.

Höhe des Kurzarbeitergeldes

Nettoentgeltdifferenz

Die Höhe des Kurzarbeitergeldes ist kompliziert auszurechnen. Das Gesetz sagt, dass das Kurzarbeitergeld für Arbeitnehmer mit einem Kind 67 Prozent, für die übrigen Arbeitnehmer 60 Prozent der »Nettoentgeltdifferenz« im Anspruchszeitraum beträgt. Dabei entspricht die Nettoentgeltdifferenz dem Unterschiedsbetrag zwischen dem pauschalierten Nettoentgelt aus dem »Soll-Entgelt« und dem pauschalierten Nettoentgelt aus dem »Ist-Entgelt«. Unter Soll-Entgelt ist das Bruttoarbeitsentgelt zu verstehen, das der Arbeitnehmer ohne den Arbeitsausfall erzielt hätte. Ist-Entgelt ist das im Anspruchszeitraum tatsächlich erzielte Bruttoarbeitsentgelt des Arbeitnehmers.

Friedhelm Fröhlich ist bei der A-GmbH beschäftigt. Er verdient 2.500 Euro monatlich brutto. Auf seiner Lohnsteuerkarte sind die Lohnsteuerklasse III und ein Kinderfreibetrag eingetragen. Da es der A-GmbH schlecht geht, werden bei entsprechend verminderter Arbeitszeit für die Hälfte der Belegschaft um 50 Prozent geminderte Löhne gezahlt.

Das Soll-Entgelt (das bisher verdiente Bruttoentgelt von Friedhelm Fröhlich) beträgt 2.500 Euro – das ergibt einen rechnerischen Leistungssatz von 1.232,02 Euro. Das Ist-Entgelt (das tatsächlich erhaltene Entgelt) beträgt 1.250 Euro und ergibt einen rechnerischen Leistungssatz von 666,92 Euro. Das Kurzarbeitergeld für Friedhelm Fröhlich beträgt danach 1.232,02 Euro – 666,92 Euro = 565,10 Euro. Als vom Arbeitsausfall mit entsprechendem Arbeitsentgeltausfall betroffener Arbeitnehmer würde er nunmehr 1.250 Euro brutto vom Arbeitgeber und 565,10 Euro über den Arbeitgeber von der Arbeitsagentur erhalten.

TRANSFERKURZARBEITERGELD

Zwölf Monate lang können Arbeitnehmer Kurzarbeitergeld, und zwar sogenanntes Transferkurzarbeitergeld, beziehen, wenn die Leistung gezahlt wird, um Entlassungen zu vermeiden, die Vermittlungsaussichten der Arbeitnehmer oder deren Eingliederung bei betrieblichen Umstrukturierungen zu fördern.

Die Laufzeit beim Transferkurzarbeitergeld beträgt zwölf Monate.

Voraussetzung dafür ist, dass

- Arbeitnehmer von einem dauerhaften und unvermeidbaren Arbeitsausfall mit Entgeltausfall betroffen sind,
- Personalanpassungsmaßnahmen aufgrund einer Betriebsänderung durchgeführt werden,
- die betroffenen Arbeitnehmer zur Vermeidung von Entlassungen und zur Verbesserung ihrer Eingliederungschan-

cen in einer sogenannten betriebsorganisatorisch eigenständigen Einheit zusammengefasst werden,

- die Arbeitnehmer tatsächlich von Arbeitslosigkeit bedroht sind (siehe hierzu Seite 126),
- sie nach Beginn des Arbeitsausfalls eine versicherungspflichtige Beschäftigung fortsetzen oder im Anschluss an die Beendigung eines Berufsausbildungsverhältnisses aufnehmen,.
- die Arbeitnehmer nicht vom Kurzarbeitergeldbezug ausgeschlossen sind,
- sie vor der Überleitung in die sogenannte betriebsorganisatorisch eigenständige Einheit aus Anlass der Betriebsänderung an einer an den Bedürfnissen des Arbeitsmarkts orientierten Maßnahme zur Feststellung der Eingliederungsaussichten teilgenommen haben.

Ein dauerhafter Arbeitsausfall wird angenommen, wenn infolge einer Betriebsänderung die Beschäftigungsmöglichkeiten für die Arbeitnehmer nicht nur vorübergehend entfallen.

Ausschluss

Ausgeschlossen sind Arbeitnehmer vom Bezug des Kurzarbeitergeldes, wenn sie als Teilnehmer an einer beruflichen Weiterbildungsmaßnahme Arbeitslosengeld bei beruflicher Weiterbildung oder Übergangsgeld beziehen und diese Leistung nicht für eine neben der Beschäftigung durchgeführte Teilzeitmaßnahme gezahlt wird. Der Ausschluss gilt auch für die Zeit, in der sie Krankengeld beziehen oder in einem Betrieb des Schaustellergewerbes oder Ähnlichem beschäftigt sind. Arbeitnehmer sind auch vom Kurzarbeitergeldbezug ausgeschlossen, wenn und solange sie bei einer Vermittlung nicht in der von der Agentur für Arbeit verlangten oder gebotenen Weise mitwirken.

Während des Bezugs von Transferkurzarbeitergeld hat der Arbeitgeber den geförderten Arbeitnehmern Vermittlungsvorschläge zu unterbreiten. Bei Qualifizierungsdefiziten des Arbeitnehmers soll der Arbeitgeber geeignete Maßnahmen anbieten, um dessen Eingliederungsaussichten zu verbessern. Dazu kann auch eine zeitlich begrenzte, allerdings nicht mehr als sechs Monate andauernde Beschäftigung zum Zwecke der Qualifizierung bei einem anderen Arbeitgeber gehören.

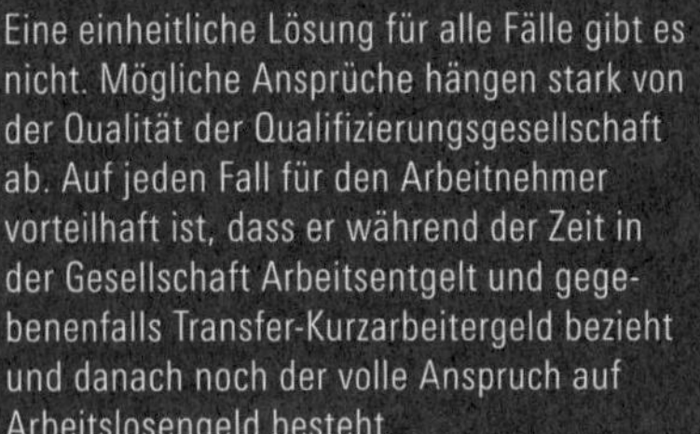

Vorsicht

Eine einheitliche Lösung für alle Fälle gibt es nicht. Mögliche Ansprüche hängen stark von der Qualität der Qualifizierungsgesellschaft ab. Auf jeden Fall für den Arbeitnehmer vorteilhaft ist, dass er während der Zeit in der Gesellschaft Arbeitsentgelt und gegebenenfalls Transfer-Kurzarbeitergeld bezieht und danach noch der volle Anspruch auf Arbeitslosengeld besteht.

Allerdings ist der Anspruch auf Transferkurzarbeitergeld ausgeschlossen, wenn die Arbeitnehmer nur vorübergehend in der betriebsorganisatorisch eigenständigen Einheit zusammengefasst werden und anschließend einen anderen Arbeitsplatz in dem gleichen oder in einem anderen Betrieb des Unternehmens oder Konzerns erhalten.

SAISON-KURZARBEITERGELD IN WITTERUNGSABHÄNGIGEN BRANCHEN

In manchen Branchen kommt es saisonbedingt zu Arbeitsausfällen, die vor allem auf eine schlechte Witterung zurückzuführen sind. Mit dem »Saison-Kurzarbeitergeld« federt der Gesetzgeber hier drohende Arbeitslosigkeit wegen Arbeitsausfalls ab.

Voraussetzungen

Arbeitnehmer haben in der Zeit vom 1. Dezember bis 31. März (Schlechtwetterzeit) Anspruch auf Saison-Kurzarbeitergeld, wenn

- sie in einem Betrieb beschäftigt sind, der dem Baugewerbe oder einem Wirtschaftszweig angehört, der von saisonbedingtem Arbeitsausfall betroffen ist,
- der Arbeitsausfall erheblich ist,
- die übrigen Voraussetzungen für das »Normal-Kurzarbeitergeld« gegeben sind (siehe Seite 128).

Außerdem muss der Arbeitsausfall der Arbeitsagentur angezeigt worden sein.

Schlechtwetterzeit

Ein Wirtschaftszweig ist dann von saisonbedingtem Arbeitsausfall betroffen, wenn dieser regelmäßig in der Schlechtwetterzeit (1. Dezember bis 31. März) aufgrund witterungsbedingter oder wirtschaftlicher Ursachen eintritt.

Ein erheblicher Arbeitsausfall liegt vor, wenn er auf wirtschaftlichen oder witterungsbedingten Gründen oder einem unabwendbaren Ereignis beruht, vorübergehend und unvermeidbar ist und außerdem mindestens ein Drittel der Arbeitnehmer mehr als zehn Prozent ihres Bruttoentgelts verlieren.

Ausfallzeit

Ein witterungsbedingter Arbeitsausfall ist immer dann gegeben, wenn dieser ausschließlich durch zwingende Witterungsgründe verursacht ist und an einem Arbeitstag mindestens eine Stunde der regelmäßigen betrieblichen Arbeitszeit ausfällt.

Das Saison-Kurzarbeitergeld wird in der Höhe wie das »Normal-Kurzarbeitergeld« gezahlt.

Im Gegensatz zum »Normal-Kurzarbeitergeld« ist vorher das zur Vermeidung der Inanspruchnahme von Saison-Kurzarbeitergeld angesparte Arbeitszeitguthaben, das im Rahmen des konjunkturellen Kurzarbeitergeldes geschützt wird, aufzulösen. Wurden Arbeitszeitguthaben zu anderen Zwecken als z. B. zum Ausgleich für einen verstetigten Monatslohn aufgelöst, gilt ein Arbeitsausfall niemals als unvermeidbar. Eine Gewährung von Saison-Kurzarbeitergeld kommt dann nicht in Betracht (§ 101 Abs. 5 SGB III).

Die Bezugszeit von Saison-Kurzarbeitergeld wird nicht auf die Bezugsdauer des konjunkturellen Kurzarbeitergeldes angerechnet.

ERGÄNZENDE LEISTUNGEN

Umlage

Zusätzlich zum Saison-Kurzarbeitergeld sollen das Zuschuss-Wintergeld, das Mehraufwands-Wintergeld sowie die Erstattung der Beiträge zur Sozialversicherung helfen, Arbeitslosigkeit zu vermeiden. Voraussetzung für diese Leistungen ist, dass eine Umlage eingeführt wird, um die erforderlichen Mittel aufzubringen. An deren Finanzierung können sich auch die Arbeitnehmer beteiligen. Zurzeit sind hiervon Arbeitnehmer in Betrieben des Baugewerbes, des Gerüstbauhandwerks, des Dachdeckerhandwerks und des Garten- sowie Landschaftsbaus betroffen.

Zuschuss-Wintergeld wird unter bestimmten Voraussetzungen in Höhe von bis zu 2,50 Euro je ausgefallene Arbeitsstunde, Mehraufwands-Wintergeld in Höhe von 1 Euro für jede Zeit vom 15. Dezember bis zum 28. bzw. 29. Februar geleistet.

WEITERE LEISTUNGEN

Vermittlungsgutschein

Ist ein Arbeitnehmer mit Anspruch auf Arbeitslosengeld nach einer Arbeitslosigkeit von sechs Wochen innerhalb einer Frist von drei Monaten noch nicht vermittelt, hat er Anspruch auf einen Vermittlungsgutschein (§ 45 Abs. 4 SGB III, Einzelheiten siehe Seite 98).

Entgeltsicherung für ältere Arbeitnehmer

Die Förderung bezieht sich nicht nur auf Arbeitnehmer, die arbeitslos sind, sondern auch auf Arbeitnehmer, die ihre Arbeitslosigkeit durch die Aufnahme einer solchen Beschäftigung vermeiden können (§ 417 SGB III, Einzelheiten siehe Seite 98).

Eingliederungszuschuss für ältere Arbeitnehmer

Arbeitgeber, die einen Arbeitslosen, der das 55. Lebensjahr vollendet hat, erstmalig einstellen, werden von der Beitragspflicht zur Arbeitsförderung (1,5 Prozent für Arbeitgeber) befreit (§ 418 SBG III).

07 LEISTUNGEN FÜR BEHINDERTE MENSCHEN

Kaum ein Gebiet ist so unübersichtlich geregelt und enthält so viele Leistungsansprüche wie das soziale Entschädigungsrecht und das Schwerbehindertenrecht. Ansprüche, die behinderte und schwerbehinderte Menschen geltend machen können, richten sich nicht nur gegen den Staat, sondern zum Beispiel auch gegen Arbeitgeber.

DIE BEHINDERUNG

Alle der vielen Leistungsansprüche, die das 9. Buch des Sozialgesetzbuches (SGB IX) regelt, setzen voraus, dass bei dem anspruchsberechtigten Menschen eine Behinderung vorliegt. Für andere Ansprüche ist zudem eine Schwerbehinderung Voraussetzung.

§ 2 Abs. 1 SGB IX definiert die Behinderung. Menschen sind behindert, wenn

- ihre körperliche Funktion, geistige Fähigkeit oder seelische Gesundheit
- mit hoher Wahrscheinlichkeit länger als sechs Monate
- von dem für das Lebensalter typischen Zustand abweichen
- und daher ihre Teilhabe am Leben in der Gesellschaft beeinträchtigt ist.

BEEINTRÄCHTIGUNGEN

Typischer Zustand

Das Gesetz vergleicht die zu beurteilende Beeinträchtigung eines Menschen mit dem für sein Lebensalter typischen Zustand. Das bedeutet zugleich: übliche Kindes- und Alterserscheinungen sind keine Behinderung. Andererseits ist es nicht erforderlich, dass der Betroffene »krank« ist. Auch erhebliche Normabweichungen wie z.B. »Kleinwuchs« oder »totaler Haarausfall« können Grundlage einer Behinderung sein. Dabei ist zu beachten, dass nur eine aktuelle Funktionsstörung berücksichtigt werden darf.

Eine nur drohende Leidensverschlechterung muss außer Betracht bleiben. Erst wenn die erwarteten oder befürchteten Störungen eingetreten sind, kann dies Anlass zur Feststellung einer Behinderung sein.

Der Zustand der Beeinträchtigung muss mit hoher Wahrscheinlichkeit länger als sechs Monate bestehen bleiben. Ob das so ist, kann in aller Regel nur ein Arzt durch eine Prognose entscheiden – die er dann auch attestiert.

Beeinträchtigungen

Die Abweichungen vom typischen Zustand eines Menschen müssen eine körperliche Funktionsbeeinträchtigung, eine Einschränkung geistiger Fähigkeiten oder aber eine Beeinträchtigung der seelischen Gesundheit zur Folge haben. Hierzu gehören zum Beispiel Gehbehinderungen, Atembeschwerden, Sehstörungen, der Verlust der Erinnerungsfähigkeit, Intelligenzmangel, fortwährende Traurigkeit oder Ähnliches.

Dabei kommt es nicht darauf an, dass ein krankhafter Befund erhoben wird oder der Arzt eine Diagnose gestellt und beschrieben hat. Entscheidend ist vielmehr, ob dadurch auch eine Funktion oder eine Fähigkeit des Menschen beeinträchtigt wird.

Auch liegt keine Behinderung vor, wenn die Erkrankung durch den Einsatz von Medikamenten, durch eine Psychotherapie oder eine Operation wenn auch nicht geheilt, aber doch in ihren Auswirkungen kompensiert werden kann. Dann liegt – trotz Erkrankung – keine Funktionsstörung vor.

Anna Rohde ist gerade 30 Jahre alt geworden. Im Rahmen einer Röntgenuntersuchung wird durch Zufall festgestellt, dass erhebliche Verschleißerscheinungen der Wirbelsäule vorliegen. Anna hat zwar bislang nichts gespürt, sie hat aber nun Angst, dass sie in der Zukunft darunter leiden wird und schont sich extrem.

Auch massive Verschleißerscheinungen der Wirbelsäule im Röntgenbild verursachen nicht ohne Weiteres die Annahme einer Behinderung. Erst wenn die Veränderungen zu einem klinisch feststellbaren Funktionsausfall führen (z.B. wenn Anna Rohde sich nicht mehr bücken kann), kommt ihnen eine rechtliche Bedeutung zu. Das bedeutet, dass Anna Rohde gegenwärtig noch keine Behinderung hat.

BEEINTRÄCHTIGUNG DER GESELLSCHAFTLICHEN TEILHABE

Die festgestellten gesundheitlichen Funktionsstörungen und Beeinträchtigungen müssen zusätzlich auch die Teilhabe des Betroffenen am Leben in der Gesellschaft einschränken. Dabei ist es gleichgültig, in welchen Lebensbereichen sich diese auswirken. Häufig zeigen sich diese besonders im Berufsleben. Notwendig ist das aber nicht. Auch eine nicht berufstätige Person kann ein behinderter Mensch sein, wenn z.B. die Fähigkeit, zu reisen, einen Gottesdienst zu besuchen oder Sport zu treiben, beeinträchtigt ist.

Emil Zöllner ist sechs Jahre alt und erscheint besonders klein. Die Eltern sind besorgt und fragen den Arzt, ob Emil schon als behindert gilt. Wenn ein Kleinkind an einer angeborenen Wachstumsstörung leidet, ist dies sicherlich ein regelwidriger Zustand, der auch Funktionsbeeinträchtigungen mit sich bringen kann. Er wirkt sich aber erst aus, wenn das Kind in seiner Körpergröße deutlich hinter Gleichaltrigen zurückbleibt und deswegen z. B. in der Gemeinschaft mit anderen Kindern gemeinsames Spielzeug nicht mehr benutzen kann. Die Beeinträchtigung in der Teilhabe am gesellschaftlichen Leben ist also umso eher zu bejahen, je älter das Kind wird.

Die Behinderung wird unabhängig davon, ob eine oder welche berufliche Tätigkeit ausgeübt wird, festgestellt.

Der 60-jährige Arzt ist noch berufstätig. Bei ihm liegt eine ausgeprägte Verschleißerscheinung der Wirbelsäule vor. Außerdem leidet er an einer Zöliakie (Unfähigkeit des Darmes, bestimmte Getreidebestandteile zu verwerten). Zusammen führt das zu wesentlichen Einschränkungen, besonders im Beruf. Die Behinderung wird mit einem Grad der Behinderung (GdB) von 60 festgestellt. Der Arzt gibt daraufhin seine Praxis auf und widmet sich ausschließlich seinem heimischen Garten.

Abstrakte Feststellung

Nach dem Ausscheiden aus dem Berufsleben darf der GdB nicht anders festgestellt werden. Berufliche Besonderheiten dürfen schon bei der ursprünglichen GdB-Bemessung keine eigenständige, besondere Wertigkeit erhalten. Die Feststellung geschieht abstrakt, für alle Betroffenen gleich.

Diese Weise der GdB-Feststellung ist in jüngerer Zeit in die Kritik geraten. Das soziale Entschädigungsrecht nach dem Bundesversorgungsgesetz (BVG) kennt in der Bewertung ein „besonderes berufliches Betroffensein", was bei Vorliegen den Grad der Schädigungsfolgen (GdS) erhöht. Es wird diskutiert, ob eine solche berufliche Komponente nicht auch in die GdB-Bewertung mit aufgenommen werden soll. Ob das geschieht, wird die weitere politische Debatte zeigen. Zurzeit gibt es eine solche berufliche Komponente weder bei der GdB-Bewertung noch bei der Zumessung von Nachteilsausgleichen.

Derzeit gilt weiterhin die abstrakte Bewertung ohne Berücksichtigung individueller Lebensumstände und alterstypischer Auswirkungen im alltäglichen Leben.

So muss ein Nachlassen der körperlichen Kräfte und der Ausdauer hingenommen werden – dies ist keine Behinderung im Sinne des Gesetzes.

DER GRAD DER BEHINDERUNG (GDB)

Behinderungen können sehr unterschiedlich sein. Deswegen unternimmt man den (schwierigen) Versuch, sie nach einem gesetzlich festgelegten Bewertungsmaßstab (§ 69 Abs. 1 SGB IX) nach dem Grad der Behinderung einzuteilen (GdB). Vergünstigungen oder Leistungen – besser Nachteilsausgleiche – hängen vom Grad der Behinderung ab.

Die Auswirkungen einer Beeinträchtigung auf die Teilhabe am Leben in der Gesellschaft werden als GdB in einer nach 10er-Graden abgestuften Zahl von 20 bis 100 festgestellt.

Das heißt: Eine Behinderung, der nicht mindestens ein GdB von 20 zugeschrieben wird, wird nicht festgestellt.

Gesamt-GdB

Bei den meisten behinderten Menschen liegt mehr als eine Funktionsbeeinträchtigung vor, die die Behinderung ausmacht. Aus all diesen Beeinträchtigungen ist dann ein Gesamt-GdB zu bilden, da es ja nur eine Behinderung gibt.

§

§ 69 Abs. 3 SGB IX sieht vor, dass beim Vorliegen mehrerer Beeinträchtigungen der Teilhabe am Leben in der Gesellschaft der GdB nach deren Auswirkungen in ihrer Gesamtheit unter Berücksichtigung ihrer wechselseitigen Beziehungen festgestellt wird.

ENTSCHEIDUNGSHILFE ZUR BEWERTUNG

Versorgungsmedizinische Grundsätze

Grundlage für eine bundesweit einheitliche Bewertung von Funktionsstörungen im Rahmen des Schwerbehindertenrechtes und des sozialen Entschädigungsrechtes (dort heißt der Bewertungsmaßstab „Grad der Schädigungsfolge" = GdS) sind die Versorgungsmedizinischen Grundsätze. Die dort dargestellten GdB-Werte stellen altersunabhängige Mittelwerte dar. Die üblichen Schmerzen, seelischen Begleiterscheinungen und sonstigen Auswirkungen sind darin jeweils mit berücksichtigt.

Anders als in den Tabellenwerken der gesetzlichen Unfallversicherung ist es unerheblich, ob sich ein behinderter Mensch im Laufe der Zeit an den Zustand gewöhnt hat, ob er mit den Folgen besser oder schlechter als andere umgehen kann. Der GdB nach den Versorgungsmedizinischen Grundsätzen bleibt gleich.

Nur in seltenen Ausnahmefällen und nur mit einer besonderen Begründung kann von den Tabellenwerten abgewichen werden. Zum Beispiel dann, wenn etwa Schmerzen über das bereits berücksichtigte Maß hinausgehen.

Heilungsbewährung

Ein besonderes Bewertungsmodell ist das der sogenannten Heilungsbewährung. Nach Transplantationen von Organen und insbesondere bei Tumorerkrankungen wird der GdB ausnahmsweise nicht nach dem Ausmaß der bleibenden Funktionsbeeinträchtigung bestimmt, sondern es wird der Zustand unmittelbar nach der Operation bewertet. Diese Bewertung gilt dann für die Dauer der Heilungsbewährung. Das ist eine Zeitdauer von meistens fünf Jahren. Nach Ablauf dieser Zeit wird der GdB dann nach den verbliebenen Funktionseinschränkungen bewertet. Das kann im Extremfall eine Bewertung mit GdB 0 bedeuten.

Sylvia Rausch erkrankt an einem Brustdrüsentumor, der erfolgreich operiert werden kann. Die Brust kann erhalten werden. Nachdem sie die unmittelbaren Folgen der Operation überwunden hat, verbleiben nur noch geringe Beschwerden. Der GdB wird zunächst mit 50 bewertet. Nach Ablauf von fünf Jahren wird der GdB – ohne dass sich etwas verändert hat – auf 20 herabgesetzt. Diese Bewertung ist richtig, da für die Heilungsbewährung in solchen Fällen ein GdB von 50 angenommen wird. Danach zählt nur noch die tatsächliche Beeinträchtigung.

07

BEISPIELE FÜR DEN GDB

Die Versorgungsmedizinischen Grundsätze teilen die möglichen Funktionsstörungen des Menschen in Organsysteme (z. B. Kopf und Gesicht, Nervensystem und Psyche, Haut usw.) ein. Im Folgenden sind einige Beispiele für die GdB-Bewertung von Funktionsstörungen aufgeführt:

einfache Gesichtsentstellung (nur wenig störend)	10
echte Migräne, leichter Verlauf (ein Anfall monatlich)	0 – 10
Hirnschäden mit mittelschwerer Leistungsbeeinträchtigung	50 – 60
Neurosen, Persönlichkeitsstörungen, Folgen psychischer Traumen, leichte Störungen	0 – 20
Linsenverlust eines Auges (Sehschärfe 0,4 und mehr)	10
Ohrgeräusche (Tinnitus) mit erheblichen Begleiterscheinungen	20
Verengung der Nasengänge, doppelseitig, mit leichter bis mittelgradiger Atembehinderung	10
Störung der Speichelsekretion	0 – 20
Verlust eines Teiles des Oberkiefers ohne wesentliche kosmetische und funktionelle Beeinträchtigung	0 – 10
Schluckstörungen mit erheblicher Behinderung der Nahrungsaufnahme je nach Auswirkungen	20 – 40
Brustfellverwachsungen und -schwarten ohne wesentliche Funktionsstörung	0 – 10
chronische Bronchitis (schwere Form)	20 – 30
Bronchialasthma ohne dauernde Einschränkung der Lungenfunktion	0 – 20
Bluthochdruck, leichte Form	0 – 10
Bluthochdruck, mittelschwere Form	20 – 40
künstlicher After mit guter Versorgungsmöglichkeit	50
chronische Hepatitis ohne entzündliche Aktivität	20
Leistenbruch ein- oder beidseitig	0 – 10
Verlust, Ausfall oder Fehlen einer Niere bei Schaden der anderen Niere, ohne Einschränkung	30
Chronische Harnwegsentzündungen leichten Grades	0 – 10

Tipp

Die Versorgungsmedizinischen Grundsätze sind unter www.versorgungsmedizinische-grundsaetze.de nachzulesen.

Harninkontinenz, leichter Harnabgang bei Belastung	0 – 10
Diabetes mellitus (Typ 1 durch Diät gut einstellbar)	40
Akute Leukämie	100
HIV-Infektion ohne klinische Symptome	10
Akne (schweren Grades mit vereinzelter Abzess- und Knotenbildung und entsprechender erheblicher kosmetischer Beeinträchtigung)	20 – 30
Psoriasis vulgaris (bei andauerndem ausgedehnten Befall oder stark beeinträchtigendem lokalen Befall)	30 – 50
Pigmentstörungen an Händen und/oder Gesicht (gering)	10
Wirbelsäulenschäden mit schweren funktionellen Auswirkungen	30
Verlust eines Oberarmes	70
völlige Gebrauchsunfähigkeit eines Beines	80

DIE FESTSTELLUNG DES GDB

Antrag erforderlich

Die Zuständigkeit für die Feststellung des GdB ist in den Bundesländern unterschiedlich geregelt. Sie erfolgt im Allgemeinen durch die Versorgungsverwaltung, also das Versorgungsamt. In manchen Bundesländern, wie zum Beispiel in Nordrhein-Westfalen, ist diese Aufgabe den Städten und Kreisen übertragen worden. Die Feststellung erfolgt auf Antrag des behinderten Menschen. Dabei ist die Behörde in ihrer Beurteilung grundsätzlich frei und muss sich nur nach den Versorgungsmedizinischen Grundsätzen richten. Nur dann, wenn bereits ein anderer Sozialleistungsträger eine Gesundheitsbeeinträchtigung bewertet hat, muss diese Bewertung übernommen werden.

Der Frührentner Friedhelm Lange hat durch einen Arbeitsunfall ein Bein verloren (BG-Leiden). Die Berufsgenossenschaft (BG) hat eine Unfallrente nach einer Minderung der Erwerbsfähigkeit (MdE) von 80 Prozent anerkannt. Darüber hinaus kann Herr Lange keine Störungen geltend machen. Hier wird keine besondere Feststellung durch das Versorgungsamt vorgenommen. Vielmehr wird die von der Berufsgenossenschaft (BG) anerkannte MdE von 80 Prozent auch als GdB festgestellt. Dies gilt auch dann, wenn die Minderung der Erwerbsfähigkeit höher eingestuft wird als der GdB nach den Anhaltspunkten. Liegen neben dem BG-Leiden weitere Gesundheitsbeeinträchtigungen vor, erfolgt eine Gesamtbewertung durch das Versorgungsamt. Dabei wird die Bewertung für das Bein durch die BG als Einzelwert für den GdB übernommen.

Die Bewertung der Behinderung mit einem Gesamt-GdB

Liegen mehrere Gesundheitsbeeinträchtigungen vor, die jeweils eine Funktionsstörung verursachen, muss ein Gesamt-GdB gebildet werden, da es nur eine Behinderung gibt, die festgestellt werden kann (§ 69 Abs. 3 SGB IX).

Tabellenwerte

Dies geschieht in drei Schritten. Zuerst wird für jede Gesundheitsbeeinträchtigung ein Einzel-GdB gebildet. Dann wird, ausgehend von der Funktionsstörung mit dem höchsten GdB-Wert, beurteilt, ob weitere Funktionsstörungen diesen GdB-Wert verstärken. Das Ergebnis wird dann im dritten Schritt mit einem feststehenden Tabellenwert aus den Versorgungsmedizinischen Grundsätzen verglichen.

Klaus Koller hat einen Unterarm verloren, ist mittelgradig schwerhörig und leidet unter leichtem Bluthochdruck. Für den Verlust des Armes ist ein GdB von 50, für die mittelgradige Schwerhörigkeit beiderseits ein GdB von 30 und für den leichten Bluthochdruck ein GdB von 10 anzusetzen. Der Armverlust verursacht den höchsten GdB-Wert. Die Schwerhörigkeit erhöht den GdB auf 60 oder vielleicht 70. Denn die Schwerhörigkeit ist unabhängig von dem Armverlust zu betrachten, führt aber nicht zu einer außergewöhnlichen Verstärkung der Behinderung. Der Bluthochdruck bleibt außer Betracht, da eine Gesundheitsbeeinträchtigung mit einem GdB von 10 nur in ganz wenigen Ausnahmefällen zur einer

Erhöhung des Gesamt-GdB führt. Ob nun ein Wert von 60 oder eher von 70 richtig ist, wird im Vergleich zu festen Tabellenwerten bestimmt. Ein GdB von 70 stellt bereits einen sehr hohen Wert dar, der beispielsweise erst bei vollständigem Verlust des Armes im Schultergelenk angewendet wird. Dann kann der Betroffene nichts mehr mit seinem „Arm" anfangen; der Funktionsverlust ist vollständig. Eine so starke Behinderung wird durch das Hinzutreten der Hörbeeinträchtigung nicht verursacht. Denn eine Verstärkung tritt nicht ein. Andererseits darf der Hörverlust bei einem Wert von 30 nicht völlig außer Acht bleiben, sodass hier insgesamt eine Bewertung mit einem GdB von 60 als richtig erscheint.

Bei der Gesamt-GdB-Bildung sind für die Beziehungen der einzelnen Funktionsbeeinträchtigungen drei Konstellationen denkbar, die sich jeweils unterschiedlich darauf auswirken, ob und wie sich der GdB erhöht.

1. Fallgruppe:

Funktionsstörungen ohne Beziehung untereinander wirken sich in der Regel GdB-erhöhend aus.

Eingeschränkte Handbeweglichkeit bei in Fehlstellung verheiltem Bruch mit Teilschädigung des Nervus medianus	30
Posttraumatische Belastungsstörung und Persönlichkeitsstörung	20
Chronisch entzündliche Darmerkrankung mit Durchfällen in wechselnder Frequenz und Schmerzen	20
Gesamt-GdB	**50**

Bei allen Einzel-GdB-Werten liegen keine Überschneidungen vor.

2. Fallgruppe:

Besonders nachteilige Verstärkung bewirkt besondere GdB-Erhöhung

Verlust einer Niere	25
Verlust/Ausfall beider Nieren (= Dialyse)	100
Versteifung eines Kniegelenks	30 – 60
Versteifung beider Kniegelenke	80
Blindheit auf einem Auge	25
Blindheit auf beiden Augen	100

3. Fallgruppe:

Ineinander aufgehende oder sich überschneidende Funktionsstörungen führen nicht oder nur zu einer geringen GdB-Erhöhung

Herzmuskelschwäche	30
Schmerzstörung	20
Funktionsstörung der Wirbelsäule, mittelgradig	20
Bewegungseinschränkung im linken Knie	10
Bewegungseinschränkung der linken Hand	10
Wiederkehrende Magenentzündung	10
Asthma bronchiale	10
Gesamt-GdB	**40**

Die Wirbelsäulenbeschwerden und die Schmerzstörung überlagern sich gegenseitig und führen deshalb zusammen zu einer Erhöhung des GdB auf 40. Die 10er-Werte erhöhen den GdB nicht.

DIE SCHWERBEHINDERUNG

Erreicht der GdB einen Wert von mindestens 50 oder mehr, gilt der behinderte Mensch als schwerbehindert (§ 2 Abs. 2 SGB IX). Mit der Schwerbehinderung sind besondere Vergünstigungen und Erleichterungen verbunden. Die Schwerbehinderung wird durch den Schwerbehindertenausweis bescheinigt, der auch die Höhe des GdB und die Merkzeichen angibt.

NACHTEILSAUSGLEICHE IM SCHWERBEHINDERTENAUSWEIS

Merkzeichen

Zweck des Schwerbehindertenrechts ist es, die sozialen Benachteiligungen auszugleichen, denen Personen in Folge einer Behinderung im beruflichen und gesellschaftlichen Leben ausgesetzt sind (Nachteilsausgleiche, § 126 Abs. 1 SGB IX). Ein Teil dieser Vergünstigungen und Nachteilsausgleiche wird durch sogenannte Merkzeichen im Schwerbehindertenausweis vermerkt, die durch Buchstaben gekennzeichnet (G, aG, H, B, Bl, Gl, RF, 1. Kl.) sind.

Merkzeichen nach der Schwerbehindertenausweis-Verordnung

G erhebliche Beeinträchtigung der Bewegungsfähigkeit im Straßenverkehr
aG außergewöhnliche Gehbehinderung
H hilflos
RF Befreiung von der Rundfunkbeitragspflicht
B Notwendigkeit ständiger Begleitung
Bl blind
Gl gehörlos
1.Kl. Erfordernis der Bahnreise im Erster-Klasse-Abteil

Merkzeichen G: erhebliche Gehbehinderung

Behinderte Menschen, in deren Ausweis das Merkzeichen G eingetragen ist, sind im öffentlichen Personennahverkehr – bis zu 50 km um ihren Wohnsitz oder Aufenthaltsort herum – unentgeltlich zu befördern. IC- und ICE-Züge dürfen damit nicht benutzt werden. Begünstigt sind schwerbehinderte Menschen, die in ihrer Bewegungsfähigkeit im Straßenverkehr erheblich beeinträchtigt sind.

Dies sind Personen, die durch eine Einschränkung ihres Gehvermögens (auch bedingt durch innere Leiden oder durch Anfälle oder von Störungen der Orientierungsfähigkeit) nicht ohne erhebliche Schwierigkeiten oder nicht ohne Gefahr für sich oder andere Wegstrecken zurücklegen können, die üblicherweise noch zu Fuß erledigt werden. Das sind Strecken bis zu zwei Kilometer oder einer halben Stunde Dauer. Wer solche Wegstrecken nicht mehr zurücklegen kann, erhält das Merkzeichen G.

Nicole Rausch leidet an erheblichen Durchblutungsstörungen der Beine und außerdem an einer Herzkranzgefäßstörung mit einer Leistungsbeeinträchtigung bereits bei forschem Gehen. Sie wird das Merkzeichen G bekommen.

Dies gilt auch für den voll gehfähigen, aber geistig schwerbehinderten Daniel Lose, der sich ohne fremde Hilfe außerhalb seiner gewohnten Umgebung nicht zurechtfinden kann.

Das Merkzeichen G steht dagegen nicht der 45-jährigen Angelika Bartels zu, die im Oberharz wohnt und an Diabetes Mellitus und an Wirbelsäulenbeschwerden leidet. Sie müsste zweieinhalb Kilometer zur nächsten Haltestelle für den öffentlichen Nahverkehr durch den Wald gehen. Das schafft sie wegen der schlechten Wege, der häufigen Steigungen und meistens schlechten Witterung nur noch mit Mühe. In einer Ortschaft würde sie die Strecke nach Aussagen des begutachtenden Arztes in etwa 30 Minuten schaffen. Da es auch bei den Merkzeichen keine individuelle Bewertung der Verhältnisse gibt und es allein auf die durchschnittlichen ortsüblichen Verhältnisse ankommt, hat Angelika Bartels keinen Anspruch auf das Merkzeichen G.

Neben dem Merkzeichen im Schwerbehindertenausweis müssen schwerbehinderte Menschen noch eine Wertmarke

Tipp

Anstelle der Freifahrt im öffentlichen Personennahverkehr können schwerbehinderte Menschen, die das Merkzeichen G erhalten haben, auch wahlweise eine Ermäßigung ihrer Kfz-Steuer um 50 Prozent in Anspruch nehmen. Allerdings darf dann kein anderer das Fahrzeug benutzen.

erwerben, damit die freie Fahrt gilt. Es kann eine Wertmarke für 72 bzw. 36 Euro, aber auch eine unentgeltliche Wertmarke aufgebracht werden, wenn der behinderte Mensch nicht über ausreichende Mittel zum Lebensunterhalt verfügt. Die Wertmarke, die sich auf einem Beiblatt zum Schwerbehindertenausweis befindet, gilt ein halbes (36 Euro) bzw. ein ganzes Jahr (72 Euro).

Im Rahmen der Gewährung von Sozialhilfe (SGB XII) steht ein Mehrbedarf von 17 Prozent zu. Bei der Grundsicherung für Arbeitssuchende (SGB II) nur, wenn gleichzeitig Sozialgeld bezogen wird.

Neben den Inhabern des Merkzeichens G sind auch andere Schwerbehinderte im Nahverkehr kostenlos zu befördern: nämlich hilflose (Merkzeichen H) und gehörlose (Merkzeichen Gl) sowie auch blinde (Merkzeichen Bl) behinderte Menschen. Dies gilt selbst dann, wenn sie zwei Kilometer in einer halben Stunde zurücklegen könnten. Für Inhaber der Merkzeichen H und Bl sind die Wertmarken kostenlos und können neben der Kfz-Steuerbefreiung erworben werden.

Merkzeichen aG: außergewöhnliche Gehbehinderung

Bei schwerbehinderten Menschen mit einer außergewöhnlichen Gehbehinderung wird das Merkzeichen aG eingetragen. Außergewöhnlich gehbehindert sind Menschen, die sich wegen der Schwere ihres Leidens dauernd nur mit fremder Hilfe oder nur mit großer Anstrengung außerhalb ihres Kraftfahrzeuges bewegen können. Hierzu zählen vor allem Querschnittgelähmte, Doppelober- und Unterschenkelamputierte Personen. Alle anderen schwerbehinderten Menschen, die Einschränkungen in ihrer Gehfähigkeit haben, werden an diesen Menschen gemessen. Im Vergleich dazu wird beurteilt, ob die Einschränkung der Gehfähigkeit ähnlich gravierend ist wie zum Beispiel bei einem Rollstuhlfahrer. Von der Gewährung des Merkzeichens aG wird sehr zurückhaltend Gebrauch gemacht. Erst bei einer Einschränkung der zumutbaren Gehstrecke auf 50 bis unter 100 Meter kann eine Eintragung erfolgen.

Inhaber des Merkzeichens aG genießen zunächst einmal alle Nachteilsausgleiche des Merkzeichens G. Zusätzlich genießen sie Vergünstigungen beim Parken, wie zum Beispiel die Erlaubnis zum Parken im eingeschränkten Halteverbot, im Zonenhalteverbot, in verkehrsberuhigten Bereichen außerhalb der markierten Parkflächen und an Stellen mit Rollstuhlfahrersymbol. Auch kann die völlige Befreiung von der Kfz-Steuer beantragt werden, ohne dass auf die freie Fahrt in öffentlichen Verkehrsmitteln verzichtet werden muss. Beides kann also gleichzeitig in Anspruch genommen werden.

Klaus Adam leidet unter einem Down-Syndrom, d.h. er kann sich nicht orientieren und bedarf einer Begleitung. Seine Gehfähigkeit ist jedoch nicht massiv eingeschränkt. Er erhält das Merkmal aG nicht.

Gero Zinnow leidet an einer extremen Versteifung des linken Beines, ist aber sonst nicht in seiner Gehfähigkeit behindert. Er fährt einen Pkw mit automatischem Getriebe und einer besonders großen Fahrertür. Für das Ein- und Aussteigen ist er darauf angewiesen, dass die Fahrertür ganz geöffnet ist. Glaubhaft versichert er, dass dies auf allgemeinen Parkplätzen nicht möglich ist. Gleichwohl erhält er das Merkzeichen aG nicht. Unabhängig davon, ob es für ihn sinnvoll wäre, Parkerleichterungen zu erhalten, zählen allein die seine Gehfähigkeit bestimmenden Voraussetzungen.

Der schwerbehinderte Egon Zander leidet seit Geburt an einer beidseitigen Hüftgelenksverrenkung und ist deshalb an beiden Hüftgelenken mit Total-Endoprothesen versorgt. Die linke Prothese musste schon nach kurzer Zeit ausgetauscht werden. Egon Zander könnte zwar noch maximal etwa 500 m in etwa 25 Minuten zurücklegen. Dabei bestünde allerdings die Gefahr, dass durch die Gehbewegungen eine erneute Prothesenlockerung hervorgerufen würde. Egon Zander erhält das Merkzeichen aG. Die Voraussetzungen müssen noch nicht eingetreten sein. Es reicht aus, wenn sie unmittelbar drohen und der Eintritt der außergewöhnlichen Gehbehinderung durch ein entsprechendes Verhalten des schwerbehinderten Menschen zeitlich hinausgezögert werden kann, vor allem durch den Verzicht auf jedes vermeidbare Gehen.

Tipp

Wenn die Voraussetzungen für die Zuerkennung des Merkzeichens aG nur knapp verfehlt werden, sollte man sich erkundigen, ob im jeweiligen Bundesland Ausnahmegenehmigungen von der Straßenverkehrsordnung (StVO) erteilt werden können. Damit können schwerbehinderte Menschen mit dem Merkzeichen G genauso behandelt werden wie solche mit dem Merkzeichen aG. Auskünfte erteilt das Versorgungsamt oder das Ordnungsamt der Gemeinde.

Merkzeichen B: Notwendigkeit ständiger Begleitung

Schwerbehinderte Menschen, die erheblich gehbehindert (Merkzeichen G), hilflos (Merkzeichen H) oder gehörlos (Merkzeichen Gl) sind und bei der Benutzung öffentlicher Verkehrsmittel regelmäßig fremde Hilfe brauchen, um Gefahren für sich oder andere zu vermeiden, erhalten das Merkzeichen B. Dies berechtigt zur unentgeltlichen Beförderung einer Begleitperson im öffentlichen Nah- und Fernverkehr.

Emil Pohl ist schwerbehindert. Ein GdB 60 und das Merkzeichen G sind bereits im Ausweis eingetragen. Er leidet an einem erheblichen Lumbalsyndrom mit blitzartig und überraschend einschießenden Schmerzen in die Beine, an Greifstörungen der Hände sowie an ausgeprägten Schwindelerscheinungen aufgrund von Hirndurchblutungsstörungen. Emil Pohl steht das Merkzeichen B zu, weil er angesichts der Schwindelanfälle und der Schmerzattacken ohne fremde Hilfe zu stürzen droht und sich auch nicht ausreichend festhalten oder stützen kann. Gerade im Personenverkehr ist er auf den Bahnsteigen oder durch die Fahrbewegungen besonderen Gefahren ausgesetzt.

Merkzeichen H: Hilflosigkeit

Dauernder Hilfebedarf

Hilflos ist ein behinderter Mensch, wenn er für eine Reihe von häufig und regelmäßig wiederkehrenden Verrichtungen zur Sicherung seiner persönlichen Existenz täglich und dauernd fremder Hilfe bedarf. Diese Voraussetzung ist auch dann gegeben, wenn die Hilfe in Form einer ständigen Überwachung oder Anleitung erforderlich ist oder wenn die Hilfe zwar nicht dauernd geleistet werden muss, jedoch eine ständige Bereitschaft zur Hilfestellung erforderlich ist.

Der behinderte Mensch selbst oder die Eltern eines behinderten Kindes, bei dem das Merkzeichen H zuerkannt ist, haben einen Anspruch auf einen erhöhten Steuer-Pausch-Betrag für die Behinderung von 3.700 Euro bei der Einkommensteuer. Daneben steht ihnen ein Pflege-Pausch-Betrag von 924 Euro sowie die unentgeltliche Beförderung im öffentlichen Nahverkehr (wie Merkzeichen G) ohne Eigenbeteiligung (kostenlose Wertmarke) und die vollständige Kfz-Steuerbefreiung zu (wie Merkzeichen aG).

Merkzeichen RF: Befreiung von der Rundfunkbeitragspflicht

Die gesundheitlichen Voraussetzungen für die Gewährung des Merkzeichens RF liegen vor,

- bei blinden oder wesentlich sehbehinderten Menschen mit einem GdB von wenigstens 60 allein wegen der Sehbehinderung,
- bei hörgeschädigten Menschen, die gehörlos sind oder denen eine ausreichende Verständigung über das Gehör auch mit Hörhilfen nicht möglich ist (Merkzeichen Gl),
- bei behinderten Menschen, deren GdB wenigstens 80 beträgt und die wegen ihrer Behinderung an öffentlichen Veranstaltungen ständig nicht teilnehmen können.

Kann mit technischen Hilfsmitteln wie Rollstuhl, Inkontinenzmittel etc. oder durch eine Begleitperson die Teilnahme an öffentlichen Veranstaltungen ermöglicht werden, kommt das Merkzeichen RF nicht in Betracht.

Die Eintragung des Merkzeichens RF führt nicht automatisch zum entsprechenden Nachteilsausgleich. Hier muss noch ein gesonderter Antrag gestellt werden. Behinderte Menschen, denen das Merkzeichen RF zugeordnet worden ist, zahlen einen ermäßigten Beitrag. Dieser beträgt – seit April 2015 – 5,83 Euro monatlich. Darüber hinaus kann bei der Deutschen Telekom ein Sozialtarif für den Festnetzanschluss beantragt werden. Gänzlich von der Rundfunkbeitragspflicht befreit werden taubblinde Menschen und Empfänger von Blindenhilfe.

Merkzeichen Bl: Blindheit

Wenn dem behinderten Menschen das Augenlicht vollständig fehlt, erhält er das Merkzeichen Bl. Als blind wird auch derjenige eingestuft, dessen Sehschärfe auf keinem Auge und auch nicht bei beidäugiger Prüfung mehr als 1/50 beträgt oder bei dem andere Störungen des Sehvermögens von einem solchen Schweregrad vorliegen, der dieser Beeinträchtigung der Sehschärfe entspricht.

Tipp

Außerdem wird in einigen Bundesländern noch ein Blindengeld nach den Landes-Blindengesetzen gezahlt.

Inhabern des Merkzeichens Bl stehen als Nachteilsausgleiche ein erhöhter Einkommensteuer-Pauschbetrag sowie die Befreiung von der Kfz-Steuer, die Befreiung von der Rundfunkbeitragspflicht (wie Merkzeichen RF) sowie Parkerleichterungen zu (wie Merkzeichen aG). Daneben können sie Umsatzsteuerbefreiungen, Portofreiheit für Blindensendungen, kostenlose Rentenzahlungen in die Wohnung, Platzreservierung und freie Fahrt für sich, für Begleitperson und für Blindenhunde in Anspruch nehmen.

Wer nicht zum genannten Kreis gehört, aber gleichwohl hochgradig sehbehindert ist, kann das Merkzeichen H erhalten, wenn seine Sehfähigkeit nicht mehr 1/20 beträgt.

Merkzeichen Gl: Gehörlos

Als gehörlos gelten hörbehinderte Menschen, bei denen Taubheit auf beiden Ohren vorliegt. Aber auch Menschen mit einer an Taubheit grenzenden Schwerhörigkeit beiderseits und zusätzlich schweren Sprachstörungen haben Anspruch auf Eintragung des Merkzeichens Gl.

Inhaber des Merkzeichens Gl können alle Nachteilsausgleiche, die auch nach dem Merkzeichen G gewährt werden, in Anspruch nehmen. Darüber hinaus ist das Merkzeichen Gl eine der Voraussetzungen des Merkzeichens RF.

Merkzeichen 1. Kl.: Bahnfahren in der ersten Klasse

Ausschließlich Kriegsbeschädigte nach dem Bundesversorgungsgesetz (BVG) und Verfolgte nach dem Bundesentschädigungsgesetz (BEG) haben unter besonderen Umständen das Recht, in Zügen mit einer Fahrkarte der zweiten Klasse die erste Klasse zu benutzen. Der Grad der Schädigungsfolgen (GdS) muss mindestens 70 betragen. Zusätzlich muss der körperliche Zustand des Kriegsbeschädigten die Unterbringung in der Ersten Klasse erfordern. Die Voraussetzungen hierfür sind insbesondere dann erfüllt, wenn eine Pflegezulage mindestens der Stufe 4 zusteht, sowie bei Kriegsblinden, Ohnhändern und Querschnittsgelähmten.

Dauernde Einbuße der körperlichen Beweglichkeit

Hierbei handelt es sich nicht um ein regelrechtes Merkzeichen, das eingetragen werden kann, sondern das Versorgungsamt stellt zusätzlich zum Bescheid eine entsprechende Bescheinigung aus. Das kann schon bei einem GdB von wenigstens 30 geschehen. Insbesondere können dann die Steuerfreibeträge bei der Einkommensteuer in Anspruch genommen werden, die sonst nur bei einem GdB von 50 gelten.

VERGÜNSTIGUNGEN AM ARBEITSPLATZ

Schwerbehinderte Menschen genießen an ihrem Arbeitsplatz besonderen Schutz und Vergünstigungen. Besonders hervorzuheben ist der erweiterte Kündigungsschutz:

- Eine Kündigung bedarf der vorherigen Zustimmung des Integrationsamtes. Dazu gehört jede Art einer Kündigung, die das Arbeitsverhältnis beendet oder ändert.
- Die Kündigungsfrist beträgt mindestens vier Wochen.
- Das Integrationsamt soll im Verfahren auf eine gütliche Einigung hinwirken.

Tipp

Das Integrationsamt sowie die Schwerbehinderten-Obleute in den Betrieben informieren über weitere Vergünstigungen für Schwerbehinderte.

Daneben bestehen weitere Vergünstigungen:

- fünf Tage Zusatzurlaub
- Anspruch auf Teilzeitarbeit
- Befreiung von Mehrarbeit
- tarifvertragliche Vergünstigungen wie z.B. die Arbeitszeit.

Tipp

Menschen mit einem GdB von weniger als 50, aber mindestens 30, können auf Antrag schwerbehinderten Menschen gleichgestellt werden, wenn ein geeigneter Arbeitsplatz ohne die Gleichstellung nicht erlangt oder nicht behalten werden kann und der Grund dafür die bestehende Behinderung ist (§ 2 Abs. 3 SGB IX).

Mit Ausnahme des Zusatzurlaubs stehen diese Nachteilsausgleiche auch behinderten Menschen zu, die nicht schwerbehindert sind, diesen aber durch einen Beschluss der Bundesagentur für Arbeit gleichgestellt sind.

NACHTEILSAUSGLEICHE IM STEUERRECHT

Behinderte Menschen können dafür vorgesehene Steuerfreibeträge (§ 33 b EStG) geltend machen und diese bei Bedarf auch im Lohnsteuerermäßigungsverfahren als monatlichen Vorababzug berücksichtigen lassen. Diese Pauschbeträge bewirken, dass in der eingetragenen Höhe keine Steuern zu entrichten sind.

Den Pauschbetrag erhalten:

- schwerbehinderte Menschen (GdB mindestens 50),
- behinderte Menschen mit einem GdB von 25 bis unter 50, wenn ihnen wegen der Behinderung Renten oder andere laufende Bezüge zustehen oder die Behinderung zu einer dauernden Einbuße der körperlichen Beweglichkeit geführt hat oder auf einer typischen Berufskrankheit beruht.

Behindertenpauschbetrag

Grad der Behinderung	Euro	Grad der Behinderung	Euro
25 – 30	310	65 – 70	890
35 – 40	430	75 – 80	1.060
45 – 50	570	85 – 90	1.230
55 – 60	720	95 – 100	1.420
Hilflose und Blinde	3.700	Hinterbliebenen-Pauschbetrag	370

Sollten diese Pauschbeträge nicht ausreichen, können auch wahlweise die tatsächlich aufgetretenen Mehrkosten für Krankheit und Behinderung als außergewöhnliche Belastung geltend gemacht werden.

Dabei sind die Aufwendungen allerdings einzeln nachzuweisen oder glaubhaft zu machen. Wie bei außergewöhnlichen Belastungen üblich, müssen sich die Steuerpflichtigen in diesem Fall eine sogenannte zumutbare Eigenbelastung anrechnen lassen, die nach Höhe der Einkünfte, dem Familienstand sowie der Zahl der zu berücksichtigenden Kinder gestaffelt ist und zwischen 1 und 7 Prozent des Gesamtbetrags der Einkünfte ausmacht.

Tipp

Der Pauschbetrag wird für das ganze Jahr gewährt, auch wenn die Voraussetzungen nur an einem Tag des Jahres vorgelegen haben. Die Finanzämter gewähren stets den Pauschbetrag nach dem höchsten GdB, der im Kalenderjahr festgestellt wurde.

Zum Nachweis der Schwerbehinderung genügt die Vorlage des Schwerbehindertenausweises, auch eine Fotokopie reicht aus. Ist kein Ausweis vorhanden, genügt auch eine Bescheinigung des Versorgungsamtes über die Behinderung. Dies ist insbesondere dann erforderlich, wenn keine Schwerbehinderung, aber ein GdB zwischen 25 und unter 50 vorliegt.

In der jeweiligen Bescheinigung muss auf jeden Fall vermerkt sein, dass die Behinderung auf einer typischen Berufskrankheit beruht oder die Beweglichkeit dauerhaft beeinträchtigt ist.

Der Behinderten-Pauschbetrag kann auch rückwirkend vom Finanzamt gewährt werden, wenn das Versorgungsamt bzw. die zuständige Behörde den GdB nachträglich für einen vergangenen Zeitraum festgestellt hat.

NACHTEILSAUSGLEICHE IM SOZIALLEISTUNGSRECHT

Gesetzliche Krankenversicherung

Schwerbehinderte Menschen können sich in der gesetzlichen Krankenversicherung freiwillig versichern lassen, wenn sie, ein Elternteil, ihr Ehegatte oder Lebenspartner in den letzten fünf Jahren vor dem Beitritt mindestens drei Jahre versichert waren. Diese Voraussetzung entfällt, wenn sie wegen ihrer Behinderung diese Versicherungszeiten nicht erbringen konnten (§ 9 Abs. 1 Nr. 4 SGB V).

Für schwerbehinderte Menschen gibt es eine Ermäßigung bei der Zuzahlung bis zur Belastungsgrenze (§ 62 SGB V).

Behinderte Kinder können ohne Altersgrenze in der Familienversicherung verbleiben, wenn sie wegen der Behinderung außer Stande sind, sich selbst zu unterhalten (§ 10 Abs. 2 Nr.4 SGB V).

Tipp
Auskünfte erteilen die Beratungsstellen der Deutschen Rentenversicherung (Servicetelefon: 0800 1000 4800; Internet: www. deutsche-rentenversicherung. de)

Rentenversicherung

Das Eintrittsalter für eine Altersrente liegt heute (2015) bei 65 Jahren und vier Monaten. Für Versicherte, die nach 1947 geboren wurden, wird die Regelaltersrente schrittweise auf 67 Jahre angehoben. Für Versicherte ab dem Geburtsjahrgang 1964 gilt die Regelaltersrente von 67. Durch die Reformmaßnahmen der vergangenen Jahre ergibt sich für schwerbehinderte Menschen eine Fülle von Übergangs- und Vertrauensschutzregeln.

Einige beispielhafte Regelungen:

- Versicherte, die **vor dem 1. Januar 1951** geboren wurden, können eine Altersrente für schwerbehinderte Menschen erhalten, wenn sie bei Beginn der Altersrente als schwerbehinderte Menschen anerkannt, berufsunfähig oder erwerbsunfähig sind (bis Ende 2000 geltendes Recht).
- Für **vor 1952 Geborene** liegt die Altersgrenze für diese Rente bei 63 Jahren. Mit einem Abschlag von 10,8 Prozent kann diese Rente vorzeitig ab 60 Jahren bezogen werden. Frauen und Männer vor dem 65. Lebensjahr können eine Altersrente für schwerbehinderte Menschen beziehen, wenn sie zu Beginn der Rente schwerbehindert sind und die Mindestversicherungszeit (Wartezeit) von 35 Jahren erfüllen.
- Für **zwischen 1952 bis 1964 Geborene** wird die Altersgrenze für eine abschlagsfreie Rente stufenweise bis auf 65 Jahre angehoben und bleibt ab dann so. Mit Abschlägen kann die Rente auch weiterhin vorzeitig in Anspruch genommen werden. Die Altersgrenze wird parallel von 60 auf 62 angehoben.

Arbeitslosenversicherung

Behinderte haben einen leichteren Zugang zum Arbeitslosengeld I. Der Anspruch auf Arbeitslosengeld setzt voraus, dass jemand arbeitslos ist, der Arbeitsvermittlung zur Verfügung steht, die Anwartschaftszeit erfüllt und sich bei der Arbeitsagentur arbeitslos gemeldet hat. Im SGB III ist in § 125 eine Ausnahme geregelt.

Wenn Behinderte wegen ihrer Behinderung nur eine kurzzeitige Beschäftigung unter den üblichen Bedingungen des allgemeinen Arbeitsmarktes ausüben können und eine Erwerbsminderung noch nicht festgestellt worden ist, haben sie aber gleichwohl einen Anspruch auf Arbeitslosengeld. Damit wird sichergestellt, dass schwerbehinderte Menschen nicht aus der Rentenversicherung und zugleich aus der Arbeitslosenversicherung herausfallen.

Wohngeld

Die Gewährung von Wohngeld hängt davon ab, wie hoch das eigene Einkommen ist und wie viele Haushaltsmitglieder zu berücksichtigen sind. Bei der Ermittlung des Gesamteinkommens aller Haushaltsmitglieder werden Freibeträge unter anderem für behinderte Menschen berücksichtigt (§§ 13, 17 Wohngeldgesetz).

Tipp
Mehr Informationen und Beratung gibt es bei den örtlichen Wohngeldstellen.

Ein Freibetrag von 1.500 Euro jährlich wird berücksichtigt, wenn

- der GdB 100 beträgt,
- der GdB 80 beträgt und eine Pflegebedürftigkeit festgestellt wurde.

Ein Freibetrag von 1.200 Euro jährlich wird berücksichtigt, wenn

- der GdB unter 80 beträgt und eine Pflegebedürftigkeit festgestellt wurde.

Grundsicherung

Mehrbedarf

Sowohl im Sozialhilferecht (Grundsicherung für Ältere und Erwerbsgeminderte) wie auch bei der Grundsicherung für Arbeitssuchende, wenn Sozialgeld gezahlt wird, wird eine Erhöhung des Regelsatzes von 17 Prozent für schwerbehinderte Menschen mit dem Merkzeichen G gewährt. Werden behinderten Menschen Leistungen zur Teilhabe oder Hilfen zur Erlangung eines geeigneten Platzes im Arbeitsleben oder Eingliederungshilfen gewährt, wird ein Mehrbedarf von 35 Prozent des Regelsatzes für die Dauer der Maßnahme und eine angemessene Zeit darüber hinaus berücksichtigt.

REHABILITATIONSLEISTUNGEN FÜR BEHINDERTE MENSCHEN

Rehabilitationsleistungen werden behinderten Menschen von verschiedenen Sozialversicherungsträgern gewährt. Leider ist die Zuständigkeit nicht immer einfach zu entscheiden. Ein solcher Zuständigkeitsstreit soll aber nicht zu Lasten des Versicherten gehen.

§ 14 SGB IX sieht vor, dass der zuerst angegangene Leistungsträger binnen 14 Tagen entscheiden muss, ob er zuständig ist oder nicht. Hält er sich nicht für zuständig, muss er den Antrag unverzüglich an den nach seiner Meinung zuständigen Leistungsträger weiterleiten. Wird der Antrag nicht weitergeleitet, bleibt der zuerst angegangene Leistungsträger für die Rehabilitationsleistung gegenüber dem Versicherten zuständig und muss sich später von dem eigentlich Zuständigen die Kosten erstatten lassen.

LEISTUNG DURCH KRANKENKASSEN

Die Krankenkasse erbringt Rehabilitationsleistungen an Krankenversicherte, sofern diese notwendig sind, um eine Behinderung zu beseitigen, einer drohenden Behinderung vorzubeugen bzw. eine Verschlimmerung zu verhüten oder Pflegebedürftigkeit zu vermeiden bzw. zu mindern. Ziel ist hier die Erhaltung und oder Wiederherstellung der Gesundheit. Infrage kommen insbesondere ärztliche und zahnärztliche Behandlung.

LEISTUNG DURCH DEN RENTENVERSICHERUNGSTRÄGER

Geminderte Erwerbsfähigkeit

In der gesetzlichen Rentenversicherung haben Versicherte dann Anspruch auf Rehabilitationsleistungen, wenn ihre Erwerbsfähigkeit wegen Krankheit oder körperlicher, geistiger oder seelischer Behinderung erheblich gefährdet oder gemindert ist. Weitere Voraussetzung ist, dass durch die Leistungen voraussichtlich eine Minderung der Erwerbsfähigkeit abgewendet werden bzw. bei geminderter Erwerbsfähigkeit diese wesentlich gebessert oder wiederhergestellt werden kann. Ziel ist hier die Erhaltung oder Wiederherstellung der Erwerbsfähigkeit. In Betracht kommen medizinische und berufsfördernde Leistungen der Rehabilitation.

LEISTUNG DURCH DIE BERUFSGENOSSENSCHAFTEN

In der gesetzlichen Unfallversicherung haben Verletzte Anspruch auf Rehabilitationsleistungen, wenn ihre Beeinträchtigungen durch einen Versicherungsfall (Arbeitsunfall oder eine Berufskrankheit) verursacht worden sind. Ziel ist hier die Kompensation der Beeinträchtigungen, die durch einen Versicherungsfall der gesetzlichen Unfallversicherung verursacht worden sind. Auch hier kommen medizinische und berufsfördernde Leistungen in Betracht.

LEISTUNG DURCH DIE ARBEITSAGENTUREN

Vergütungszuschüsse

Bei den Rehabilitationsleistungen durch die Arbeitsagenturen handelt es sich um Leistungen zur beruflichen Rehabilitation. Die Arbeitsagenturen zahlen für behinderte Menschen Zuschüsse zum Arbeitsentgelt, zur Ausbildungsvergütung oder zu anderen Vergütungen, die der Arbeitgeber bei anderen Maßnahmen der beruflichen Bildung an den schwerbehinderten Menschen erbringt (siehe auch Kapitel 5 und 6).

LEISTUNGEN DER INTEGRATIONSÄMTER

Die Integrationsämter gewähren schwerbehinderten Menschen technische Arbeitshilfen, Hilfen zum Erreichen des Arbeitsplatzes, Hilfen zur Gründung und Erhaltung einer selbstständigen beruflichen Existenz, Hilfen zur Beschaffung, Ausstattung und Erhaltung einer behindertengerechten Wohnung, Hilfen zur Teilnahme an Maßnahmen zur Erhaltung und Erweiterung beruflicher Kenntnisse und Fertigkeiten sowie Hilfen in besonderen Lebenslagen.

Tipp

Die Kosten für die Beschaffung technischer Arbeitshilfen, ihre Wartung, Instandsetzung und die Ausbildung des schwerbehinderten Menschen im Gebrauch können in voller Höhe übernommen werden. Das gilt auch für die Ersatzbeschaffung und die Beschaffung zur Anpassung an die technische Weiterentwicklung.

Damit schwerbehinderte Menschen ihren Arbeitsplatz erreichen können, können sie Leistungen zur Beschaffung eines Kraftfahrzeuges, einer Zusatzausstattung sowie für die Erlangung einer Fahrerlaubnis erhalten.

Darlehen oder Zinszuschüsse zur Gründung und zur Erhaltung einer selbstständigen beruflichen Existenz können schwerbehinderte Menschen erhalten, wenn sie die erforderlichen persönlichen und fachlichen Voraussetzungen für diese Tätigkeit erfüllen, sie hierdurch ihren Lebensunterhalt voraussichtlich sicherstellen können und die Tätigkeit unter Arbeitsmarktgesichtspunkten zweckmäßig ist.

Zur Beschaffung von behindertengerechtem Wohnraum, zur Anpassung von Wohnraum und der Ausstattung entsprechend den besonderen behinderungsbedingten Bedürfnissen sowie zum Umzug in eine behinderungsgerechte oder erheblich verkehrsgünstiger zum Arbeitsplatz gelegene Wohnung können die Integrationsämter Zuschüsse, Zinszuschüsse oder Darlehen gewähren.

Schwerbehinderte Menschen, die an inner- oder außerbetrieblichen Maßnahmen der beruflichen Bildung teilnehmen, können Zuschüsse bis zur Höhe der tatsächlich entstandenen Kosten erhalten.

Die Integrationsämter sind darüber hinaus weitgehend frei in der Gewährung von Hilfen in besonderen Lebenslagen. Voraussetzung ist nur, dass die Hilfeleistungen unter Berücksichtigung von Art oder Schwere der Behinderung erforderlich sind, um die Teilhabe am Arbeitsleben auf dem allgemeinen Arbeitsmarkt zu ermöglichen, zu erleichtern oder zu sichern.

Wegen der Vielfalt von Möglichkeiten, im Einzelfall zu helfen, lohnt sich eine Beratung direkt bei der Krankenkasse, der Deutschen Rentenversicherung, der zuständigen Berufsgenossenschaft, den Arbeitsagenturen und vor allem bei den Integrationsämtern. Alle Sozialleistungsträger sind nicht nur zur Beratung verpflichtet (§ 14 SGB I), sondern sollen auch dafür sorgen, dass der Versicherte die bestmögliche Leistung erhält (§ 17 SGB I).

FINANZIELLE HILFEN DER UNFALLVERSICHERUNG

08

Die gesetzliche Unfallversicherung soll Arbeitsunfälle und Berufskrankheiten sowie arbeitsbedingte Gesundheitsgefahren verhüten. Bei Arbeitsunfällen oder Berufskrankheiten bietet sie Leistungen, um die Gesundheit und die Leistungsfähigkeit der Versicherten wiederherzustellen. Bei Arbeitsunfällen mit Todesfolge oder wenn jemand an den Folgen einer Berufskrankheit stirbt, zahlt die gesetzliche Unfallversicherung den Hinterbliebenen Entschädigungen.

VERSICHERTE RISIKEN

Versicherte Risiken in der gesetzlichen Unfallversicherung sind Arbeitsunfälle und Berufskrankheiten.

ARBEITSUNFALL

Arbeitsunfall ist ein Unfall, den ein Versicherter bei einer versicherten Tätigkeit erleidet. Ein Unfall ist ein zeitlich begrenztes, von außen auf den Körper einwirkendes Ereignis, das zum Gesundheitsschaden oder zum Tod führt.

Wegeunfall

Aber nicht nur Unfälle bei der Arbeit stehen unter dem Schutz der gesetzlichen Unfallversicherung, sondern auch solche, die sich auf dem unmittelbaren Weg zum und von dem Ort der Tätigkeit ereignen. Dabei muss nicht ausschließlich der kürzeste Weg genutzt werden. Grundsätzlich kann zwischen mehreren Strecken gewählt werden (z. B. eine längere, aber verkehrsgünstigere Strecke). Unter Umständen sind auch Abweichungen von der Wegstrecke versichert (z. B. weil Kinder in den Kindergarten gebracht werden müssen).

BERUFSKRANKHEITEN

Tipp
Die Liste der anerkannten Berufskrankheiten ist auf der Homepage der Deutschen Gesetzlichen Unfallversicherung (www.dguv.de) zu finden.

Als Berufskrankheiten zählen nur die Krankheiten, die in der Berufskrankheitenverordnung aufgeführt sind. Anspruch auf Leistungen der gesetzlichen Unfallversicherung besteht bei einer Berufskrankheit nur dann, wenn die Krankheit durch die berufliche Tätigkeit verursacht wurde.

VERSICHERTE PERSONEN

Arbeitnehmer und Auszubildende sind nach dem Gesetz unfallversichert. Darüber hinaus sind unter anderem Landwirte, Kinder in Kindertagesstätten, Schüler, Studierende, Helfer bei Unglücksfällen, häusliche Pflegepersonen und bestimmte ehrenamtlich tätige Personen durch die gesetzliche Unfallversicherung geschützt.

Unternehmer, Selbstständige und Freiberufler können sich und ihre mitarbeitenden Ehepartner freiwillig versichern, sofern sie nicht schon nach dem Gesetz oder aufgrund von Satzungen pflichtversichert sind. Für Beamte gelten besondere Vorschriften zur Unfallfürsorge.

LEISTUNGEN

Im Versicherungsfall haben Versicherte Anspruch auf verschiedene Geldleistungen.

VERLETZTENGELD

Ab 7. Woche Arbeitsunfähigkeit

Das Verletztengeld, das während der Zeit der Arbeitsunfähigkeit gezahlt wird, beträgt 80 Prozent des entgangenen Bruttogehalts bis maximal zur Höhe des Nettolohns. Es wird von dem Tage an gezahlt, ab dem die Arbeitsunfähigkeit ärztlich festgestellt wird. Wegen der vorrangigen Lohn- oder Gehaltsfortzahlung beginnt die Zahlung des Verletztengeldes in der Regel erst mit der siebten Woche der Arbeitsunfähigkeit. Die Zahlungen enden mit dem letzten Tag der Arbeitsunfähigkeit bzw. mit dem Beginn der Zahlung von Übergangsgeld (vgl. unten), grundsätzlich also spätestens mit Ablauf der 78. Woche – jedoch nicht vor Ende der stationären Behandlung.

ÜBERGANGSGELD

Weil der Verletzte während der Teilnahme an einer berufsfördernden Maßnahme nicht für seinen Unterhalt bzw. den Unterhalt seiner Familie sorgen kann, hat er Anspruch auf Übergangsgeld. Damit soll das fehlende Einkommen ausgeglichen und die Bereitschaft zur Teilnahme an der berufsfördernden Maßnahme gefördert werden.

Maßstab

Maßgebend für die Höhe des Übergangsgeldes sind die Einkommensverhältnisse vor Beginn der Arbeitsunfähigkeit sowie die Familienverhältnisse des Verletzten zur Zeit der Berufshilfemaßnahme. Das Übergangsgeld beträgt bei Versicherten, die mindestens ein Kind haben oder pflegebedürftig sind, 75 Prozent. Alle anderen Versicherten erhalten 68 Prozent des Verletztengeldes als Übergangsgeld.

UNFALLRENTE

Anspruch auf Unfallrente besteht, wenn die Erwerbstätigkeit des Versicherten über die 26. Woche nach dem Unfall hinaus um mindestens 20 Prozent gemindert ist. Die Rente beginnt grundsätzlich mit dem Tag, nach dem die Zahlung des Verletztengelds endete.

Höchstgrenze

Unfallrente wird bei völligem Verlust der Erwerbsfähigkeit als Vollrente, als Teilrente entsprechend der Einschränkung der Erwerbsfähigkeit gezahlt. Die Vollrente beträgt zwei Drittel des vor dem Arbeitsunfall oder der Berufskrankheit erzielten Jahresarbeitsverdienstes. Als Jahresarbeitsverdienst gelten das Arbeitsentgelt und das Arbeitseinkommen in den letzten zwölf Kalendermonaten vor dem Versicherungsfall. Das Gesetz legt für die Berechnung der Rente eine Obergrenze (Höchstjahresarbeitsverdienst) fest.

PFLEGEGELD

Pflegegeld zwischen 300 und 1.199 Euro monatlich erhalten Versicherte, die wegen des Versicherungsfalls so hilflos sind, dass sie in erheblichem Umfang fremder Hilfe bedürfen. Das Pflegegeld hat den Zweck, pflegebedingte Mehraufwendungen pauschaliert abzugelten, um die notwendige Betreuung und Hilfe bei den gewöhnlichen und regelmäßig wiederkehrenden Verrichtungen im Ablauf des täglichen Lebens soweit wie möglich sicherzustellen. Damit soll den Betroffenen ein selbstbestimmtes Leben entsprechend ihren Bedürfnissen ermöglicht werden.

Auf Antrag des Versicherten kann statt des Pflegegelds eine Pflegekraft gestellt (Hauspflege) oder die erforderliche Hilfe mit Unterkunft und Verpflegung in einer geeigneten Einrichtung (Heimpflege) erbracht werden.

LEISTUNGEN AN HINTERBLIEBENE

Stirbt der Versicherte an den Folgen eines Arbeitsunfalls oder einer Berufskrankheit, haben Hinterbliebene Anspruch auf Sterbegeld und Hinterbliebenenrenten (vgl. dazu Seite 219 ff.).

VERFAHREN

Meldung durch Arbeitgeber

Um Leistungen der gesetzlichen Unfallversicherung zu erhalten, muss kein Antrag gestellt werden. Vielmehr ist der Arbeitgeber verpflichtet, den Unfall der zuständigen Berufsgenossenschaft zu melden, wenn ein Versicherter getötet oder so verletzt wurde, dass er dadurch mehr als drei Tage arbeitsunfähig wurde.

FINANZIELLE HILFEN BEI PFLEGEBEDÜRFTIGKEIT

Mit der sozialen Pflegeversicherung wird das allgemeine Lebensrisiko abgesichert, pflegebedürftig zu werden und die Kosten der erforderlichen Pflege nicht tragen zu können. Sie ist allerdings keine Vollversicherung, weil die gedeckelten Beträge häufig nur einen Teil der tatsächlich entstehenden Pflegekosten abdecken.

Für Nicht-Mitglieder einer sozialen Pflegeversicherung oder wenn der Grad der Pflegebedürftigkeit nicht ausreicht, um Leistungen aus der Pflegeversicherung zu erhalten, leistet das Sozialamt ergänzende Hilfe zur Pflege.

LEISTUNGEN DER SOZIALEN PFLEGE-VERSICHERUNG

VERSICHERTE PERSONEN

Die soziale Pflegeversicherung ist eine Pflichtversicherung. Es gilt der Grundsatz: „Pflegeversicherung folgt der Krankenversicherung". Alle Personen, die in der gesetzlichen Krankenversicherung pflichtversichert sind, sind auch in der sozialen Pflegeversicherung pflichtversichert. Dies gilt auch für mitversicherte Familienangehörige.

Tipp
Weitere Informationen bietet der Ratgeber „Pflegeversicherung" der Verbraucherzentralen (www.ratgeber-verbraucherzentrale.de).

Auch freiwillig Versicherte in der gesetzlichen Krankenversicherung sind in der sozialen Pflegeversicherung versicherungspflichtig. Sie können allerdings auf Antrag von der Versicherungspflicht befreit werden, wenn sie nachweisen, dass sie bei einer privaten Krankenversicherung für sich selber und ihre Angehörigen Leistungen beanspruchen können, die nach Umfang und Art denen der sozialen Pflegeversicherung gleichwertig sind. Die Befreiung kann nicht widerrufen werden.

PFLEGEBEDÜRFTIGKEIT UND PFLEGESTUFEN

Pflegebedürftig ist, wer wegen einer körperlichen, geistigen oder seelischen Krankheit oder Behinderung für die gewöhnlichen und regelmäßig wiederkehrenden Verrichtungen im Ablauf des täglichen Lebens auf Dauer, voraussichtlich für mindestens sechs Monate, in erheblichem oder höherem Maße der Hilfe bedarf. Krankheiten oder Behinderungen sind unter anderem Verluste, Lähmungen oder andere Funktionsstörungen am Stütz- und Bewegungsapparat, Funktionsstörungen der inneren Organe oder der Sinnesorgane, Störungen des Zentralnervensystems wie Antriebs- oder Orientierungsstörungen sowie endogene Psychosen, Neurosen oder geistige Behinderungen. Zu den gewöhnlichen und regelmäßig wiederkehrenden Verrichtungen gehören

- im Bereich der **Körperpflege** unter anderem das Waschen, Duschen, Baden, die Darmpflege und Wasserentleerung,
- im Bereich der **Ernährung** das mundgerechte Zubereiten von Speisen oder die Aufnahme der Nahrung,
- im Bereich der **Mobilität** unter anderem das selbstständige Aufstehen und Zubettgehen, Gehen, Stehen, das Verlassen und Wiederaufsuchen der Wohnung,
- im Bereich der **hauswirtschaftlichen Versorgung** etwa das Einkaufen, Kochen, Reinigen der Wohnung und das Waschen der Wäsche.

Drei Pflegestufen

Die Leistungen der Pflegeversicherung richten sich danach, wie viel Hilfe bei den genannten gewöhnlichen und regelmäßig wiederkehrenden Verrichtungen des täglichen Lebens notwendig ist. Deshalb werden pflegebedürftige Personen einer von drei Pflegestufen zugewiesen. Darüber hinaus gibt es die sogenannte Pflegestufe 0. Bei einem außergewöhnlich hohen Pflegeaufwand kann in der Pflegestufe III auch ein sogenannter Härtefall vorliegen.

Menschen jeder Altersgruppe mit demenzbedingten, mit geistigen Behinderungen oder psychischen Erkrankungen können in ihrer Alltagskompetenz eingeschränkt sein, auch wenn der Bedarf an Grundpflege und hauswirtschaftlicher Versorgung noch nicht ausreicht, um die Pflegestufe I zu erreichen. Diese Personen gehören zur sogenannten **Pflegestufe 0.**

Pflegebedürftige der **Pflegestufe I** (erheblich Pflegebedürftige) sind Personen, die bei der Körperpflege, der Ernährung oder der Mobilität für wenigstens zwei Verrichtungen aus einem oder mehreren Bereichen mindestens einmal täglich der Hilfe bedürfen und zusätzlich mehrfach in der Woche Hilfen bei der hauswirtschaftlichen Versorgung benötigen. Der tägliche Zeitaufwand beträgt mindestens 1,5 Stunden, hierbei müssen auf die Grundpflege mehr als 45 Minuten entfallen.

Pflegebedürftige der **Pflegestufe II** (Schwerpflegebedürftige) sind Personen, die bei der Körperpflege, der Ernährung oder der Mobilität mindestens dreimal täglich zu verschiedenen Tageszeiten der Hilfe bedürfen und zusätzlich mehrfach in der Woche Hilfen bei der hauswirtschaftlichen Versorgung benötigen. Der tägliche Zeitaufwand beträgt mindestens drei Stunden, hierbei müssen auf die Grundpflege mindestens zwei Stunden entfallen.

Pflegebedürftige der **Pflegestufe III** (Schwerstpflegebedürftige) sind Personen, die bei der Körperpflege, der Ernährung oder der Mobilität täglich rund um die Uhr, auch nachts, der Hilfe bedürfen und zusätzlich mehrfach in der Woche Hilfen bei der hauswirtschaftlichen Versorgung benötigen. Der tägliche Zeitaufwand beträgt mindestens fünf Stunden, hierbei müssen auf die Grundpflege mindestens vier Stunden entfallen.

Sind die Voraussetzungen der Pflegestufe III erfüllt, übersteigt die geleistete Pflege diese Bedingungen jedoch noch deutlich, kann die **Härtefallregelung** in Anspruch genommen werden. Voraussetzung ist, dass auch nachts regelmäßig zwei Pflegepersonen gleichzeitig benötigt werden (z. B. zur Lagerung eines übergewichtigen Menschen), oder dass die Hilfe bei der Grundpflege (Körperpflege, der Ernährung oder der Mobilität) mindestens sechs Stunden täglich, davon mindestens dreimal in der Nacht, erforderlich ist. Zusätzlich muss ständige Hilfe bei der hauswirtschaftlichen Versorgung erforderlich sein.

Vorsicht

Im Jahr 2017 soll ein neuer Pflegebedürftigkeitsbegriff eingeführt werden. Statt drei Pflegestufen soll es dann fünf Pflegegrade geben, um der individuellen Pflegebedürftigkeit besser gerecht zu werden.

LEISTUNGEN BEI HÄUSLICHER PFLEGE

Viele Pflegebedürftige wünschen eine Pflege in ihrer gewohnten Umgebung. Die Pflegeversicherung berücksichtigt dies und stellt für die häusliche Pflege unterschiedliche Betreuungsformen und -einrichtungen zur Verfügung. Für welche Möglichkeit sich der Pflegebedürftige entscheidet, hängt zum einen natürlich von der Schwere der Pflegebedürftigkeit, zum anderen aber auch von den persönlichen Lebensumständen der Personen ab, die die Pflege übernehmen möchten.

Pflegesachleistungen für häusliche Pflege

Der Pflegebedürftige kann sich von einem Pflegedienst (z. B. einer Sozialstation oder einem ambulanten Pflegedienst) zu Hause in seiner vertrauten Umgebung pflegen lassen. Der Pflegedienst rechnet direkt mit der Pflegekasse ab. Je nach Pflegestufe stehen dem Pflegebedürftigen Leistungen in verschiedener Höhe zu:

- Die **Pflegestufe I** umfasst Pflegeeinsätze bis zu einem Gesamtwert von monatlich 468 Euro (mit Demenz 689 Euro),
- bei der **Pflegestufe II** sind es monatlich 1.144 Euro (mit Demenz 1.298 Euro),
- bei der **Pflegestufe III** sind es monatlich 1.612 Euro (in Härtefällen bis zu 1.995 Euro).
- Personen mit erheblich eingeschränkter Alltagskompetenz in der sogenannten **Pflegestufe 0** können bis zu 231 Euro monatlich erhalten.

Pflegegeld für selbst beschaffte Pflegehilfe

Wer nicht von fremden Personen gepflegt werden will, kann Pflegegeld beantragen. Es wird im Rahmen der häuslichen Pflege von der Pflegekasse an den Pflegebedürftigen ausgezahlt, wenn dieser selbst eine Pflegekraft beschafft hat. Damit kann der Pflegebedürftige Familienangehörige, Verwandte, Freunde, Nachbarn oder ehrenamtliche Helfer, die sich um ihn kümmern, vergüten. Allerdings muss die erforderliche Grundpflege und hauswirtschaftliche Versorgung in geeigneter Weise sichergestellt sein.

Die Leistungen betragen

- bei der sogenannten **Pflegestufe 0:** 123 Euro monatlich

- bei der **Pflegestufe I:** 244 Euro monatlich (mit Demenz 316 Euro im Monat)
- bei der **Pflegestufe II:** 458 Euro monatlich (mit Demenz 545 Euro im Monat)
- bei der **Pflegestufe III:** 728 Euro monatlich.

Kombination von Pflegesachleistungen und Pflegegeld

Bei häuslicher Pflege können Pflegesachleistungen und Pflegegeld auch miteinander kombiniert werden. Somit kann der Pflegebedürftige einen Teil der häuslichen Pflege einem ambulanten Pflegedienst überlassen (z. B. die Körperpflege) und den verbleibenden Teil selbst sicherstellen. In diesen Fällen kann neben dem Sachleistungsanspruch ein anteiliges Pflegegeld gezahlt werden.

Wird die Pflegesachleistung nicht in voller Höhe in Anspruch genommen, kann gleichzeitig ein entsprechend gemindertes Pflegegeld beansprucht werden. Das Pflegegeld wird um den Prozentsatz gemindert, den der Pflegebedürftige in Form von Sachleistungen erhalten hat.

Tipp

Der Leistungsbetrag kann um bis zu 806 Euro aus noch nicht in Anspruch genommenen Mitteln der Kurzzeitpflege (vgl. unten) auf insgesamt bis zu 2.418 Euro im Jahr erhöht werden. Der für die Verhinderungspflege in Anspruch genommene Erhöhungsbetrag wird auf den Leistungsbetrag für eine Kurzzeitpflege angerechnet.

In der Pflegestufe II gibt es einen Anspruch auf Pflegesachleistungen in Höhe von monatlich 1.144 Euro. Davon hat der Pflegebedürftige 80 Prozent in Anspruch genommen = 915,20 Euro. Es besteht daher noch Anspruch auf 20 Prozent des Pflegegeldes der Pflegestufe II (Pflegegeld der Pflegestufe II: 458 Euro x 20 Prozent = 91,60 Euro). Der Pflegebedürftige erhält somit 91,60 Euro monatliches Pflegegeld.

Häusliche Pflege bei Verhinderung der Pflegeperson

Macht die private Pflegeperson Urlaub oder ist sie durch Krankheit vorübergehend an der Pflege gehindert, übernimmt die Pflegeversicherung die Kosten einer Ersatzpflege.

Eine Ersatzpflege ist bis zu sechs Wochen je Kalenderjahr möglich. Die Pflegekasse übernimmt bis zu 1.612 Euro im

Jahr, wenn die Ersatzpflege durch Pflegepersonen sichergestellt wird, die mit dem Pflegebedürftigen nicht bis zum zweiten Grad verwandt oder verschwägert sind und mit ihm nicht in häuslicher Gemeinschaft leben.

Bei einer Ersatzpflege durch Pflegepersonen, die mit dem Pflegebedürftigen bis zum zweiten Grad verwandt oder verschwägert sind oder mit ihm in häuslicher Gemeinschaft leben, übernimmt die Pflegekasse Aufwendungen bis zur Höhe des Pflegegeldes (vgl. oben), es sei denn, die Ersatzpflege wird erwerbsmäßig ausgeübt.

Pflegehilfsmittel

Erleichterung der Pflege

Pflegebedürftige haben Anspruch auf Versorgung mit Geräten und Sachmitteln, die zur Erleichterung ihrer Pflege oder zur Linderung ihrer Beschwerden beitragen oder ihnen eine selbstständige Lebensführung ermöglichen. Allerdings besteht dieser Anspruch nur dann, wenn der Pflegebedürftige die Hilfsmittel nicht von seiner Krankenversicherung oder einem anderen zuständigen Leistungsträger bekommen kann.

Zu den Pflegehilfsmitteln gehören unter anderem Pflegebetten, Toilettenhilfen, Produkte zur Hygiene im Bett, Badehilfen, Umsetz- und Hebehilfen, Waschsysteme und Notrufsysteme.

Eigenanteil

Für die zum Verbrauch bestimmten Hilfsmittel (z. B. Einmalhandschuhe) werden monatlich bis zu 40 Euro gezahlt. Zu den technischen Hilfsmitteln (z. B. Pflegebett) muss der Pflegebedürftige grundsätzlich einen Eigenanteil von zehn Prozent, höchstens jedoch 25 Euro, entrichten. Eine Befreiung von dieser Zuzahlung ist unter Umständen – je nach Einkommenssituation – möglich.

09

Zuschüsse zu Umbaumaßnahmen

Die Pflegekassen können finanzielle Zuschüsse für Maßnahmen zur Verbesserung des individuellen Wohnumfelds des Pflegebedürftigen gewähren (z. B. Einbau eines Treppenlifts, rollstuhlgerechte Verbreiterung der Türen), wenn dadurch die häusliche Pflege ermöglicht oder erheblich erleichtert oder eine möglichst selbstständige Lebensführung des Pflegebedürftigen wiederhergestellt wird. Der Zuschuss beträgt höchstens 4.000 Euro.

LEISTUNGEN BEI TEILSTATIONÄRER PFLEGE UND KURZZEITPFLEGE

Kann die häusliche Pflege nicht in ausreichendem Umfang sichergestellt werden (z. B. weil die Pflegeperson berufstätig ist) oder ist eine Ergänzung und Stärkung der häuslichen Pflege erforderlich, kann der Pflegebedürftige teilstationär in Einrichtungen der Tages- und Nachtpflege betreut – oder falls dies nicht ausreicht – in eine Kurzzeitpflegeeinrichtung aufgenommen werden.

Leistungen der teilstationären Tages- und Nachtpflege

Unter Tages- und Nachtpflege (teilstationäre Versorgung) versteht man die zeitweise Betreuung im Tagesverlauf in einer Pflegeeinrichtung. Dabei übernimmt die Pflegekasse die Pflegekosten, die Aufwendungen der sozialen Betreuung und die Kosten der medizinischen Behandlungspflege. Darin enthalten sind auch die Kosten der morgendlichen und abendlichen Hol- und Bringdienste der Einrichtungen. Die Kosten für Verpflegung müssen dagegen privat getragen werden. Die Pflegekasse übernimmt die Kosten je nach Pflegestufe: Die Leistungen betragen

- bei der sogenannten **Pflegestufe 0:** 231 Euro monatlich,
- bei der **Pflegestufe I:** 468 Euro monatlich (mit Demenz 689 Euro im Monat),

Tipp

Teilstationäre Tages- und Nachtpflege kann zusätzlich zu ambulanten Pflegesachleistungen, Pflegegeld oder in der Kombination von Pflegesachleistung und Pflegegeld in Anspruch genommen werden, ohne dass eine Anrechnung auf diese Ansprüche erfolgt.

- bei der **Pflegestufe II:** 1.144 Euro monatlich (mit Demenz 1.298 Euro im Monat),
- bei der **Pflegestufe III:** 1.612 Euro monatlich.

Kurzzeitpflege

Kann der Pflegebedürftige vorübergehend nicht zu Hause betreut werden, ist es möglich, ihn für kurze Zeit in einer Betreuungseinrichtung unterzubringen. Das kann zum Beispiel dann der Fall sein, wenn der pflegende Angehörige Urlaub machen will oder eine Übergangszeit nach einem Krankenhausaufenthalt zu überbrücken ist.

Tipp

Der im Kalenderjahr bestehende, noch nicht verbrauchte Leistungsbetrag für Verhinderungspflege (vgl. oben) kann auch für Leistungen der Kurzzeitpflege eingesetzt werden. Dadurch kann der Leistungsbetrag für Kurzzeitpflege verdoppelt werden. In diesem Fall ist der Anspruch auf Kurzzeitpflege auf längstens acht Wochen pro Jahr beschränkt.

Die Pflegekasse übernimmt Kosten nur für vier Wochen im Jahr; gleichzeitig zahlt sie höchstens 1.612 Euro. Dieser Höchstbetrag gilt unabhängig von der Pflegestufe.

VOLLSTATIONÄRE PFLEGE

Der Pflegebedürftige hat Anspruch auf Pflege in einer vollstationären Einrichtung, wenn häusliche oder teilstationäre Pflege nicht möglich ist oder wegen der Besonderheit des einzelnen Falles nicht in Betracht kommt. Die Pflegekasse übernimmt im Rahmen der pauschalen Leistungsbeträge die pflegebedingten Aufwendungen, die Aufwendungen der sozialen Betreuung und die Aufwendungen für Leistungen der medizinischen Behandlungspflege. Die Leistungen betragen

- bei der **Pflegestufe I:** 1.064 Euro monatlich
- bei der **Pflegestufe II:** 1.330 Euro monatlich
- bei der **Pflegestufe III:** 1.612 Euro monatlich.

Um Härtefälle zu vermeiden, stehen für Schwerstpflegebedürftige ausnahmsweise bis zu 1.995 Euro monatlich zur Verfügung.

Die Kosten für Unterkunft und Verpflegung muss der Pflegebedürftige selbst tragen. Der von der Pflegekasse zu übernehmende Betrag darf 75 Prozent des tatsächlichen Heimentgelts nicht übersteigen. Der Pflegebedürftige muss also mindestens 25 Prozent des Heimentgelts selbst tragen.

ZUSÄTZLICHE BETREUUNGSLEISTUNGEN

Zweckgebundene Leistung

Altersverwirrte, demenzkranke, geistig behinderte oder psychisch kranke Menschen, die pflegebedürftig sind, müssen verstärkt beaufsichtigt werden. Dafür können zusätzliche Betreuungsleistungen beantragt werden. In leichteren Fällen können bis zu 104 Euro monatlich für diese Leistungen bezahlt werden, in schwereren bis zu 208 Euro monatlich. Das Geld ist zweckgebunden für Qualität sichernde Betreuungsleistungen, die zum Beispiel im Zusammenhang mit der Inanspruchnahme von Leistungen der Tages- und Nachtpflege oder der Kurzzeitpflege entstehen.

VERFAHREN ZUR LEISTUNGSBEWILLIGUNG

Leistungen der Pflegeversicherung gibt es nur auf Antrag bei der Pflegekasse. Die Pflegekasse ist bei der jeweiligen Krankenkasse angesiedelt.

Sobald der Antrag bei der Pflegekasse gestellt wird, beauftragt diese den Medizinischen Dienst der Krankenversicherung (MDK), durch Begutachtung festzustellen, ob und welcher Grad an Pflegebedürftigkeit vorliegt.

Vorsicht

Anträge müssen rechtzeitig gestellt werden. Denn Leistungen werden erst ab dem Tag gezahlt, an dem der Antrag bei der Pflegekasse eingeht.

LEISTUNGEN AUSSERHALB DER SOZIALEN PFLEGEVERSICHERUNG

Wenn die Pflegebedürftigkeit auf einem Arbeitsunfall oder einer Berufskrankheit beruht, erhält der Versicherte neben einer Unfallrente auch Pflegeleistungen (vgl. dazu Seite 171 ff.). Unter Umständen besteht bei Pflegebedürftigkeit im Rahmen der Sozialhilfe Anspruch auf ergänzende Hilfe zur Pflege (vgl. dazu Seite 243). So unter anderem dann, wenn der Pflegebedürftige nicht pflegeversichert ist, der Grad der Pflegebedürftigkeit unter der Pflegestufe I liegt oder das Pflegeheim höhere Pflegesätze verlangt als von der Pflegeversicherung übernommen werden.

Tipp

Den Antrag auf Pflegewohngeld stellt im Regelfall das Pflegeheim. Der Pflegebedürftige muss sich deshalb an die Heimverwaltung wenden.

Bei Pflegebedürftigen, die im Heim versorgt werden, beteiligt sich die soziale Pflegeversicherung zwar an den reinen Pflegekosten, die Kosten für Unterkunft und Verpflegung sowie die Investitionskosten (z. B. für den Erhalt und die Renovierung des Gebäudes) müssen die Heimbewohner selbst tragen. Pflegebedürftige, die wegen ihres geringen Einkommens und Vermögens nicht in der Lage sind, die Investitionskosten selbst zu tragen, können in Mecklenburg-Vorpommern, Nordrhein-Westfalen und Schleswig-Holstein unter bestimmten Voraussetzungen hierfür als Zuschuss das sogenannte Pflegewohngeld bekommen. Dieses wird von der Heimrechnung abgezogen.

PFLEGEUNTERSTÜTZUNGSGELD BEI KURZZEITIGER ARBEITSVERHINDERUNG

Berufstätige, die Angehörige pflegen, haben in Betrieben ab 16 Beschäftigten unter bestimmten Voraussetzungen Anspruch auf das sogenannte Pflegeunterstützungsgeld. Dies wird von der Pflegekasse des Pflegebedürftigen gezahlt.

ANSPRUCHSVORAUSSETZUNGEN

Beschäftigte haben das Recht, der Arbeit bis zu zehn Arbeitstage fernzubleiben, wenn dies erforderlich ist, um für einen pflegebedürftigen nahen Angehörigen in einer akut aufgetretenen Pflegesituation eine bedarfsgerechte Pflege zu organisieren oder eine pflegerische Versorgung in dieser Zeit zu sichern. Anspruchsberechtigt sind Arbeitnehmer (auch geringfügig Beschäftigte), die zu ihrer Berufsausbildung Beschäftigten, Heimarbeiter und ihnen Gleichgestellte. Nahe Angehörige sind unter anderem Großeltern, Eltern, Schwiegereltern, Ehegatten, Lebenspartner, Partner einer eheähnlichen Gemeinschaft, Geschwister, Kinder, Adoptiv- oder Pflegekinder und Enkelkinder.

Tipp

Der Beschäftigte ist verpflichtet, dem Arbeitgeber seine Arbeitsverhinderung und deren voraussichtliche Dauer unverzüglich mitzuteilen. Der Arbeitgeber kann die Vorlage einer ärztlichen Bescheinigung verlangen, aus der die akute Pflegebedürftigkeit des nahen Angehörigen hervorgeht.

09

HÖHE DES PFLEGEUNTERSTÜTZUNGSGELDS

Für bis zu zehn Tage im Jahr hat der pflegende Angehörige Anspruch auf Pflegeunterstützungsgeld als Lohnersatzleistung. Die Höhe des Pflegeunterstützungsgelds orientiert sich am Kinderkrankengeld. Als Brutto-Leistung zahlt die Pflegekasse 90 Prozent des ausgefallenen Nettoarbeitsentgelts. 100 Prozent des ausgefallenen Nettoarbeitsentgelts werden gezahlt, wenn in den letzten zwölf Monaten vor der Freistellung eine beitragspflichtige Einmalzahlung gezahlt wurde.

Aus dem Pflegeunterstützungsgeld müssen Beiträge zur Arbeitslosen-, Renten- und Krankenversicherung gezahlt werden. 80 Prozent des während der Freistellung ausgefallenen, laufenden Arbeitsentgeltes sind beitragspflichtig. Einmalzahlungen sind ausgenommen. Versicherte in der gesetzlichen Krankenversicherung zahlen selbst die Hälfte zur Arbeitslosen-, Renten- und Krankenversicherung, die andere Hälfte übernimmt die Pflegekasse. Beträgt das monatliche Arbeitsentgelt nicht mehr als 450 Euro, trägt die Pflegekasse die Beiträge allein.

ANTRAG

Ärztliches Attest

Die berufstätig pflegende Person muss das Pflegeunterstützungsgeld bei der Pflegekasse bzw. dem Versicherungsunternehmen des Pflegebedürftigen beantragen. Es muss ein ärztliches Attest vorgelegt werden, das den dringend notwendigen Pflegebedarf des Familienmitglieds bzw. Lebenspartners bescheinigt, ferner die Lohn- und Gehaltsbescheinigung des Arbeitgebers.

STAATLICHE FÖRDERUNG DER PRIVATEN PFLEGEZUSATZVERSICHERUNG („PFLEGE-BAHR")

Seit dem 1. Januar 2013 wird die gesetzliche Pflegeversicherung um eine staatlich geförderte private Pflegezusatzversicherung ergänzt. Die Förderung erfolgt in Form einer Zulage. Der Abschluss der Pflegezusatzversicherung ist freiwillig.

FÖRDERVORAUSSETZUNGEN

Die staatliche Förderung gibt es nur für Policen, die bestimmte Kriterien erfüllen. Unter anderem

- sind Gesundheitsprüfungen, Risikozuschläge und Leistungsausschlüsse nicht zulässig,
- muss der Mindestbeitrag des Versicherten 120 Euro jährlich (zehn Euro monatlich) betragen,
- muss der Versicherer auf das ordentliche Kündigungsrecht verzichten,
- muss das Pflegemonatsgeld in Pflegestufe III mindestens 600 Euro betragen (in der Pflegestufe II müssen mindestens 30 Prozent, in der Pflegestufe I mindestens 20 Prozent und in der Pflegestufe 0 mindestens 10 Prozent des Pflegemonatsgelds bezahlt werden),

- muss sich der Versicherer bei der Feststellung des Leistungsfalls an die Feststellungen der zuständigen Pflegekasse halten,
- dürfen die Abschlusskosten höchstens zwei Monatsbeiträge und die Verwaltungskosten höchstens zehn Prozent der Bruttoprämie betragen.

Tipp
Der Versicherungsnehmer erhält die Zulage automatisch. Er muss hierfür keinen gesonderten Antrag stellen. Die mit der Förderung verbundenen Formalitäten übernimmt die Versicherung.

Grundsätzlich sind alle Personen förderfähig, die der sozialen oder privaten Pflegepflichtversicherung angehören. Die Personen müssen über 18 Jahre alt sein und dürfen noch keine Leistungen wegen Pflegebedürftigkeit oder Demenz (Pflegestufe 0) beziehen oder bezogen haben.

HÖHE DER FÖRDERUNG

Die staatliche Zulage beträgt monatlich fünf Euro bzw. 60 Euro im Jahr. Sie ist für alle förderfähigen Verträge gleich hoch. Pro Person kann nur ein Vertrag gefördert werden.

10 LEISTUNGEN FÜR ERBRACHTE SONDEROPFER: DAS SOZIALE ENTSCHÄDIGUNGSRECHT

Das Soziale Entschädigungsrecht springt ein, wenn Menschen durch das Handeln staatlicher Organisationen zu Schaden kommen oder der Staat Schädigungen nicht verhindern kann. Zum anderen gewährt es Leistungen, wenn Menschen durch einen Dienst zu Gunsten der Gemeinschaft geschädigt werden. Die Folgen der gesundheitlichen Schädigung sollen dann durch Sach- und Geldleistungen kompensiert werden.

DAS BUNDESVERSORGUNGSGESETZ (BVG)

Personen, die einen Gesundheitsschaden erleiden, für dessen Folgen der Staat einzustehen hat, weil der Betreffende für ihn ein besonderes Opfer erbracht hat, erhalten eine Versorgung nach einem Gesetz, das eigentlich für die Versorgung der Opfer des Krieges geschaffen wurde: das Bundesversorgungsgesetz (BVG). Heute sind hierdurch vor allem Personen geschützt, die Opfer einer Gewalttat geworden sind, vor der sie der Staat nicht hatte schützen können. Oder die bei einer Impfung, zu der staatliche Stellen ausdrücklich aufgerufen hatten, geschädigt wurden. Zu diesem Personenkreis gehören auch Wehrdienstleistende und ehemalige Zivildienstleistende, die während des Dienstes für die Allgemeinheit Verletzungen erleiden oder erlitten haben.

Hinterbliebenenversorgung

Obwohl der letzte Weltkrieg inzwischen seit mehr als 70 Jahren beendet ist, beziehen in Deutschland gegenwärtig immer noch einige hunderttausend Personen Leistungen nach dem Bundesversorgungsgesetz: entweder weil sie als Soldaten der Wehrmacht oder weil sie durch sonstige Kriegseinflüsse zu Schaden gekommen sind. Deutlich mehr als die Hälfte sind Hinterbliebene.

Das BVG ist weiterhin Basis für Versorgungsleistungen auch nach den anderen Gesetzen des Sozialen Entschädigungsrechts, wozu zum Beispiel das Soldatenversorgungsgesetz, das Häftlingshilfsgesetz, das Infektionsschutzgesetz und vor allem das Opferentschädigungsgesetz gehören.

DAS SOLDATENVERSORGUNGSGESETZ (SVG)

Wenn eine Soldatin oder ein Soldat während der Ausübung des Dienstes gesundheitlichen Schaden nimmt, nennt man das eine Wehrdienstbeschädigung.

Im Fokus der aktuellen Diskussion stehen psychische Schäden, die durch den aktiven Dienst in ausländischen Kriegs- oder Krisengebieten entstanden sind. Eine Wehrdienstbeschädigung kann aber auch durch einen Unfall auf dem Weg zu oder von dem Standort geschehen, in dem die Soldatin oder der Soldat stationiert ist.

Ausgleich für Wehrdienstbeschädigung

Neben den Heil- und Rehabilitationsleistungen erhält die Soldatin oder der Soldat während des Dienstes für die bleibenden Folgen der Wehrdienstbeschädigung einen Ausgleich. Das sind regelmäßig wiederkehrende Leistungen in Geld, vergleichbar mit einer Verletztenrente aus der gesetzlichen Unfallversicherung (siehe Kapitel 8).

Nach Beendigung des Wehrdienstes werden wegen der gesundheitlichen und wirtschaftlichen Folgen der Wehrdienstbeschädigung auf Antrag Versorgungsleistungen nach den Regeln des BVG erbracht. Voraussetzung für alle Leistungen ist, dass die Beschädigung im Zusammenhang mit dem Wehrdienst aufgetreten ist.

Karl Mencke erhält von seinem Panzerkommandanten den Befehl, trotz Dunkelheit mit hoher Geschwindigkeit auf ein unbekanntes Kartoffelfeld vorzustoßen. Dabei übersieht er die ausgehobene Kartoffelmiete. Der Panzer „fällt" fast vier Meter tief. Beim Aufprall bricht sich Karl zwei Wirbel. Hier liegt eindeutig eine Wehrdienstbeschädigung vor, denn es handelt sich um eine wehrdiensteigentümliche Situation.

LEISTUNGEN BEI IMPFSCHÄDEN

Schutzimpfungen gegen Infektionskrankheiten wie Tetanus, Masern, Mumps, Röteln, Hepatitis-B etc. bieten nicht nur individuellen Schutz. Sie nützen auch der Gesellschaft als Ganzes, weil sie Schutz vor großflächigen Epidemien bieten. Obwohl alle in Deutschland verwendeten Impfstoffe sehr sicher sind, kann bei einer Impfung in sehr seltenen Fällen unter sehr ungünstigen Bedingungen eine über die normale Impfkrankheit hinausgehende Impfschädigung eintreten. Das Infektionsschutzgesetz (InfSchG) gewährt Opfern solcher Impfschäden Versorgungsleistungen nach dem BVG.

Voraussetzung für diesen Anspruch ist, dass die betreffende Schutzimpfung öffentlich empfohlen, auf Grund eines Gesetzes angeordnet, gesetzlich vorgeschrieben oder auf Grund internationaler Gesundheitsvorschriften durchgeführt worden ist. Das Gesetz erstreckt seinen Schutz nicht allein auf Impfungen, sondern auch auf andere Maßnahmen der Seuchenvorsorge, z.B. die Gabe von Antikörpern oder Medikamenten.

Schwierige Beweisführung

Kommt es infolge solcher Maßnahmen zu einem gesundheitlichen Schaden, der üblicherweise nicht zu erwarten ist und der gesundheitliche Folgen hinterlässt, wird Versorgung nach den Regeln des BVG gewährt. Die Beweisführung ist wegen der generell bestehenden Impfsicherheit und der Komplexität der Zusammenhänge nicht einfach.

Der 2-jährige Alex wird im Frühsommer gegen Masern geimpft. Etwa zwei Wochen nach der Impfung tritt mehrere Tage lang hohes Fieber auf. Etwa ein Jahr nach der Impfung glauben die Eltern Entwicklungsstörungen festzustellen. Drei Jahre später machen sie einen Impfschaden geltend.

Ursachen klären

Problematisch ist die Beurteilung in der Regel, weil der Zusammenhang zwischen eingetretener Gesundheitsstörung und vorangegangener Impfung in vielen Fällen nicht klar bewiesen werden kann. Es gibt keine typischen Krankheitsbilder, die den Rückschluss auf eine Impfursache ohne Weiteres zulassen. Vielmehr muss der Zeitpunkt der Impfung, die verwendete Impfcharge, der Zeitpunkt erster Auffälligkeiten und die weitere Entwicklung genau festgehalten bzw. nachgewiesen werden. Je länger die Impfung zurückliegt, desto schwieriger wird der Nachweis der Geschehensabläufe. Auch müssen alternative Ursachen abgeklärt werden.

DAS OPFERENTSCHÄDIGUNGSGESETZ (OEG)

Opfer von Gewalttaten

Das Opferentschädigungsgesetz (OEG) sieht für Menschen, die ohne eigenes Dazutun Opfer einer Gewalttat werden, eine Entschädigung nach den Regeln des BVG vor.

Um Leistungen nach dem OEG erhalten zu können, müssen drei Dinge im Sinne eines vollständigen Beweises mit Sicherheit feststehen:

- die Gewalttat,
- die primäre Verletzung durch die Gewalttat und
- die gesundheitlichen Folgen, die durch die Verletzung als Gesundheitsschaden verblieben sind (Schädigungsfolgen).

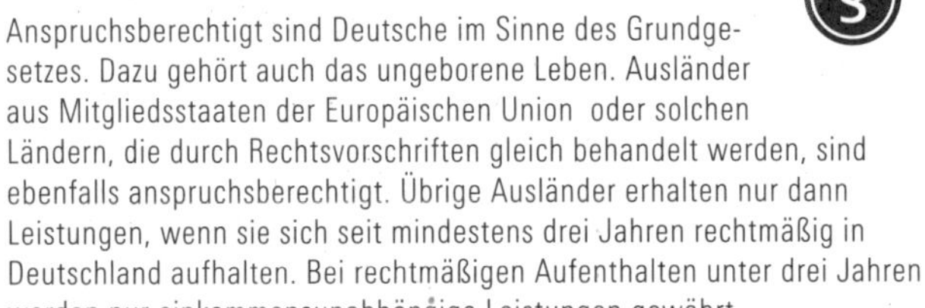
Anspruchsberechtigt sind Deutsche im Sinne des Grundgesetzes. Dazu gehört auch das ungeborene Leben. Ausländer aus Mitgliedsstaaten der Europäischen Union oder solchen Ländern, die durch Rechtsvorschriften gleich behandelt werden, sind ebenfalls anspruchsberechtigt. Übrige Ausländer erhalten nur dann Leistungen, wenn sie sich seit mindestens drei Jahren rechtmäßig in Deutschland aufhalten. Bei rechtmäßigen Aufenthalten unter drei Jahren werden nur einkommensunabhängige Leistungen gewährt.

Grundsätzlich werden nur Gewalttaten auf deutschem Staatsgebiet bzw. deutschen Schiffen oder Luftfahrzeugen entschädigt. Darüber hinaus werden Taten im Ausland entschädigt, deren Opfer Deutsche oder gleichgestellte Ausländer werden, zum Beispiel während eines Urlaubs oder eines vorübergehenden beruflichen Aufenthalts im Ausland.

Vorsicht

Neben den notwendigen Maßnahmen der Heilbehandlung und medizinischer Rehabilitation wird bei Taten im Ausland nur eine einmalige Entschädigung je nach der Höhe des Grads der Schädigungsfolgen (GdS) gezahlt. Auf alle Leistungen sind Leistungen aus anderen – auch privaten – Sicherungssystemen anzurechnen.

Im Einzelfall kann grob fahrlässiges Handeln, wie zum Beispiel die Missachtung von Reisewarnungen oder ein unzureichender eigener Versicherungsschutz (insbesondere bei Reisen in andere Kontinente oder Krisengebiete), zu einem Anspruchsausschluss führen.

Eine Entschädigung nach dem OEG erhält, wer durch einen vorsätzlichen und rechtswidrigen tätlichen Angriff gegen sich oder eine andere Person bzw. durch dessen rechtmäßige Abwehr eine gesundheitliche Schädigung erlitten hat. Ausschlaggebend dabei ist die feindselige Willensrichtung, mit der der Täter vorgeht. Unzweifelhaft sind deshalb Straftaten, die sich gegen den Körper eines anderen richten und ihn verletzen, Gewalttaten im Sinne des OEG.

Der Räuber schießt auf den Tankwart, um das Geld wegnehmen zu können. Der Mann bedroht die Frau mit einer Waffe, um den Geschlechtsverkehr zu erzwingen. Jugendliche verprügeln „aus Spaß" Obdachlose, um zu zeigen, wie stark sie sind. Der Räuber sperrt die Kassiererin in den Tresorraum ein mit der Drohung, sie zu töten, wenn sie den Geldschrank nicht aufmacht.

Wer aber Opfer eines Verkehrsunfalls wird, hat in aller Regel keinen Anspruch nach dem OEG, da dem Unfallgegner vielleicht grobe Fahrlässigkeit, aber in den allermeisten Fällen kein vorsätzliches Handeln vorgeworfen werden kann. Auch wer im Fußballstadion aus den oberen Rängen eine Bierdose oder Ähnliches an den Kopf bekommt, kann nicht ohne Weiteres von einer vorsätzlichen Tat ausgehen.

Paula geht allein auf die Kirmes. Dort trifft sie ihren entfernten Bekannten Paul, der sie übermütig und aus Spaß, aber gegen ihren Willen, an ihren Beinen hochhebt. Paula wehrt sich gegen die Umarmung. Da Paul schon einiges getrunken hat, fallen beide um. Paula fällt so unglücklich, dass sie einen Schädelbruch erleidet. Hier besteht kein Anspruch nach dem Opferentschädigungsgesetz, weil Paul sich nicht kämpferisch oder feindselig verhalten hat. Er hat nur einen Jux machen wollen.

Auch wer sich rechtmäßig gegen einen Angriff zur Wehr setzt oder jemandem zur Hilfe kommt, der von anderen bedroht wird, begeht keine Gewalttat im Sinne des OEG. Vielmehr hat er selbst möglicherweise einen Anspruch, wenn er sich dabei verletzt.

Die Rechtsprechung verlangt für den tätlichen Angriff zum einen eine strafbare Handlung, zum anderen eine auf den Körper zielende Einwirkung. Denn feindselig handelt immer der, der gegen ein Strafgesetz verstößt.

Der Pädophile, der sein Opfer zu sexuellen Handlungen bewegt, setzt womöglich keine Gewalt ein, dennoch verstößt er gegen ein Strafgesetz und wirkt auf den Körper seines Opfers ein. Ein tätlicher Angriff kann also auch dann vorliegen, wenn der Täter den Willen eines anderen durch Täuschung, Überredung, Verführung oder sonstige Mittel ohne besonderen Kraftaufwand bricht oder ihn gar nicht erst aufkommen lässt.

Der 25-jährige Joachim Lang unterhält zu der 13-jährigen Lisa Klein eine zunächst freundschaftliche Beziehung. In der Folgezeit kommt es zum einvernehmlichen Geschlechtsverkehr. Nach dem Eintritt einer Schwangerschaft und dem Abbruch der Beziehung treten psychische Störungen bei dem jungen Mädchen auf, das das sexuelle Erlebnis nicht verarbeiten kann. Wegen des jugendlichen Alters von Lisa ist es unerheblich, ob die Initiative zum Geschlechtsverkehr von ihr ausgegangen ist. Denn die Gleichgültigkeit von Joachim gegenüber dem Verbot, an oder mit einem Kind sexuelle Handlungen vorzunehmen, ist gleichzusetzen mit einem tätlichen Angriff. Lisa steht wegen ihrer psychischen Störungen eine Entschädigung nach dem OEG zu.

Schwieriger ist die Bewertung, wenn der Täter (nur) pornographische Bilder seiner Opfer macht. Auch das ist strafbar. Eine körperliche Einwirkung wird allerdings bislang verneint.

Tätlicher Angriff

Das Drohen mit einer Schusswaffe oder das Einsperren (Freiheitsberaubung) in einen Raum können als Gewalttat nach dem OEG bewertet werden. Zwar wird keine unmittelbare Gewalt eingesetzt. Wenn aber mit einer körperlichen Einwirkung gerechnet werden kann, liegt ein tätlicher Angriff vor.

Auch das „Stalking" bzw. Nachstellen kann dann zur Gewalttat werden, wenn beim Opfer ein seelisch-körperliches Unwohlsein eintritt. Seit März 2007 ist Stalking in Deutschland eine Straftat. Anders wird die Situation bislang beim „Mobbing" gesehen. Hier fehlt es in der Regel am Überschreiten der Schwelle zur Strafbarkeit.

Ähnlich schwierig ist die Beurteilung bei der Vernachlässigung von Kindern oder Pflegebedürftigen. Auch wenn derartiges Handeln bzw. Nichthandeln die Schwelle zur Strafbarkeit nicht überschreitet, können insbesondere bei Kindern schwere seelische Störungen durch Deprivation eintreten. Bislang werden die Opfer dieser Fälle nicht nach dem OEG entschädigt.

Allerdings können auch indirekt verursachte Verletzungen als tätlicher Angriff im Sinne des OEG gewertet werden.

Der Tanzschüler Thorsten wird von Hooligans bedroht. Nach der Tanzschule fordert ihn einer der Jungen auf, sich zu einem friedlichen Gespräch im Stadtpark einzufinden. Thorsten folgt diesem Vorschlag. Als er zum Treffpunkt kommt, sieht er, dass er in eine Falle gelaufen ist. Mehrere gewaltbereite Hooligans warten dort auf ihn. Er flieht und kommt auf der nahe gelegenen Straße unter ein Auto. Hier wird ein tätlicher Angriff zu bejahen sein. Denn die Bedrohung durch die Hooligans stellt eine Straftat dar und letztlich ging von diesen die Einwirkung auf den Körper von Thorsten aus.

ENTSCHÄDIGUNG EINES SOGENANNTEN SCHOCKSCHADENS

Teilhabe an der Tat

In seltenen Ausnahmefällen können auch diejenigen nach dem OEG entschädigt werden, die nicht selbst unmittelbares Opfer der Gewalttat geworden sind, aber durch die Teilhabe am Tatgeschehen nachhaltig geschädigt werden. Hier kommen zum Beispiel in Betracht:

- Der Tatzeuge einer schweren vorsätzlichen Gewalttat, der durch sein Miterleben der Tat einen Schock davonträgt.
- Wenn eine besondere emotionale Beziehung (Eheleute; Eltern-Kind-Beziehung) zwischen dem Opfer und dem Dritten besteht, kann schon die Überbringung der Nachricht vom Tod oder der Verletzung eine Entschädigung des erlebten Schocks auslösen.
- Gleiches gilt, wenn die Leiche oder der schwer verletzte Körper durch den Dritten aufgefunden wird.

Die Schädigung muss aber durch die Gewalttat selbst eingetreten sein. Die natürliche Trauer um das Geschehene oder dessen Folgen wird nicht entschädigt. Die Abgrenzung ist naturgemäß schwierig.

LEISTUNGEN NACH DEM OEG NACHRANGIG

Leistungen nach dem OEG werden grundsätzlich nachrangig gewährt (§ 3 OEG). Das bedeutet, wenn dem Betroffenen wegen desselben Sachverhaltes auch ein Anspruch gegenüber einem anderen Sozialleistungsträger zusteht, dann geht dieser Anspruch dem nach dem OEG vor. Gibt es mehrere Tatbestände, die nach verschiedenen Gesetzen entschädigt werden, die aber alle auf das BVG verweisen, dann wird wegen der Folgen aller Schädigungen ein einheitlicher GdS gebildet.

Hans Köster war fünf Jahre lang zu Unrecht in DDR-Haft. Davon hat er bleibende psychische Schäden behalten. Nach der Wiedervereinigung wird er als Kunde in einer Bank bei einem Raubüberfall schwer traumatisiert. Zum einen besteht hier ein Anspruch nach dem Häftlingshilfsgesetz, das Menschen begünstigt, die in den Zuchthäusern der DDR gesundheitliche Schäden erlitten haben, zum anderen ein solcher nach dem OEG. Beide Gesetze verweisen wegen der Leistungen auf das BVG. Deshalb wird zur Bewertung der Schädigungsfolgen ein einheitlicher GdS bezüglich beider Sachverhalte gebildet.

FEHLENDE MITWIRKUNG

Aufklärung

Jeder, der Leistungen nach dem OEG erhalten will, ist grundsätzlich zur Mitwirkung verpflichtet. Dazu gehört als Minimum, einen Sachverhalt darzustellen, der zu einer Leistung führen kann. Nach einer besonderen Vorschrift aus dem Verwaltungsverfahren (§ 6 Absatz 3 OEG) kann die Behörde diese Darstellung auch ihrer Entscheidung zu Grunde legen, soweit die Angaben plausibel und nicht durch andere Tatsachen widerlegt sind.

Können Dinge nicht bewiesen werden, die für den Anspruch notwendig sind, geht das zu Lasten des Berechtigten und die Leistung wird nicht erbracht.

ZUSAMMENTREFFEN MIT LEISTUNGEN AUS DER GESETZLICHEN UNFALLVERSICHERUNG

Ereignet sich eine Gewalttat bei der Arbeit oder auf dem Weg von oder zur Arbeit, können sowohl Ansprüche aus der gesetzlichen Unfallversicherung (GUV) als auch nach dem OEG bestehen. Ausnahmsweise schließen sich diese Leistungen nicht aus. Der Anspruch aus der GUV geht allerdings vor. Der Anspruch aus dem OEG ruht in der Höhe, in der die GUV Leistungen erbringt. Im Einzelfall können die Leistungen aus dem OEG höher sein als die der GUV. Dann erhält der Geschädigte den höheren Betrag. Es lohnt sich also auf jeden Fall, bei beiden Trägern Anträge zu stellen.

Der Busfahrer Egon Schmitz wird am Ende seiner Schicht von randalierenden Jugendlichen verprügelt. Hier stehen sowohl Ansprüche gegen die Berufsgenossenschaft als auch Ansprüche nach dem OEG zu. Vorrangig sollte Egon hier seine Ansprüche bei der Berufsgenossenschaft geltend machen und für die Dauer dieses Verfahrens seinen Antrag bei der Versorgungsverwaltung ruhen lassen.

DIE VERSORGUNGSLEISTUNGEN

Für die Leistungen nach dem Sozialen Entschädigungsrecht sind in der Regel die Versorgungsämter zuständig. Abweichende Regelungen gibt es in wenigen Bundesländern, so zum Beispiel in Nordrhein-Westfalen, wo die Landschaftsverbände zuständig sind.

Eine Ausnahme bildet die Soldatenversorgung. Seit dem 1. Januar 2015 ist die Bundeswehrverwaltung sowohl für die Versorgung der Soldatinnen und Soldaten während ihres Dienstes als auch danach zuständig.

Im Verwaltungsverfahren wird zunächst die Schädigung nach dem speziellen Schutzgesetz (BVG, SVG, OEG etc.) festgestellt. Sodann werden die Schädigungsfolgen nach der Schwere ihrer Auswirkungen bewertet und der Grad der Schädigungsfolgen festgelegt. Das geschieht nach denselben Grundsätzen wie die Bewertung des GdB nach dem Schwerbehindertenrecht (siehe Kapitel 7).

10

Tipp

Wegen der komplizierten Regelungen sollte man sich hierzu durch die Versorgungsämter beraten lassen.

Wenn der Beschädigte in seinem Beruf nicht mehr so leistungsfähig sein kann und dadurch finanzielle Nachteile erleidet, kann diese berufliche Auswirkung zusätzlich berücksichtigt werden. Der GdS kann – anders als beim GdB – deshalb um 10 Punkte erhöht werden.

Die Höhe des GdS bestimmt unter anderem die Art und den Umfang der Leistungen. Dazu gehören:

- Heil- und Krankenbehandlung
- Beschädigtenrente
- Berufsschadensausgleich
- Ausgleichsrente
- Schwerstbeschädigtenzulage
- Pflegezulage
- Hinterbliebenenversorgung

HEIL- UND KRANKENBEHANDLUNG

Heil- und Krankenbehandlungen sind Leistungen, die sowohl dem Beschädigten selbst als auch seinen Angehörigen gewährt werden. Dabei ist es gleichgültig, wie hoch der GdS ist. Der Leistungskatalog umfasst in etwa die Leistungen, wie sie in der gesetzlichen Krankenversicherung gewährt werden.

BESCHÄDIGTENRENTE

Im Vordergrund der Versorgungsleistung steht die Gewährung einer Beschädigtenrente. Die Beschädigtenrente setzt sich aus der Grundrente, einer Schwerstbeschädigtenzulage, einer Ausgleichsrente, dem Berufsschadensausgleich und ergänzenden Leistungen zusammen.

Die Grundrente

10er-Schritte

Die Grundrente steht jedem Beschädigten zu, dessen GdS wenigstens 25 beträgt. Da die Rente nur in 10er-Schritten gewährt wird, wird ein GdS von 25 wie ein solcher von 30 entschädigt; ein GdS von 35 wie ein solcher von 40 usw. Die Höhe der Grundrente wird jährlich zum 1. Juli des Jahres durch eine Verordnung des Bundes neu festgelegt. Seit dem 1. Juli 2014 beträgt die Grundrente bei einem GdS von

- 30 129 Euro
- 40 177 Euro
- 50 238 Euro
- 60 301 Euro
- 70 417 Euro
- 80 504 Euro
- 90 606 Euro
- 100 679 Euro

Die Grundrente erhöht sich für Schwerbeschädigte, die das 65. Lebensjahr vollendet haben, bei einem Grad der Schädigungsfolgen

- von 50 und 60 um 26 Euro
- von 70 und 80 um 33 Euro
- von mindestens 90 um 40 Euro.

Eine Schwerbeschädigung liegt vor, wenn ein GdS von mindestens 50 festgestellt worden ist.

Die Schwerstbeschädigtenzulage

Erwerbsunfähig Beschädigte (GdS von 100) erhalten eine Schwerstbeschädigtenzulage zur Grundrente, wenn sie durch die Schädigungsfolgen gesundheitlich außergewöhnlich betroffen sind. Die Schwerstbeschädigtenzulage beträgt zurzeit zwischen 78 und 484 Euro, wenn der Grad der Schädigungsfolge 100 beträgt.

Die Ausgleichsrente

Voraussetzungen

Während die Grundrente und die Schwerstbeschädigtenzulage jedem Beschädigten ab einer bestimmten Höhe des GdS zustehen, gelten für den Bezug einer Ausgleichsrente andere Voraussetzungen. Der Schwerbeschädigte muss seine Erwerbstätigkeit dann infolge seines Gesundheitszustandes oder Alters oder infolge eines von ihm nicht zu vertretenden Grundes nicht oder nur in beschränktem Umfang oder nur mit überdurchschnittlichem Kräfteaufwand ausüben können.

Klaus Adam ist schwerbeschädigt. Er verliert seine Arbeitsstelle, weil sein Arbeitgeber insolvent geworden ist. Er findet keinen neuen Arbeitsplatz. Grund ist hierfür vor allem die schlechte Konjunkturlage. Klaus Adam steht eine Ausgleichsrente zu. Dies gilt auch, wenn die Arbeitslosigkeit vor allem auf der Insolvenz des Arbeitgebers und der schlechten Konjunktur beruht.

Die volle Ausgleichsrente beträgt monatlich bei einem GdS

- von 50 oder 60 417 Euro
- von 70 oder 80 504 Euro
- von 90 606 Euro
- von 100 679 Euro.

Anderes Einkommen wird angerechnet, sodass es die Ausgleichsrente vermindert.

Tipp

Da die Berechnung des Berufsschadensausgleiches schwierig ist, ist es ratsam, die Beratung durch das Versorgungsamt bzw. durch die zuständige Behörde in Anspruch zu nehmen.

Der Berufsschadensausgleich

Neben den bereits genannten Rentenbestandteilen kann auch ein Berufsschadensausgleich gewährt werden, wenn der Beschädigte durch die Folgen einen Einkommensverlust erlitten hat. Ersetzt wird allerdings nur etwas weniger als die Hälfte eines pauschalierten (also meist geringeren als der tatsächlichen Einbußen entsprechenden) Einkommensverlustes, nämlich 42,5 Prozent.

Detlef Bauer ist Druckergeselle. Seine Familie besitzt einen Druckereibetrieb. Er soll Betriebsnachfolger werden. Während des Grundwehrdienstes wird er bei einem Schießunfall am Kopf schwer verletzt und kann nur noch leichte Hilfsarbeiten verrichten. Es bestehen keine Anhaltspunkte dafür, dass Detlef Bauer ohne den Schießunfall bei der Bundeswehr nicht Betriebsnachfolger seines Vaters geworden wäre. Deshalb wird ihm ein Berufsschadensausgleich gewährt. Wegen der Vergleichsberechnung würde Detlef Bauer im vorliegenden Fall wie ein Amtmann im gehobenen Beamtendienst einzustufen sein (A 11).

Ergänzende Leistungen

Als ergänzende Leistungen zur Rente sind der Ehegattenzuschlag (dieser steht nur Schwerbeschädigten zu und beträgt 71 Euro monatlich), der Kinderzuschlag (Höhe entspricht dem gesetzlichen Kindergeld) und der Alterszuschlag (Schwerbeschädigte, die das 65. Lebensjahr vollendet haben) zu nennen.

PFLEGEZULAGE

Die Pflegezulage ist eine gesonderte Leistung neben der Beschädigtenrente. Sie steht den Beschädigten zu, die hilflos sind (vergleiche dazu in Kapitel 7 Merkzeichen H). Im BVG gibt es sechs Pflegestufen, je nach Art und Ausmaß der Pflegebedürftigkeit. Die Pflegezulage beträgt seit dem 1. Juli 2014 für die Stufe:

- I 287 Euro
- II 490 Euro
- III 696 Euro
- IV 893 Euro
- V 1.161 Euro
- VI 1.427 Euro

HINTERBLIEBENENVERSORGUNG

Als Hinterbliebenenversorgung werden die Hinterbliebenenrenten für Witwen oder Witwer und Waisen sowie das Bestattungs- und das Sterbegeld gewährt.

Hinterbliebenenrenten

Einen Anspruch auf eine Hinterbliebenenrente haben die Witwe oder der Witwer, der eingetragene Lebenspartner, die Waisen und die Verwandten der aufsteigenden Linie des Beschädigten, wenn er an den Folgen seiner Schädigung gestorben ist.

Vorsicht

Gegebenenfalls muss durch eine ärztliche Begutachtung festgestellt werden, dass der Tod infolge der Schädigung eingetreten ist.

Hat sein Tod eine andere Ursache, kann eine Beihilfe gewährt werden, wenn das Einkommen des Beschädigten zu Lebzeiten wegen der Schädigung erheblich gemindert war. Neben der Witwen- oder Witwerrente als Grundrente können ein Schadensausgleich, Pflegeausgleich und eine Ausgleichsrente für Witwen gewährt werden. Waisenrente wird den Kindern des Beschädigten bis zur Vollendung des 18. Lebensjahres oder bis zum Ende ihrer Ausbildung gewährt, längstens bis zum 27. Lebensjahr.

Bestattungsgeld und Sterbegeld

Dem Hinterbliebenen eines Beschädigten stehen Bestattungsgeld und Sterbegeld zu. Das Bestattungsgeld beträgt 821 Euro. Ist der Tod die Folge einer Schädigung, beträgt es 1.640 Euro. Als Sterbegeld wird ein Betrag in Höhe des Dreifachen der Versorgungsbezüge gezahlt, die dem Beschädigten für den Sterbemonat zustanden.

ERSATZ FÜR SACHSCHÄDEN

In Ausnahmefällen werden auch Sachschäden erstattet. Dies allerdings nur, wenn es sich um die Beschädigung eines am Körper getragenen Hilfsmittels (z.B. Prothesen, Brillen, Kontaktlinsen oder Zahnersatz) handelt.

KAPITALABFINDUNG

Interessant ist die Möglichkeit, Versorgungsansprüche durch eine Kapitalabfindung zu ersetzen. Die Abfindung ist auf die für einen Zeitraum von zehn Jahren zustehende Grundrente beschränkt. Als Abfindungssumme wird das Neunfache des der Kapitalabfindung zugrundeliegenden Jahresbetrags gezahlt. Einzelheiten erläutern die Versorgungsämter.

LEISTUNGEN BEI VERLUST DER ERWERBSFÄHIGKEIT

11

Der Schutz der gesetzlichen Rentenversicherung tritt auch ein, wenn Versicherte durch krankheitsbedingte Einschränkungen in ihrer beruflichen Leistungsfähigkeit beeinträchtigt werden. Bei entsprechender Minderung des Leistungsvermögens werden Renten wegen Erwerbsminderung gezahlt.

Wer keinen Rentenanspruch aus der gesetzlichen Rentenversicherung hat, kann Grundsicherung bei Erwerbsminderung beantragen, wenn der Lebensunterhalt nicht aus eigenen Kräften und Mitteln sichergestellt werden kann.

ERWERBSMINDERUNGSRENTE DER GESETZLICHEN RENTENVERSICHERUNG

Tipp

Weitere Informationen bieten die Ratgeber „Gesetzliche Rente" und „Vorzeitig in Rente gehen" der Verbraucherzentralen (www.ratgeber-verbraucherzentrale.de).

Die gesetzliche Rentenversicherung bietet auch Leistungen für den Fall, dass eine rentenversicherte Person (vgl. dazu Seite 211 ff.) aufgrund ihres Gesundheitszustands nicht mehr in der Lage ist, einer Vollzeitbeschäftigung nachzugehen und sich so den Lebensunterhalt verdienen kann. Abhängig vom Grad der Einschränkung der Erwerbsfähigkeit unterscheidet das Gesetz drei Rentenarten: die Rente wegen voller Erwerbsminderung, wegen teilweiser Erwerbsminderung und wegen teilweiser Erwerbsminderung bei Berufsunfähigkeit.

RENTE WEGEN VOLLER ERWERBSMINDERUNG

Eine volle Erwerbsminderung liegt vor, wenn der Versicherte wegen Krankheit oder Behinderung auf nicht absehbare Zeit und unter den üblichen Bedingungen des Arbeitsmarkts nur noch weniger als drei Stunden täglich erwerbstätig sein kann.

Voll erwerbsgemindert sind grundsätzlich auch Personen, die in einer anerkannten Werkstatt für behinderte Menschen oder in einer anderen beschützenden Einrichtung beschäftigt sind und wegen der Art und Schwere ihrer Behinderung nicht auf dem allgemeinen Arbeitsmarkt tätig sein können.

Vorsicht

Wenn die versicherte Person zwar mindestens drei Stunden, aber nur noch weniger als sechs Stunden täglich arbeiten kann und gleichzeitig arbeitslos ist, weil es keinen entsprechenden Teilzeitarbeitsplatz gibt, kann ein Anspruch auf Rente wegen voller Erwerbsunfähigkeit bestehen, obwohl aus medizinischer Sicht nur eine teilweise Erwerbsminderung vorliegt.

RENTE WEGEN TEILWEISER ERWERBSMINDERUNG

Eine teilweise Erwerbsminderung liegt vor, wenn der Versicherte wegen Krankheit oder Behinderung auf nicht absehbare Zeit außerstande ist, unter den üblichen Bedingungen des Arbeitsmarks täglich noch drei bis sechs Stunden zu arbeiten. Die Rente bei teilweiser Erwerbsminderung ist halb so hoch wie die Rente bei voller Erwerbsminderung.

RENTE WEGEN TEILWEISER ERWERBSMINDERUNG BEI BERUFSUNFÄHIGKEIT

Anspruch auf Rente wegen teilweiser Erwerbsminderung wegen Berufsunfähigkeit können nur Versicherte haben, die vor dem 2. Januar 1961 geboren sind und deren Berufsunfähigkeit durch Krankheit oder Behinderung verursacht ist. Diese Personen können bei gesundheitlichen Einschränkungen allein in ihrem bisherigen Beruf eine Rente wegen teilweiser Erwerbsminderung bekommen. Voraussetzung ist, dass sie ihren bisherigen qualifizierten Beruf nicht mehr oder nur noch weniger als sechs Stunden täglich ausüben können, in einem anderen Beruf aber noch mindestens sechs Stunden täglich einsetzbar sind.

Vorsicht

Ob dem Versicherten eine andere Tätigkeit zugemutet werden kann, wird vom Rentenversicherungsträger geprüft. Die andere Tätigkeit muss dem Leistungsvermögen und den Fähigkeiten des Versicherten entsprechen und ihm im Hinblick auf seine Ausbildung, seinen bisherigen beruflichen Werdegang und auf seine erlangte soziale Stellung zumutbar sein. Ferner müssen auf dem Arbeitsmarkt genügend solcher Arbeitsplätze bereitstehen. Es ist aber nicht erforderlich, dass diese Arbeitsplätze auch frei sind und damit tatsächlich zur Verfügung stehen.

FESTSTELLUNG DER LEISTUNGSFÄHIGKEIT

Wie viele Stunden am Tag der Versicherte mit seiner Krankheit oder Behinderung noch arbeiten kann, wird von einem Arzt des Rentenversicherungsträgers festgestellt. Bei der Beurteilung wird von einem üblichen Arbeitsverhältnis im Rahmen einer Fünf-Tage-Woche ausgegangen und die Leistungsfähigkeit des Versicherten nicht nur in seinem bisherigen Beruf, sondern auch in anderen Tätigkeiten, die auf dem Arbeitsmarkt angeboten werden, geprüft.

VERSICHERUNGSRECHTLICHE VORAUSSETZUNGEN

Neben den medizinischen Voraussetzungen (vgl. oben) sind für die Rente wegen Erwerbsminderung auch bestimmte versicherungsrechtliche Voraussetzungen erforderlich.

Wartezeit

Die Zahlung einer Erwerbsminderungsrente erfordert – außer der vollen oder teilweisen Erwerbsminderung –, dass der Versicherte vor der Erwerbsminderung die sogenannte allgemeine Wartezeit von fünf Jahren erfüllt hat. Zur Wartezeit zählen unter anderem Pflichtbeitragszeiten, Zeiten der Kindererziehung oder der Pflege von Pflegebedürftigen sowie Zeiten des Bezugs von Arbeitslosen- oder Krankengeld. Unter bestimmten Voraussetzungen ist die fünfjährige Wartezeit vorzeitig erfüllt; so etwa, wenn die Erwerbsminderung aufgrund eines Arbeitsunfalls oder einer Berufskrankheit eingetreten ist.

Pflichtbeiträge

Besondere versicherungsrechtliche Voraussetzung für die Erwerbsminderungsrente ist, dass der Versicherte in den letzten fünf Jahren vor Beginn der Erwerbsminderung mindestens drei Jahre Pflichtbeiträge in die gesetzliche Rentenversicherung eingezahlt hat. Aber auch von dieser Regel gibt es Ausnahmen, zum Beispiel zugunsten von behinderten Menschen.

BERECHNUNG DER RENTE

Für die Höhe der Erwerbsminderungsrente sind die während des Berufslebens des Versicherten gezahlten Beiträge zur Rentenversicherung, Anrechnungszeiten (z. B. wegen Fachschulausbildung, Arbeitsunfähigkeit oder Arbeitslosigkeit) und Berücksichtigungszeiten (z. B. wegen Kindererziehung) maßgebend.

Wer krankheitsbedingt oder wegen eines Unfalls nicht mehr oder nur noch eingeschränkt arbeiten kann, bekommt seit dem 1. Juli 2014 eine erhöhte Erwerbsminderungsrente, wenn er im Alter von unter 62 in Erwerbsminderungsrente geht.

- Die Zurechnungszeit, also die Zeit, die nach Eintritt der Erwerbsminderung hinzugerechnet wird, wurde von 60 auf 62 Jahre verlängert – so, als wären zwei Jahre länger mit dem Durchschnittseinkommen gearbeitet und Beiträge gezahlt worden.
- Ferner wurden die letzten vier Jahre der Arbeitszeit bei der Rentenberechnung nicht berücksichtigt, wenn sie den Rentenanspruch Anspruch mindern. Das kann beispielsweise bei Einkommenseinbußen durch einen krankheitsbedingten Wegfall von Überstunden oder durch Teilzeitarbeit der Fall sein. Diese sogenannte Günstigerprüfung führt die Deutsche Rentenversicherung durch. Das Ergebnis ist immer das für den Betroffenen positivere.

Wie bei einer vorzeitig in Anspruch genommenen Altersrente (vgl. dazu Seite 211 ff.) müssen auch erwerbsgeminderte Arbeitnehmer mit Abschlägen rechnen. Der Abschlag beträgt 0,3 Prozent für jeden Monat vor dem Referenzalter, höchstens jedoch 10,8 Prozent. Das Referenzalter beträgt für einen Rentenbeginn im Jahr 2015 63 Jahre und 9 Monate. Bei einem späteren Rentenbeginn verschiebt sich das Referenzalter gemäß folgender Tabelle:

Tipp

Für Versicherte mit 35 Pflichtbeitragsjahren (40 Pflichtbeitragsjahren ab dem Jahr 2024) verbleibt es bei dem bisherigen Referenzalter von 63 Jahren.

Beginn der Rente

Jahr	Referenzalter
2016	63 Jahre + 10 Monate
2017	63 Jahre + 11 Monate
2018	64 Jahre + 0 Monate
2019	64 Jahre + 2 Monate
2020	64 Jahre + 4 Monate
2021	64 Jahre + 6 Monate
2022	64 Jahre + 8 Monate
2023	64 Jahre + 10 Monate
ab 2024	65 Jahre + 0 Monate

DAUER DES RENTENBEZUGS

Renten wegen Minderung der Erwerbsfähigkeit werden grundsätzlich als Zeitrenten gezahlt, und zwar für höchstens drei Jahre ab Beginn der Rentenzahlung.

Nur wenn es unwahrscheinlich ist, dass die Erwerbsminderung behoben werden kann und der Rentenanspruch unabhängig von der Arbeitsmarktlage besteht, wird die Rente unbefristet gewährt.

Die Erwerbsminderungsrente beginnt frühestens mit dem siebten Monat nach Eintritt der Erwerbsminderung. Damit sie rechtzeitig gezahlt werden kann, reicht es aus, wenn die Rente bis zum Ablauf dieses siebten Kalendermonats beantragt wird. Wird der Antrag erst später gestellt, beginnt die Rente erst mit dem Antragsmonat.

Bessert sich der Gesundheitszustand des Versicherten während des Rentenbezugs, kann die Rente ganz oder teilweise entzogen werden. Bevor die Rentenversicherung einen entsprechenden Bescheid erteilt, kann dazu Stellung genommen werden.

Tipp

Zum korrekten Ausfüllen des Vordrucks geben die Auskunfts- und Beratungsstellen der einzelnen Versicherungsträger gern Hinweise. Deren Adressen sind im örtlichen Telefonbuch zu finden. Weiterhelfen kann auch das zuständige Versicherungsamt bei der Stadt- oder Kreisverwaltung.

RENTENANTRAG

Die Rente wegen Erwerbsminderung wird nur auf Antrag gezahlt. Für den Rentenantrag ist keine bestimmte Form vorgeschrieben. Sinnvoll ist es, die vom Versicherungsträger herausgegebenen Antragsvordrucke zu verwenden. Damit ist gewährleistet, dass alle Angaben gemacht und notwendige Unterlagen zusammengestellt werden, die für die Bearbeitung des Rentenantrags erforderlich sind. Die Vordrucke können bei jedem Rentenversicherungsträger angefordert werden. Sie können auch im Internet heruntergeladen werden.

GRUNDSICHERUNG BEI ERWERBSMINDERUNG

BERECHTIGTE

Tipp

Als Faustregel gilt: Wenn das gesamte Einkommen unter 760 Euro im Monat liegt, sollte ein Anspruch auf Grundsicherung geprüft werden.

11

Personen mit gewöhnlichem Aufenthalt in Deutschland, die das 18. Lebensjahr vollendet haben, und – unabhängig von der Arbeitsmarktlage – dauerhaft aus medizinischen Gründen voll erwerbsgemindert sind, haben Anspruch auf Leistungen der Grundsicherung, wenn sie ihren notwendigen Lebensunterhalt nicht aus Einkommen und Vermögen bestreiten können. Die Leistung ist abhängig von der Bedürftigkeit. Eigenes Einkommen und Vermögen sind zu berücksichtigen.

Die Grundsicherung ist keine Rente. Sie wird aus Steuermitteln finanziert und vom Sozialhilfeträger gezahlt. Die Grundsicherung tritt an die Stelle der Hilfe zum Lebensunterhalt (vgl. dazu Seite 234 ff.), wenn aus Altersgründen nicht mehr erwartet werden kann, dass die materielle Notlage einer Person durch Ausübung einer Erwerbstätigkeit überwunden werden kann.

Vorsicht

Solange nicht abschließend über die Erwerbsunfähigkeit des Hilfebedürftigen entschieden ist, ist die Arbeitsagentur verpflichtet, vorläufig – vom Zeitpunkt der Antragstellung bis zur Feststellung der Erwerbs(un)fähigkeit – Leistungen nach dem SGB II zu erbringen.

Eine volle Erwerbsminderung liegt dann vor, wenn das Leistungsvermögen wegen Krankheit oder Behinderung vermindert ist, sodass man auf nicht absehbare Zeit außerstande ist, unter den üblichen Bedingungen des allgemeinen Arbeitsmarkts mindestens drei Stunden täglich erwerbstätig zu sein. Dauerhaft ist die Erwerbsminderung, wenn unwahrscheinlich ist, dass die Minderung der Erwerbstätigkeit behoben werden kann. Ob eine dauerhafte volle Erwerbsminderung vorliegt, prüft die Deutsche Rentenversicherung im Auftrag des Sozialamts.

Die Grundsicherung wird unabhängig davon gezahlt, ob bereits eine Altersrente oder eine Rente wegen voller Erwerbsminderung bezogen wird. Wer schon eine Erwerbsminderungsrente bezieht, kann Grundsicherung nur dann erhalten, wenn die Rente dauerhaft allein wegen voller Erwerbsminderung und nicht nur wegen der Lage am Arbeitsmarkt gezahlt wird.

EINKOMMENS- UND VERMÖGENSANRECHNUNG

Die Höhe der Grundsicherung hängt vom Einkommen und Vermögen des Antragstellers sowie seines Ehegatten ab.

Vorsicht

Anders als bei der Hilfe zum Lebensunterhalt werden Unterhaltsansprüche gegenüber Kindern und Eltern bei der Grundsicherung nicht angerechnet, wenn deren jährliches Gesamteinkommen jeweils unter 100.000 Euro liegt.

Anspruch auf Grundsicherung besteht nur, wenn der Bedarf nicht durch eigenes Einkommen oder Vermögen bestritten werden kann. Zum Einkommen gehören neben dem Erwerbseinkommen insbesondere auch Kindergeld, Krankengeld, Renten und Pensionen jeder Art, Miet- und Pachteinnahmen, Einkünfte aus Kapitalvermögen, Unterhalt des getrennt lebenden Ehegatten und Einkünfte aus Wohnrechten. Berücksichtigt wird nicht das volle (Brutto-)Einkommen. Steuern, Beiträge zur Sozialversicherung und zu privaten Versicherungen (soweit diese vorgeschrieben und angemessen sind) werden abgezogen. Abgezogen werden auch 30 Prozent des Einkommens (höchstens jedoch 50 Prozent der Regelbedarfsstufe 1, vgl. Seite 236) aus einer selbstständigen/nicht selbstständigen Tätigkeit. Auch die Einkünfte des Ehe- oder Lebenspartners werden angerechnet.

Vorhandenes Vermögen muss erst aufgebraucht werden, bevor Grundsicherung beansprucht werden kann. Zum Vermögen zählen Bargeld, Sparguthaben, Wertpapiere, Rückkaufswerte von Lebensversicherungen, Haus- und Grundvermögen. Nicht zum Vermögen zählt ein angemessenes Hausgrundstück, auf dem der Antragsteller allein oder zusammen mit Angehörigen wohnt. Nicht angerechnet werden beim Vermögen Geldbeträge bei Alleinstehenden bis zu 2.600 Euro, bei Verheirateten bis zu 3.214 Euro. Für jede Person, die vom

Antragsteller überwiegend unterhalten wird, erhöht sich der Betrag um 256 Euro.

HÖHE DER LEISTUNGEN

Die Grundsicherung wird in Höhe des Regelsatzes der Sozialhilfe gezahlt (vgl. dazu Seite 236). Daneben umfasst sie insbesondere

- die angemessenen tatsächlichen Aufwendungen für Unterkunft und Heizung,
- gegebenenfalls anfallende Kranken- und Pflegeversicherungsbeiträge,
- eventuelle Mehrbedarfe, insbesondere einen Mehrbedarf von 17 Prozent des maßgebenden Regelsatzes bei schwerbehinderten Menschen, die im Besitz eines Schwerbehindertenausweises mit dem Merkzeichen „G" sind, und Mehrbedarfe für werdende Mütter ab der zwölften Schwangerschaftswoche, für Alleinerziehende und einen Mehrbedarf für Krankenkost.

Einmalige Bedarfe

Einmalige Bedarfe wie Erstausstattungen für die Wohnung einschließlich Haushaltsgeräten oder die Anschaffung und Reparaturen von orthopädischen Schuhen, Reparaturen von therapeutischen Geräten und Ausrüstungen sowie die Miete von therapeutischen Geräten werden gesondert erbracht.

ANTRAG

Die Grundsicherung muss beim zuständigen Sozialamt beantragt werden. Sie beginnt grundsätzlich mit dem ersten Tag des Monats, in dem der Antrag gestellt wird. Die Zahlung erfolgt grundsätzlich für zwölf Monate. Danach muss ein neuer Antrag gestellt werden. Rückwirkende Leistungen sind nicht möglich.

LEISTUNGEN NACH DEM AUSSCHEIDEN AUS DEM BERUFSLEBEN

Die gesetzliche Rentenversicherung ist nach wie vor die wichtigste Säule der Alterssicherung in Deutschland. Die Altersrenten werden ab einer bestimmten Altersgrenze gewährt.

Wer die Altersgrenze erreicht hat, aber seinen notwendigen Lebensunterhalt nicht aus eigenen Kräften und Mitteln – insbesondere aus Einkommen und Vermögen – sicherstellen kann, hat Anspruch auf Grundsicherung im Alter.

ALTERSRENTEN DER GESETZLICHEN RENTENVERSICHERUNG

Für die verschiedenen Arten von Altersrenten müssen jeweils besondere Voraussetzungen erfüllt werden. Dazu gehören unterschiedliche Mindestversicherungszeiten (Wartezeiten), ein bestimmtes Lebensalter und weitere Bedingungen.

Tipp

Weitere Informationen bieten die Ratgeber „Gesetzliche Rente" und „Was ich als Rentner wissen muss" der Verbraucherzentralen (www.ratgeber-verbraucherzentrale.de).

12

REGELALTERSRENTE

Regelaltersrente erhält der Versicherte, wenn er das 67. Lebensjahr erreicht hat. Für vor 1947 geborene Versicherte liegt die Regelaltersgrenze bei 65 Jahren. Für danach geborene Versicherte erhöht sie sich schrittweise. Für die Jahrgänge 1947 bis 1958 erfolgt die Anhebung in Einmonatsschritten, für Versicherte der Jahrgänge 1959 bis 1963 in zweimonatigen Schritten. Für 1964 und später geborene Versicherte liegt die Regelaltersgrenze dann beim 67. Lebensjahr.

Vertrauensschutz genießen Versicherte, die vor 1955 geboren wurden und mit ihrem Arbeitgeber Altersteilzeit nach dem Altersteilzeitgesetz vereinbart haben. Für sie verbleibt es bei der Regelaltersgrenze von 65 Jahren.

Wartezeit

Die Zahlung der Regelaltersrente setzt eine Mindestversicherungszeit (Wartezeit) von fünf Jahren (60 Beitragsmonate) voraus. Dabei werden auch Zeiten aus einem Versorgungsausgleich oder aus Minijobs berücksichtigt. Die Wartezeit gilt auch als erfüllt, wenn der Versicherte bis zum Erreichen der Regelaltersgrenze eine Rente wegen verminderter Erwerbsfähigkeit oder eine Erziehungsrente bezogen hat.

ALTERSRENTE FÜR LANGJÄHRIG VERSICHERTE

Für Versicherte, die vor 1949 geboren sind, ist die maßgebende Altersgrenze das 65. Lebensjahr. Sie können die Altersrente für langjährig Versicherte zwar zwischen dem 63. Lebensjahr und dem 65. Lebensjahr beanspruchen, für jeden Monat vor dem 65. Lebensjahr erfolgt dann jedoch ein Abschlag von 0,3 Prozent, maximal sind es 7,2 Prozent. Für nach 1948 und vor 1964 geborene Versicherte wird die Altersgrenze schrittweise angehoben. Für die Jahrgänge 1949 bis 1958 erfolgt die Anhebung in Einmonatsschritten, für Versicherte der Jahrgänge 1959 bis 1963 in Zweimonatsschritten.

Vorsicht

Die Altersrente für die abschlagsfreie Rentengewährung wird nicht auf das 67. Lebensjahr angehoben, wenn Versicherte vor dem 1. Januar 1955 geboren sind und vor dem 1. Januar 2007 Altersteilzeitarbeit im Sinne des Altersteilzeitgesetzes vereinbart oder Anpassungsgeld für entlassene Arbeitnehmer des Bergbaus bezogen haben. Diese Personen erhalten die Rente weiter abschlagsfrei ab 65 und nicht erst ab 67.

Für 1964 und später geborene Versicherte liegt die Altersgrenze dann beim 67. Lebensjahr. Sie können die Altersrente für langjährig Versicherte zwar bereits ab dem 63. Lebensjahr beanspruchen, der Abschlag beträgt dann aber 14,4 Prozent.

Der Bezug der Rente für langjährig Versicherte setzt eine Mindestversicherungszeit (Wartezeit) von 35 Jahren voraus.

ALTERSRENTE FÜR BESONDERS LANGJÄHRIG VERSICHERTE

Mit dem Rentenversicherungs-Leistungsverbesserungsgesetz wurde die Altersrente für besonders langjährig Versicherte überarbeitet. Versicherte, die vor dem 1. Januar 1953 geboren sind und 45 Jahre mit Pflichtbeiträgen für eine versicherte Beschäftigung, Tätigkeit oder Berücksichtigungszeiten vorweisen können, können seit 1. Juli 2014 die Altersrente bereits mit 63 ohne Abschläge in Anspruch nehmen. Bei Versicherten, die nach 1952 geboren sind, wird die Altersgrenze wie folgt angehoben:

Versicherte Geburtsjahr	Anhebung um Monate	auf Alter
1953	2	63 Jahre + 2 Monate
1954	4	63 Jahre + 4 Monate
1955	6	63 Jahre + 6 Monate
1956	8	63 Jahre + 8 Monate
1957	10	63 Jahre + 10 Monate
1958	12	64 Jahre + 0 Monate
1959	14	64 Jahre + 2 Monate
1960	16	64 Jahre + 4 Monate
1961	18	64 Jahre + 6 Monate
1962	20	64 Jahre + 8 Monate
1963	22	64 Jahre + 10 Monate

Zu den Pflichtbeitragszeiten zählen auch Pflichtbeiträge aus Kindererziehung, nicht erwerbsmäßiger Pflege, Krankengeldbezug sowie Wehr- und Zivildienst. Berücksichtigungszeiten können für die Erziehung eines Kindes bis zu dessen vollendetem zehnten Lebensjahr und für Zeiten der nicht erwerbsmäßigen Pflege von Januar 1992 bis März 1995 angerechnet werden. Zudem werden auch Zeiten aus Minijobs angerechnet. Nicht berücksichtigt werden Pflichtbeiträge, die wegen des Bezugs von Arbeitslosengeld II oder Arbeitslosenhilfe gezahlt wurden, und Zeiten aus einem Versorgungsausgleich sowie aus einem Rentensplitting unter Ehegatten oder eingetragenen Lebenspartnern.

Vorsicht

Zeiten des Bezugs von Arbeitslosengeld werden unbegrenzt berücksichtigt – in den letzten zwei Jahren vor Rentenbeginn allerdings nur, wenn sie Folge einer Insolvenz oder vollständigen Geschäftsaufgabe des Arbeitgebers sind. Zeiten des Bezugs von Arbeitslosenhilfe oder Arbeitslosengeld II zählen nicht mit.

ALTERSRENTE FÜR SCHWERBEHINDERTE MENSCHEN

Eine Altersrente für schwerbehinderte Menschen erhalten Versicherte, die schwerbehindert sind oder – bei vor 1951 geborenen Versicherten – vor dem vor 2001 geltenden Recht berufs- oder erwerbsunfähig sind. Die Schwerbehinderung muss bei Begin der Rente bestehen. Schwerbehindert sind alle Personen mit einem Grad der Behinderung (GdB) von mindestens 50 (höchstmöglicher GdB = 100). Die Schwerbehinderung muss durch einen Schwerbehindertenausweis nachgewiesen werden.

Abschläge

Für vor 1952 Geborene liegt die Altersgrenze für die Rente bei 63 Jahren. Sie kann aber vorzeitig mit einem Abschlag von 10,8 Prozent ab 60 bezogen werden. Wurde der Versicherte in der Zeit nach 1951 und vor 1964 geboren, wird die Altersgrenze für eine abschlagsfreie Rente stufenweise angehoben. Für die Jahrgänge 1952 bis 1958 erfolgt die Anhebung in Einmonatsschritten, für Versicherte der Jahrgänge 1959 bis 1963 in Zweimonatsschritten. Für 1964 und später geborene Versicherte liegt die Altersgrenze dann beim 65. Lebensjahr.

Wurde der Versicherte vor 1955 geboren, hat er mit seinem Arbeitgeber vor dem 1. Januar 2007 Altersteilzeitarbeit nach dem Altersteilzeitgesetz vereinbart und war er am 1. Juli 2007 schwerbehindert, bleibt es beim 63. Lebensjahr als Altersgrenze. Wurde der Versicherte vor dem 17. November 1950 geboren und war er am 16. November 2000 schwerbehindert, berufs- oder erwerbsunfähig, konnte er bereits ab seinem 60. Lebensjahr ohne Abschlag die Rente beanspruchen.

Wartezeit

Voraussetzung für die Altersrente für schwerbehinderte Menschen ist eine Mindestversicherungszeit (Wartezeit) von 35 Jahren. Dabei werden alle Monate mit rentenrechtlichen Zeiten angerechnet. Diese umfassen sogenannte Beitragszeiten, beitragsfreie Zeiten und Berücksichtigungszeiten. Beitragszeiten sind Monate, die mit Beiträgen belegt sind; das heißt, der Versicherte hat in die Rentenversicherung eingezahlt. Zu den beitragsfreien Zeiten zählen u. a. Anrechnungszeiten (z. B. Krankheit, Arbeitslosigkeit, Schulbildung, jeweils unter bestimmten Voraussetzungen). Eine Berücksichtigungszeit ist die Zeit der Erziehung eines Kindes bis zu dessen vollendetem zehnten Lebensjahr.

ALTERSRENTE WEGEN ARBEITSLOSIGKEIT ODER NACH ALTERSTEILZEIT

Diese Altersrente erhalten Versicherte, wenn sie vor 1952 geboren wurden und eine Versicherungszeit (Wartezeit) von mindestens 15 Jahren erfüllen und

- bei Beginn der Rente arbeitslos sind und nach Vollendung eines Lebensalters von 58 Jahren und sechs Monaten insgesamt 52 Wochen arbeitslos waren oder
- mindestens 24 Monate Altersteilzeitarbeit nach dem Altersteilzeitgesetz ausgeübt haben.

Außerdem muss der Versicherte innerhalb der letzten zehn Jahre vor Beginn der Rente mindestens acht Jahre Pflichtbeiträge für eine versicherte Beschäftigung oder Tätigkeit gezahlt haben.

Abschläge

Ohne Abschläge wird die Altersrente wegen Arbeitslosigkeit oder nach Altersteilzeit erst ab dem 65. Lebensjahr gezahlt. Für jeden Monat der vorzeitigen Inanspruchnahme erfolgt ein Abschlag von 0,3 Prozent. Die nach 1948 geborenen Versicherten können die Rente frühestens mit dem 63. Lebensjahr beanspruchen.

Für Jahrgänge vor 1952 wurde in Verbindung mit Arbeitslosigkeit am 1. Januar 2004 oder mit einer Vereinbarung über eine Altersteilzeitbeschäftigung keine Anhebung der Altersgrenze vorgenommen. Diese Versicherten können aus Gründen des Vertrauensschutzes auch weiterhin vor 63 – frühestens mit 60 und mit Abschlägen von bis zu 18 Prozent – in Rente gehen.

ALTERSRENTE FÜR FRAUEN

Diese Altersrente können nur noch Frauen beanspruchen, die vor 1952 geboren sind. Die maßgebende Altersgrenze ist das 65. Lebensjahr. Die Rente kann vor dem 65. Lebensjahr mit einem monatlichen Abschlag von 0,3 Prozent in Anspruch genommen werden.

Wartezeit

Die Mindestversicherungszeit (Wartezeit) beträgt 15 Jahre. Zu den für die Versicherungsdauer bedeutsamen Zeiten gehören auch die Phasen, in denen die Versicherte zum Beispiel eine Sozialleistung erhalten, eine pflegebedürftige Person nicht erwerbsmäßig gepflegt, Kinder erzogen oder Pflichtbeiträge aus aufgestockten Minijobs gezahlt hat.

RENTENANTRAG

Alle Renten aus der gesetzlichen Rentenversicherung werden nur auf Antrag gezahlt. Mit dem Antrag wird das Rentenverfahren beim zuständigen Rentenversicherungsträger eingeleitet. In allen größeren Städten gibt es Auskunfts- und Beratungsstellen der Rentenversicherungsträger, deren Mitarbeiter beim Ausfüllen der Vordrucke behilflich sind. Der Antrag kann auch vom Versicherten selbst online ausgefüllt und abgeschickt werden.

Tipp

Bei einem geklärten Rentenkonto reicht es, wenn der Rentenantrag drei Monate vor dem beabsichtigten Rentenbeginn gestellt wird. In Verbindung mit Versicherungszeiten im Ausland sollten es vier Monate sein. Bei einem ungeklärten Rentenkonto sollte man, abhängig von den zur Verfügung stehenden Unterlagen, mindestens vier bis fünf Monate einplanen.

Wird der Antrag innerhalb von drei Monaten nach Erreichen der jeweiligen Altersgrenze gestellt, beginnt die Rente mit dem Ablauf des Monats, in dem die Voraussetzungen erfüllt sind. Andernfalls erfolgt die erste Rentenzahlung erst für den Monat, in dem der Antrag gestellt wurde.

GRUNDSICHERUNG IM ALTER

Anspruch auf Grundsicherung im Alter haben Personen, die bei Erreichen der Altersgrenze (vgl. dazu Seite 211 ff.) ihren notwendigen Lebensunterhalt nicht ausreichend oder überhaupt nicht aus eigenen Kräften und Mitteln, insbesondere aus ihrem Einkommen und Vermögen, sicherstellen können. Die Leistung ist abhängig von der Bedürftigkeit. Eigenes Einkommen und Vermögen sind zu berücksichtigen (vgl. dazu Seite 208). Grundsicherung wird unabhängig davon gezahlt, ob der Berechtigte bereits eine Altersrente bezieht.

Tipp

Als Faustregel gilt: Wenn das gesamte Einkommen unter 760 Euro im Monat liegt, sollte geprüft werden, ob ein Anspruch auf Grundsicherung besteht.

Die Grundsicherung ist keine Rente. Sie wird aus Steuermitteln finanziert und vom Sozialhilfeträger gezahlt. Die Grundsicherung tritt an die Stelle der Hilfe zum Lebensunterhalt (vgl. dazu Seite 234), wenn aus Altersgründen nicht mehr erwartet werden kann, dass die materielle Notlage einer Person durch Ausübung einer Erwerbstätigkeit überwunden wird.

Die Ausgestaltung der Grundsicherung entspricht, abgesehen von dem Verzicht auf den Unterhaltsrückgriff, der Hilfe zum Lebensunterhalt (vgl. dazu Seite 234). Leistungen der Grundsicherung erhalten auch bedürftige Personen, die dauerhaft voll erwerbsgemindert sind. Es gelten dieselben gesetzlichen Regelungen. Insoweit kann auf die Ausführungen über die Grundsicherung bei Erwerbsunfähigkeit auf den Seiten 207 ff. verwiesen werden.

13 LEISTUNGEN AN HINTERBLIEBENE

Der Tod des Ehegatten oder der Eltern kann Angehörige in wirtschaftliche Schwierigkeiten bringen. Hier hilft die gesetzliche Rentenversicherung mit verschiedenen Leistungen. Der überlebende Ehegatte erhält Witwen- bzw. Witwerrente, Kinder unter 18 Jahren haben Anspruch auf Waisenrente. Geschiedene, die ein minderjähriges Kind erziehen, können Erziehungsrente erhalten.

Für die finanzielle Versorgung von Hinterbliebenen springt die gesetzliche Unfallversicherung ein, wenn der Ehegatte bzw. Vater oder Mutter durch einen Arbeitsunfall oder eine Berufskrankheit ums Leben kommen.

LEISTUNGEN DER GESETZLICHEN RENTENVERSICHERUNG

Stirbt der Ehepartner, kann ein Anspruch auf Witwen- oder Witwerrente bestehen. Geschiedene, die ein minderjähriges Kind erziehen, können nach dem Tod des Ex-Partners eine Erziehungsrente erhalten. Verlieren Kinder unter 18 Jahren einen Elternteil, können sie eine Waisenrente bekommen.

Tipp

Weitere Informationen bietet der Ratgeber „Gesetzliche Rente" der Verbraucherzentralen (www.ratgeber-verbraucherzentrale.de).

WITWEN-/WITWERRENTE

Witwen bzw. Witwer können unter Anrechnung von eigenem Einkommen Anspruch auf Hinterbliebenenrente haben. Dabei ist zu unterscheiden, ob sich der Anspruch aus dem alten oder dem neuen Hinterbliebenenrecht begründet.

Das alte Hinterbliebenenrecht gilt, wenn

- der Ehegatte vor dem 1. Januar 2002 verstorben ist oder
- der Ehegatte nach dem 31. Dezember 2001 verstorben ist, die Ehe aber vor dem 1. Januar 2002 geschlossen wurde und ein Ehepartner vor dem 2. Januar 1962 geboren ist.

Das neue Hinterbliebenenrecht gilt, wenn

- die Ehe nach dem 31. Dezember 2001 geschlossen wurde oder
- bei früherer Eheschließung einer der Ehepartner nach dem 1. Januar 1962 geboren wurde.

Die Frage, welches Hinterbliebenenrecht anzuwenden ist, hat sowohl Bedeutung für die Art des zu berücksichtigenden Einkommens als auch bei der kleinen Witwen-/Witwerrente für den Rentenanspruch selbst sowie für dessen Höhe.

Voraussetzungen

Anspruch auf Witwen-/Witwerrente besteht grundsätzlich nur, wenn die Ehe bis zum Tod des Partners bestand oder eine eingetragene Lebenspartnerschaft begründet war. Für ab dem 1. Januar 2002 geschlossene Ehen wird eine Witwen-/Witwerrente nur noch gezahlt, wenn die Ehe mindestens ein Jahr bestanden hat. Witwen-/Witwerrente wird gezahlt, wenn der verstorbene Partner die allgemeine Wartezeit von fünf Jahren (Mindestversicherungszeit) erfüllt und der Überlebende nicht wieder geheiratet hat. Im Übrigen ist zwischen der kleinen und der großen Witwen-/Witwerrente zu unterscheiden.

Anspruch auf die kleine Witwen-/Witwerrente besteht, wenn

- das 47. Lebensjahr noch nicht vollendet wurde,
- keine Erwerbsminderung vorliegt und
- die Ehe kinderlos war.

Anspruch auf die große Witwen-/Witwerrente besteht, wenn

- das 47. Lebensjahr vollendet wurde (nach dem alten Recht liegt die Altersgrenze beim 45. Lebensjahr, wenn der Ehegatte vor 2012 verstorben ist. Ist der Ehegatte nach 2011 verstorben, erfolgt eine Anhebung der Altersgrenze um einen Monat pro Jahr in der Zeit bis 2023. In der Zeit nach 2023 sind es zwei Monate pro Jahr. Ab 2029 gilt das 47. Lebensjahr.) oder
- eine Erwerbsminderung vorliegt oder nach dem am 31. Dezember 2000 geltenden Recht Berufs- oder Erwerbsunfähigkeit eingetreten ist oder
- ein eigenes Kind oder ein Kind des verstorbenen Ehegatten erzogen wird, das das 18. Lebensjahr noch nicht vollendet hat.

Wenn die Ehe vor dem 1. Juli 1977 geschieden wurde, besteht unter Umständen Anspruch auf Geschiedenen-Witwen-/Witwerrente. Auch diese Rente wird als kleine oder große Rente gezahlt.

Wenn der Versicherte die allgemeine Wartezeit von fünf Jahren (Mindestversicherungszeit) erfüllt hat und nach dem 30. April 1942 gestorben ist, dann erhält der Hinterbliebene eine kleine Geschiedenen-Witwen-/Witwerrente, wenn er nicht wieder geheiratet hat und im letzten Jahr vor dem Tod des geschiedenen Ehegatten (Versicherter) Unterhalt von diesem erhalten hat oder einen Anspruch hierauf hatte. Die Zahlung der kleinen Geschiedenen-Witwen-/Witwerrente ist nicht auf zwei Jahre begrenzt.

Die große Geschiedenen-Witwen-/Witwerrente steht dem hinterbliebenen geschiedenen Ehegatten zu, wenn die Voraussetzungen wie für die kleine Witwen-/Witwerrente vorliegen. Zusätzlich muss er ein eigenes Kind oder ein Kind des Verstorbenen erziehen, das 45. Lebensjahr vollendet haben, erwerbsgemindert sein, vor dem 2. Januar 1961 geboren und berufsunfähig sein oder am 31. Dezember 2000 bereits berufsunfähig oder erwerbsunfähig gewesen und dies ununterbrochen sein.

Tipp

Wegen der vielen Voraussetzungen ist die Klärung des Rentenanspruchs recht kompliziert. Eine fachkundige Beratung beim Rentenversicherungsträger ist deshalb empfehlenswert.

Höhe

Maßgebend für die Höhe der Witwen-/Witwerrente ist die Rente, auf die der verstorbene Versicherte zum Zeitpunkt seines Todes Anspruch gehabt hätte oder gehabt hat.

Vorsicht

Die Anhebung der Regelaltersgrenzen hat auch Auswirkungen auf die Hinterbliebenenrente. Wenn der Ehegatte vor dem 65. Lebensjahr verstirbt, wird die Hinterbliebenenrente um einen Abschlag gemindert. Maßgebend für die Höhe des Abschlags ist der Zeitpunkt des Todes des Versicherten. Der Abschlag beträgt maximal 10,8 Prozent.

Die kleine Witwen-/Witwerrente beträgt 25 Prozent dieser Rente, die große Witwen-/Witwerrente 55 Prozent. Besteht noch Anspruch nach altem Hinterbliebenenrecht (vgl. oben), sind es bei der großen Witwen-/Witwerrente 60 Prozent. Für die auf den Sterbemonat folgenden drei Monate, auch „Sterbevierteljahr“

genannt, erhält die Witwe bzw. der Witwer die Witwen-/Witwerrente in voller Höhe der Versichertenrente. Nach neuem Hinterbliebenenrecht wird noch für die Erziehung eines Kindes bis zum dritten Lebensjahr ein Kinderzuschlag gezahlt.

Anrechnung von Einkommen

Weitere Einkünfte der Witwe bzw. des Witwers neben der Hinterbliebenenrente werden oberhalb eines bestimmten Freibetrags zu 40 Prozent auf die Witwen-/Witwerrente angerechnet. Als Einkommen werden berücksichtigt:

- Einkommen aus Erwerbstätigkeit, beispielsweise aus abhängiger Beschäftigung oder selbstständiger Tätigkeit, Erwerbsersatzeinkommen, wie zum Beispiel Krankengeld oder Arbeitslosengeld,
- Rente aus der gesetzlichen Rentenversicherung oder eigene Beamtenpension. Nur nach neuem Hinterbliebenenrecht wird zusätzliches Einkommen angerechnet. Dazu gehören auch Betriebsrenten wie zum Beispiel aus der Zusatzversorgung des öffentlichen Dienstes, private Versorgungsrenten oder Einnahmen aus Kapitalvermögen.

Freibeträge

Einkommen wirkt sich auf die Witwen-/Witwerrente jedoch nur aus, wenn ein bestimmter Freibetrag überschritten wird. Er beträgt in den alten Bundesländern monatlich 755,30 Euro und in den neuen Bundesländern monatlich 696,70 Euro (Stand: Juli 2014). Wer noch Kinder erzieht, für den erhöht sich der Freibetrag für jedes Kind, das Anspruch auf Waisenrente hat oder nur deshalb keinen hat, weil es nicht das Kind des verstorbenen Versicherten ist, um 160,22 Euro in den alten und um 147,78 Euro in den neuen Bundesländern (Stand: 2014).

Das Bruttoeinkommen wird, abhängig von der Art des Einkommens, durch den Abzug eines gesetzlichen Pauschalwerts auf einen Nettobetrag gebracht. Bei einer abhängigen

Beschäftigung als Arbeitnehmer werden von dem Bruttogehalt pauschal für Steuern und Sozialabgaben 40 Prozent unterstellt – und zwar unabhängig davon, ob die tatsächlichen Abzüge höher oder niedriger sind. Bei einer Rente aus der gesetzlichen Rentenversicherung werden als Beitrag zur Kranken- und Pflegeversicherung pauschal 14 Prozent der Rente abgezogen. Dies erfolgt unabhängig davon, ob der Rentner in einer gesetzlichen Krankenkasse versicherungspflichtig oder freiwilliges Mitglied bei einem privaten Krankenversicherungsunternehmen oder überhaupt nicht krankenversichert ist. Bei Einkommen aus Vermögen sind es im Regelfall 25 Prozent. Danach wird geprüft, ob der Freibetrag überschritten wird. Ist dies der Fall, werden 40 Prozent des den Freibetrag überschreitenden Betrags von der Witwen-/Witwerrente abgezogen.

Rentenantrag

Die Witwen-/Witwerrente wird auf Antrag gezahlt. Hat der verstorbene Ehepartner noch keine eigene Rente bezogen, beginnt die Witwen-/Witwerrente mit dem Todestag. Hat der verstorbene Partner bereits eine eigene Rente (z. B. Altersrente) erhalten, wird für den Sterbemonat noch die volle Versicherungsrente gezahlt. Die Witwen-/Witwerrente beginnt dann frühestens mit dem auf den Sterbemonat folgenden Monat.

ERZIEHUNGSRENTE

Unterhaltsersatz

Auch Geschiedene können eine Rente erhalten, wenn sie ein Kind erziehen und ihr geschiedener Ehepartner stirbt. Damit erhalten sie einen Unterhaltsersatz und können sich verstärkt um die Erziehung der Kinder kümmern. Anders als die Witwenrente ist die Erziehungsrente eine Rente aus eigener Versicherung. Sie wird also nicht aus der Versicherung des geschiedenen Ehegatten gezahlt.

Voraussetzungen

Anspruch auf Erziehungsrente besteht, wenn

- die Ehe nach dem 30. Juni 1977 geschieden, für nichtig erklärt oder aufgehoben wurde oder vor dem 1. Juli 1977 geschieden wurde und sich der Unterhaltsanspruch nach dem ehemaligen DDR-Recht richtete,
- der geschiedene Ehepartner gestorben ist,
- der Verwitwete unverheiratet geblieben ist,
- der Verwitwete selbst die allgemeine Wartezeit (Mindestversicherungszeit) von fünf Jahren erfüllt hat und
- der Verwitwete ein eigenes oder ein Kind des früheren Ehepartners (auch Stief- und Pflegekind, Enkel oder Geschwister) erzieht, das das 18. Lebensjahr noch nicht vollendet hat.

Höhe

Die Erziehungsrente entspricht in ihrer Höhe der Rente wegen voller Erwerbsminderung (vgl. dazu Seite 202). Wird die Rente vor dem 63. Geburtstag ausgezahlt, vermindert sie sich um einen Abschlag von maximal 10,8 Prozent.

Etwaiges Einkommen wird nach den gleichen Grundsätzen wie bei der Witwen-/Witwerrente angerechnet. Und: Besteht für denselben Zeitraum Anspruch auf mehrere Renten, wird nur die höchste Rente gezahlt.

Dauer der Rentengewährung

Regelaltersgrenze

Die Rente endet mit Ablauf des Monats, in dem die Voraussetzungen entfallen (zum Beispiel bei einer erneuten Heirat oder bei Ende der Kindererziehung, also in dem Monat, in dem das Kind das 18. Lebensjahr erreicht), spätestens jedoch, wenn der Hinterbliebene die Regelaltersgrenze erreicht. Danach wird, wenn nichts anderes bestimmt wird, die Regelaltersrente gezahlt.

Rentenantrag

Die Erziehungsrente wird mit dem Ersten des Monats gezahlt, in dem die Voraussetzungen erfüllt sind, wenn der Antrag innerhalb von drei Monaten nach dem Todesfall gestellt wurde. Liegt der Antrag später vor, wird die Rente vom Antragsmonat an gezahlt.

WAISENRENTE

Sterben der Vater, die Mutter oder beide Elternteile, werden Kinder durch die gesetzliche Rentenversicherung mit Waisenrenten unterstützt.

Voraussetzungen

Waisenrente können erhalten

- leibliche und adoptierte Kinder,
- Stiefkinder und Pflegekinder, die im Haushalt des Verstorbenen lebten,
- Enkel und Geschwister, die im Haushalt des Verstorbenen lebten oder von ihm überwiegend unterhalten wurden.

Halbwaisenrente

Anspruch auf Halbwaisenrente besteht, wenn noch ein unterhaltspflichtiger Elternteil lebt und der verstorbene Elternteil die allgemeine Wartezeit von fünf Jahren erfüllt hat bzw. diese als vorzeitig erfüllt gilt, weil der Elternteil durch einen Arbeitsunfall oder infolge einer Berufskrankheit verstorben ist. Vollwaisenrente wird gezahlt, wenn kein unterhaltspflichtiger Elternteil mehr lebt.

Höhe

Die Halbwaisenrente beträgt 10 Prozent, die Vollwaisenrente 20 Prozent der Versichertenrente (vgl. oben) des verstorbenen Elternteils. Zusätzlich wird ein Zuschlag gezahlt, der sich nach dem Umfang der rentenrechtlichen Zeiten des verstorbenen Elternteils bzw. der Eltern richtet.

Liegt der Todeszeitpunkt des verstorbenen Versicherten vor dem 65. Lebensjahr, wird die Waisenrente um einen Abschlag gemindert. Ist er vor dem 62. Lebensjahr verstorben, sind es 10,8 Prozent, ist er zwischen dem 62. und dem 65. Lebensjahr verstorben, beträgt der Abschlag 0,3 Prozent für jeden Monat vor dem 65. Lebensjahr.

Vorsicht

Wird Waisenrente nach Vollendung des 18. Lebensjahres bezogen, wird das Einkommen des Berechtigten auf die Rente angerechnet. Es gibt allerdings einen Freibetrag. Dieser beträgt aktuell in den alten Bundesländern 503,54 Euro monatlich, in den neuen Bundesländern sind es 464,46 Euro im Monat (Stand: Juli 2014).

Dauer der Rentengewährung

Waisenrenten werden regelmäßig bis zur Vollendung des 18. Lebensjahres des Kindes gezahlt. Der Rentenanspruch besteht darüber hinaus bis zur Vollendung des 27. Lebensjahres, wenn der Waise

- sich in Schul- oder Berufsausbildung befindet oder
- ein freiwilliges soziales Jahr, ein freiwilliges ökologisches Jahr oder den Bundesfreiwilligendienst leistet oder
- behindert ist und deshalb nicht selbst für sich sorgen kann.

Falls eine Schul- oder Berufsausbildung wegen der Ableistung von Wehr- oder Freiwilligendienst unterbrochen wurde, kann die Waisenrente unter Umständen auch über das 27. Lebensjahr hinaus gezahlt werden.

Rentenantrag

Die Waisenrente wird nur auf Antrag gezahlt. Bei verspäteter Antragstellung wird die Rente für nicht mehr als zwölf Monate rückwirkend geleistet.

Die Rentenzahlung beginnt mit dem Todestag des Verstorbenen, sofern er selbst keine Rente bezogen hat. War der Verstorbene bereits Rentner, erfolgt die Rentenzahlung mit Ablauf des Sterbemonats.

LEISTUNGEN DER GESETZLICHEN UNFALLVERSICHERUNG

Stirbt der Versicherte an den Folgen eines Arbeitsunfalls oder einer Berufskrankheit (vgl. dazu auch Seite 166), können Hinterbliebene Anspruch auf Sterbegeld, Hinterbliebenenrenten, Elternrente und Beihilfe haben.

13

STERBEGELD

Führt der Versicherungsfall zum Tod des Versicherten, erhalten die Hinterbliebenen ein pauschales Sterbegeld. Es beträgt den siebten Teil der im Zeitpunkt des Todes geltenden Bezugsgröße (2015: 4.860 Euro West, 4.140 Euro Ost). Haben nicht die Hinterbliebenen, sondern außenstehende Dritte die Kosten der Bestattung getragen, werden ihnen die tatsächlich entstandenen Kosten bis zur Höhe des Sterbegeldes erstattet.

HINTERBLIEBENENRENTEN

Aus der gesetzlichen Unfallversicherung können den Hinterbliebenen eine Witwen-/Witwerrente, dem Kind eine Waisenrente zustehen.

Vorsicht

Die Renten aller Hinterbliebenen dürfen 80 Prozent des Jahresarbeitsverdienstes des Versicherten nicht überschreiten. Als Jahresarbeitsverdienst gelten das Arbeitsentgelt und das Arbeitseinkommen in den letzten zwölf Kalendermonaten vor dem Versicherungsfall.

Witwen-/Witwerrente

Witwen- oder Witwerrente wird gezahlt, solange die hinterbliebenen Ehepartner nicht wieder geheiratet haben oder eine eingetragene Lebenspartnerschaft eingegangen sind. Für die Höhe der Rente sind das Alter der Witwe bzw. des Witwers, deren Erwerbs- bzw. Berufsfähigkeit und die Zahl der Kinder maßgebend.

Um die Umstellung auf den fehlenden Unterhalt zu erleichtern, wird für den Sterbemonat (ab dem Todestag) und die folgenden drei Kalendermonate eine erhöhte Rente ausgezahlt. Sie beträgt zwei Drittel des Jahresarbeitsverdienstes.

Witwen und Witwer erhalten für die Dauer von höchstens zwei Jahren 30 Prozent des Jahresarbeitsverdienstes des Verstorbenen nach Ablauf des dritten Kalendermonats (kleine Witwen-/Witwerrente).

Als große Witwen-/Witwerrente werden auf Dauer 40 Prozent des Jahresarbeitsverdienstes des Verstorbenen gezahlt,

- solange die Witwe bzw. der Witwer ein waisenrentenberechtigtes Kind erzieht oder für ein Kind sorgt, das wegen körperlicher, geistiger oder seelischer Behinderung Anspruch auf Waisenrente hat oder nur deswegen nicht hat, weil das 27. Lebensjahr vollendet wurde,
- wenn die Witwe bzw. der Witwer das 47. Lebensjahr vollendet hat oder
- solange die Witwe oder der Witwer erwerbsgemindert, erwerbs- oder berufsunfähig ist.

Witwen-/Witwerrente an früheren Ehegatten

Auch der frühere Ehegatte hat Anspruch auf eine Rente, wenn der verstorbene Ex-Partner während der letzten Jahre vor seinem Tod Unterhalt geleistet hat oder unterhaltspflichtig war. Sind mehrere Berechtigte vorhanden, erhält jeder von ihnen den Teil der Rente, der im Verhältnis zu den anderen Berechtigten der Dauer seiner Ehe mit dem Verstorbenen entspricht.

Waisenrente

Kinder des Verstorbenen erhalten bis zur Vollendung des 18. Lebensjahrs eine Vollwaisenrente, wenn sie keine Eltern mehr haben, und eine Halbwaisenrente, wenn noch ein Elternteil lebt. Die Waisenrente wird über das 18. Lebensjahr hinaus bis zum 27. Lebensjahr gezahlt, wenn

- das Kind eine Schul- oder Berufsausbildung macht,

- ein freiwilliges soziales/ökologisches Jahr im Sinne des Jugendfreiwilligendienstgesetzes oder einen Dienst nach dem Bundesfreiwilligendienstgesetz leistet oder
- sich wegen körperlicher, geistiger oder seelischer Behinderung nicht selbst unterhalten kann.

13

Die Waisenrente beträgt für eine Halbwaise 20 Prozent, für eine Vollwaise 30 Prozent des Jahresarbeitsverdienstes des Verstorbenen.

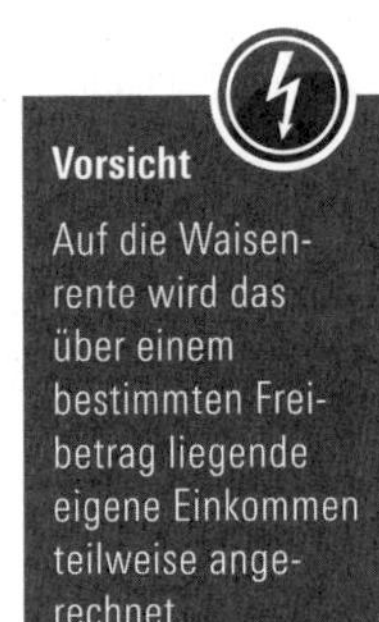

Elternrente

Eine besondere Rente der gesetzlichen Unfallversicherung ist die „Rente an Verwandte der aufsteigenden Linie". Diese Rente wird auch als „Elternrente" bezeichnet. Dabei handelt es sich um eine Hinterbliebenenrente, die eine Unterhaltsersatzfunktion für die Angehörigen erfüllt.

Erheblicher Unterhalt

Anspruch auf die Rente an Verwandte der aufsteigenden Linie besteht, wenn der Verstorbene zur Zeit des Todes aus seinem Arbeitsentgelt oder -einkommen die Hinterbliebenen entweder wesentlich unterhalten hat oder diese ohne den Versicherungsfall wesentlich unterhalten worden wären. Der Unterhalt gilt als wesentlich, wenn dadurch eine auskömmliche Lebensführung ermöglicht wird. Dabei muss der geschuldete Unterhalt so erheblich sein, dass sich die Situation der Berechtigten durch die Unterhaltsleistungen des Verstorbenen entscheidend verbessert hat. Als Hinterbliebene kommen insbesondere die Eltern und Großeltern in Betracht.

Die Rente beträgt 20 Prozent des Jahresarbeitsverdienstes für einen Elternteil und 30 Prozent des Jahresarbeitsverdienstes für ein Elternpaar. Das Gesetz legt für die Berechnung der Rente eine Obergrenze (Höchstjahresarbeitsverdienst) fest. Die Rente wird solange gezahlt, wie von den Hinterbliebenen ein Unterhaltsanspruch wegen Unterhaltsbedürftigkeit – ohne den Tod – hätte geltend gemacht werden können.

WITWEN-/WITWER- UND WAISENBEIHILFE

Witwen bzw. Witwer erhalten eine einmalige Beihilfe von 40 Prozent des Jahresarbeitsverdienstes des Versicherten, wenn kein Anspruch auf Hinterbliebenenrente besteht, weil der Tod des Versicherten nicht Folge eines Versicherungsfalls war und der Verstorbene Anspruch auf eine Rente nach einer Minderung der Erwerbsfähigkeit von 50 Prozent und mehr hatte.

Waisenbeihilfe

Vollwaisen haben diesen Anspruch, wenn sie zur Zeit des Todes des Versicherten mit diesem in häuslicher Gemeinschaft gelebt haben und von ihm überwiegend unterhalten worden sind. Unter mehreren Waisen wird die Waisenbeihilfe gleichmäßig verteilt.

In besonderen Härtefällen kann statt der einmaligen Ausgleichszahlung laufende Beihilfe gewährt werden. Das ist dann der Fall, wenn der verstorbene Versicherte länger als zehn Jahre eine Verletztenrente von 80 Prozent oder mehr der Vollrente wegen einer Minderung seiner Erwerbsfähigkeit erhalten hat.

14

SOZIALHILFE – ZUR FÜHRUNG EINES MENSCHENWÜRDIGEN LEBENS

Die gesetzliche Sozialversicherung leistet, wenn Menschen durch einen Unfall, durch Krankheit, Behinderung, Pflegebedürftigkeit, Arbeitslosigkeit oder durch den Tod eines Angehörigen in Not geraten und staatlicher Hilfe bedürfen. Was aber, wenn eine Notlage eintritt, die nicht oder nicht vollständig von der staatlichen Vorsorge abgedeckt wird oder wenn das Erwerbseinkommen für den Lebensunterhalt nicht reicht? Wenn man sich nicht selbst helfen kann und auch kein anderer hilft, springt die Sozialhilfe ein.

GRUNDSÄTZE DES SOZIALHILFE-RECHTS

Die Sozialhilfe schützt als unterstes Netz vor Armut, sozialer Ausgrenzung und besonderen Belastungen. Sie sichert die von der regelmäßigen Vorsorge (Sozialversicherung) nicht oder nicht vollständig erfassten Lebensrisiken ab. Aufgabe der Sozialhilfe ist es, Hilfebedürftigen eine menschenwürdige Lebensführung zu ermöglichen.

NACHRANGIGE HILFE

Tipp

Wenn die gedeckelten Leistungen der sozialen Pflegeversicherung bei einer Unterbringung im Pflegeheim nicht ausreichen, besteht unter Umständen Anspruch auf ergänzende Hilfe zur Pflege, um die Heimkosten zu zahlen (vgl. dazu Seite 243).

Sozialhilfe erhält nur, wer seinen notwendigen Bedarf nicht selbst durch eigenes Einkommen und Vermögen sowie durch den Einsatz seiner Arbeitskraft oder durch Mittel anderer (insbesondere Angehöriger oder durch andere Sozialleistungen) decken kann. Verpflichtungen anderer, insbesondere Träger anderer Sozialleistungen oder Unterhaltspflichtiger, bleiben rechtlich unberührt. Ansprüche, zum Beispiel auf Leistungen der gesetzlichen Krankenversicherung, der sozialen Pflegeversicherung oder der Arbeitsförderung haben grundsätzlich Vorrang vor Leistungen der Sozialhilfe. Der Hilfebedürftige kann also auch nicht auf vorrangige Sozialleistungsansprüche (z. B. Rente, Wohngeld oder Arbeitslosengeld) verzichten. Die Sozialhilfe hat aber auch eine Ergänzungsfunktion, wenn vorrangige Sozialleistungen zur sozialen Sicherung nicht ausreichen.

Weil Sozialhilfe nur nachrangig greift, müssen Hilfesuchende zunächst eigenes Einkommen und Vermögen einsetzen. Die Behörde prüft also, wieweit die eigenen Mittel ausreichen, um den Bedarf zu decken. Bei der Hilfe zum Lebensunterhalt (vgl. dazu Seite 234) sind Einkommen und Vermögen grundsätzlich voll einzusetzen, bei Hilfen in anderen Lebenslagen (vgl. dazu Seite 241 ff.) hängt diese Entscheidung davon ab, ob der Einsatz zumutbar ist.

14

INDIVIDUELLE HILFE

Leistungen der Sozialhilfe richten sich nach der Besonderheit des Einzelfalles, insbesondere nach der Art des Bedarfs und den örtlichen Verhältnissen. Die Hilfebedürftigen dürfen Wünsche zur Gestaltung der Leistung äußern. Ihnen soll entsprochen werden, soweit sie angemessen sind. Angemessen ist der Wunsch, wenn er eine menschenwürdige Lebensführung fördert und damit keine unverhältnismäßigen Kosten verbunden sind.

Dem gesetzlich festgelegten Grundsatz der Individualität entspricht es, dass

- die Art der Leistungen auch davon abhängt, wie sich der individuelle Bedarf darstellt,
- es von den individuellen Umständen abhängt, ob die Leistung als Dienst-, Geld- oder Sachleistung erbracht wird (vgl. dazu unten),
- vom Regelsatz (vgl. dazu Seite 236) nach oben oder unten abgewichen werden muss, wenn der individuelle Bedarf dies im Einzelfall gebietet.

HILFEFORMEN

Leistungen der Sozialhilfe werden als Dienst-, Geld- und Sachleistungen erbracht. Im Vordergrund steht die Dienstleistung. Dazu gehören insbesondere die Beratung in Fragen der Sozialhilfe und die Beratung und Unterstützung in sonstigen sozialen Angelegenheiten. Bei Geldleistungen handelt es sich um einmalige oder laufende Leistungen. Zu den Sachleistungen gehören unter anderem Bekleidung, Hausrat, Ver-

Tipp

Die zuständigen Behörden sind gesetzlich verpflichtet, über alle sozialen Angelegenheiten Auskünfte zu erteilen. Die Pflicht umfasst auch, den Hilfebedürftigen die für die Sozialleistungen zuständigen Leistungsträger zu benennen sowie auf alle in diesem Zusammenhang bedeutsamen Sach- und Rechtsfragen hinzuweisen sowie hierzu Auskunft zu erteilen.

sorgung mit Arzneien und Heilmitteln oder Kostenübernahmen verschiedener Art.

Tipp

Einzelheiten über die Voraussetzungen und die Höhe der jeweiligen Leistungen sind in der Broschüre „Sozialhilfe und Grundsicherung im Alter" nachzulesen. Zu bestellen beim Bundesministerium für Arbeit und Soziales, 11017 Berlin, oder im Internet unter www.bmas.de herunterzuladen.

KEIN ANTRAG DES BEDÜRFTIGEN NOTWENDIG

Ein Anspruch auf Sozialhilfe entsteht, wenn die gesetzlichen Voraussetzungen dafür vorliegen. Die Sozialhilfe hat demnach dann einzusetzen, wenn der zuständigen Behörde bekannt wird, dass ein Bedarf besteht. Die Gewährung der Sozialhilfe darf nicht von einer förmlichen Antragstellung abhängig gemacht werden. Unerheblich für die Leistungspflicht ist, aus welchen Gründen der Hilfebedürftige in Not geraten ist.

LEISTUNGEN DER SOZIALHILFE

Die Sozialhilfe umfasst unter anderem:

- Hilfe zum Lebensunterhalt,
- Grundsicherung im Alter und bei Erwerbsminderung (vgl. dazu die Seiten 217 und 207),
- Hilfen zur Gesundheit,
- Eingliederungshilfen für Menschen mit Behinderung und
- Hilfe zur Pflege.

Tipp

Die Hilfe zum Lebensunterhalt wird insbesondere als Geldleistung erbracht. Zuständig sind die örtlichen Träger der Sozialhilfe, also die Sozialämter in den Stadt-, Kreis- oder Gemeindeverwaltungen.

HILFE ZUM LEBENSUNTERHALT

Hilfe zum Lebensunterhalt ist Personen zu leisten, die ihren notwendigen Lebensunterhalt nicht oder nicht ausreichend aus eigenen Kräften und Mitteln, insbesondere aus ihrem eigenen Einkommen und Vermögen, bestreiten können. Der notwendige Lebensunterhalt umfasst insbesondere Ernährung, Kleidung, Körperpflege, Hausrat, Haushaltsenergie (ohne die auf Heizung und Erzeugung von Warmwasser entfallenden Anteile), persönliche Bedürfnisse des täglichen Lebens sowie Unterkunft und Heizung. Zu den persönlichen

Bedürfnissen des täglichen Lebens gehört in vertretbarem Umfang eine Teilhabe am sozialen und kulturellen Leben in der Gemeinschaft; dies gilt in besonderem Maß für Kinder und Jugendliche.

BERECHTIGTE

Kleiner Personenkreis

Wie auf Seite 232 dargelegt, besteht kein Anspruch auf Sozialhilfe, wenn die erforderliche Hilfe von anderen Sozialleistungsträgern geleistet wird. Da für bedürftige erwerbsfähige Personen im Alter zwischen 15 Jahren und dem Renteneintrittsalter zur Existenzsicherung das SGB II maßgeblich ist (vgl. dazu Seite 100 ff.), bleibt nur ein kleiner Personenkreis, der Anspruch auf Hilfe zum Lebensunterhalt haben kann. Zum Kreis der Leistungsberechtigten gehören u. a.:

- Personen, deren Anspruch auf Arbeitslosengeld II endet, weil sie sich voraussichtlich länger als sechs Monate in einer stationären Einrichtung aufhalten,
- Kinder unter 15 Jahren, die in einer Bedarfsgemeinschaft mit Beziehern von Grundsicherung (vgl. dazu Seite 217) leben (z. B. bei den Großeltern) und ihren Lebensunterhalt vor allem aus Unterhaltsansprüchen nicht sicherstellen können,
- Personen, deren Antrag auf Grundsicherung abgelehnt wird, weil die Sozialhilfebedürftigkeit in den letzten zehn Jahren vorsätzlich oder grob fahrlässig herbeigeführt wurde (in diesem Fall kann der Sozialhilfeträger die Leistung auf das „zum Lebensunterhalt Unerlässliche" kürzen).

BEDÜRFTIGKEIT

Ausgangspunkt für die Hilfe zum Lebensunterhalt ist der sogenannte Bedarf. Dieser setzt sich aus folgenden Komponenten zusammen:

- dem Regelbedarf,
- angemessenen Kosten der Unterkunft,
- tatsächlichen Heizkosten und
- eventuellen Mehrbedarfen für bestimmte Personengruppen.

Ferner können Beiträge für die Kranken- und Pflegeversicherung und für die Altersvorsorge übernommen werden.

REGELBEDARF UND -SÄTZE

Der gesamte Bedarf des Lebensunterhalts außerhalb von Anstalten, Heimen und gleichartigen Einrichtungen mit Ausnahme von Leistungen der Unterkunft, für Heizung und für Mehrbedarfe (vgl. dazu unten) wird nach Regelsätzen gewährt. Es gelten folgende Regelsätze (Stand 1. Januar 2015):

Regelbedarfsstufe	**Regelsätze für**	**Höhe des Regelsatzes (in Euro)**
1	volljährige Alleinstehende oder Alleinerziehende	399
2	volljährige Ehe- oder Lebenspartner in einer Bedarfsgemeinschaft (= gemeinsamer Haushalt) jeweils	360
3	sonstige Volljährige in einer Bedarfsgemeinschaft	320
4	Jugendliche vom 14. bis zum 18. Geburtstag jeweils	302
5	Kinder vom 6. bis zum 14. Geburtstag jeweils	267
6	Kinder bis zum 6. Geburtstag jeweils	234

Leistungen für Unterkunft

Der notwendige Lebensunterhalt umfasst auch die Kosten der Unterkunft des Hilfebedürftigen. Diese werden in Höhe der tatsächlichen Aufwendungen erbracht. Sie umfassen bei einer Mietwohnung die Nettomiete und die allgemeinen Nebenkosten (z. B. Müllabfuhr, Wassergeld, Entwässerung). Bei Wohnungseigentum gehören zu den Unterkunftskosten unter anderem die Schuldzinsen der Hypotheken, die Beiträge zur Wohngebäudeversicherung, das Hausgeld bei einer Eigentumswohnung und die Nebenkosten wie bei einer Mietwohnung.

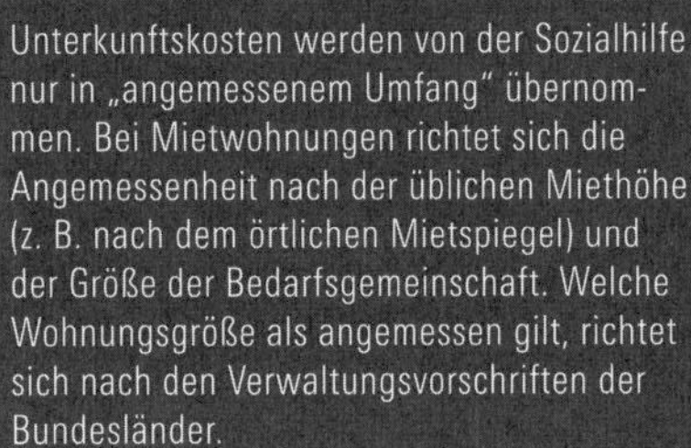

Vorsicht

Unterkunftskosten werden von der Sozialhilfe nur in „angemessenem Umfang" übernommen. Bei Mietwohnungen richtet sich die Angemessenheit nach der üblichen Miethöhe (z. B. nach dem örtlichen Mietspiegel) und der Größe der Bedarfsgemeinschaft. Welche Wohnungsgröße als angemessen gilt, richtet sich nach den Verwaltungsvorschriften der Bundesländer.

Leistungen für Heizung

Auch Leistungen für Heizung und Warmwasserversorgung werden in tatsächlicher Höhe erbracht, soweit sie angemessen sind. Dabei sind die Umstände des Einzelfalls zu berücksichtigen, insbesondere die Außentemperaturen, die Effektivität der Heizungsanlage, die Isolierung der Wohnung, das Alter und der Gesundheitszustand der Bewohner.

Mehrbedarfe

Pauschaler Mehrbedarf

Für Personen, die generell einen über dem Regelbedarf liegenden Bedarf haben, wird ein pauschaler Mehrbedarf gewährt – ohne dass ein Nachweis für diesen besonderen Hilfebedarf geführt werden muss. Dies sind

- Personen, die mindestens 65 Jahre alt sind und bei denen eine Gehbehinderung (Merkzeichen G) bzw. eine außergewöhnliche Gehbehinderung (Merkzeichen aG) festgestellt wurde, erhalten einen Mehrbedarfszuschlag von 17 Prozent ihres maßgebenden Regelsatzes.
- Werdende Mütter haben nach Ablauf der zwölften Schwangerschaftswoche Anspruch auf Anerkennung eines Mehrbedarfs in Höhe von 17 Prozent ihres maßgebenden Regelsatzes, soweit nicht im Einzelfall ein abweichender Bedarf besteht. Durch den Mehrbedarf werden der Kauf von Schwangerschaftsbekleidung, Kosten zur

Schwangerschaftsvorbereitung, aber auch erhöhte Ernährungskosten abgedeckt.

- Personen, die allein für die Pflege und Erziehung von minderjährigen Kindern sorgen, haben unter bestimmten Voraussetzungen Anspruch auf Anerkennung eines Mehrbedarfs von bis zu 60 Prozent des für die erziehende Person maßgebenden Regelsatzes.
- Einen Mehrbedarfszuschlag von 35 Prozent ihres maßgebenden Regelsatzes erhalten Behinderte, die das 15. Lebensjahr vollendet haben und die Eingliederungshilfe erhalten (vgl. dazu Seite 85).
- Für Kranke, Genesende, Behinderte oder von einer Krankheit oder Behinderung bedrohte Personen ist ein Mehrbedarf in angemessener Höhe anzuerkennen, wenn sie einer kostenaufwendigen Ernährung bedürfen.

Vorsicht

Mehrere Mehrbedarfszuschläge können zusammentreffen. Ihre Summe darf aber die Höhe des für die betreffende Person maßgebenden Regelsatzes nicht überschreiten.

ANRECHNUNG VON EINKOMMEN UND VERMÖGEN

Anspruch auf Hilfe zum Lebensunterhalt haben berechtigte Personen nur, soweit sie ihren Lebensunterhalt nicht aus ihrem Einkommen und/oder Vermögen sicherstellen können. Bevor Sozialhilfe einsetzt, sind Einkommen und Vermögen grundsätzlich vollständig zu verbrauchen – es sei denn, dass Einkommensbestandteile oder Vermögensgegenstände von einer Verwertung ausgenommen sind.

Bedürftigkeit liegt vor, wenn der Leistungsberechtigte zu wenig Erwerbseinkommen hat, keine ausreichenden Leistungen anderer Sozialleistungsträger erhält und wenn Unterhaltszahlungen ausbleiben oder zu gering sind, um den festgestellten Bedarf abzudecken.

Vereinfacht ausgedrückt gilt als Faustregel:

Maßgebende Regelbedarfsstufe der leistungsberechtigten Person

\+ tatsächliche Heizkosten, soweit sie angemessen sind
\+ eventuelle Mehrbedarfe, sofern die persönlichen Voraussetzungen erfüllt sind,
\+ bei Kindern und Jugendlichen bzw. Schülern: Bedarfe für Bildung und Teilhabe (vgl. unten)

= Gesamtbedarf
– Einkommen

Höhe der Leistung

EINMALIGE LEISTUNGEN

Neben den laufenden Leistungen der Hilfe zum Lebensunterhalt werden einmalige Leistungen gesondert erbracht, insbesondere für

- die Erstausstattung für die Wohnung einschließlich Haushaltsgeräten (z. B. bei Verlust von Haushaltsgegenständen durch einen Wohnungsbrand, wenn keine Hausratversicherung vorhanden ist, die den Schaden ersetzt) und
- die Erstausstattung für Bekleidung bei Schwangerschaft und Geburt (z. B. Kinderwagen und Babyausstattung).

Solche Leistungen werden auch erbracht, wenn der Leistungsberechtigte keine Regelsatzleistungen benötigt, den Bedarf jedoch aus eigenen Kräften und Mitteln nicht voll decken kann.

BEITRÄGE ZUR KRANKEN- UND PFLEGEVERSICHERUNG UND FÜR DIE VORSORGE

Auch Beiträge zur gesetzlichen und privaten Kranken- und Pflegeversicherung zählen zum notwendigen Lebensbedarf. Generell werden Beiträge in angemessener Höhe übernommen. Die Höhe der Beiträge zur gesetzlichen Krankenversicherung und sozialen Pflegeversicherung ist stets angemessen.

Ermessensentscheidung

Neben Beiträgen zur Kranken- und Pflegeversicherung können auch freiwillige Vorsorgebeiträge (z. B. der Mindesteigenbeitrag bei der Riester-Rente) übernommen werden. Die Übernahme steht im Ermessen des Sozialhilfeträgers.

BEDARFE FÜR BILDUNG UND TEILHABE

Für Kinder und Jugendliche bzw. für Schüler umfasst die Hilfe zum Lebensunterhalt zusätzliche Bedarfe, die auf deren besondere Situation ausgerichtet sind:

- **Schülerbeförderung:** Für Schüler, die für den Besuch der nächstgelegenen Schule auf Schülerbeförderung angewiesen sind, werden die dafür erforderlichen tatsächlichen Aufwendungen berücksichtigt, soweit die Beförderungskosten nicht anderweitig abgedeckt sind und es nicht zugemutet werden kann, die Kosten aus dem Regelbedarf zu bestreiten. In der Regel ist eine Eigenbeteiligung in Höhe von 5 Euro monatlich zumutbar.
- **Mittagessen in Kindertageseinrichtungen, Tagespflege und Schulen:** Der Anspruch auf die Mehraufwendungen besteht bei Teilnahme an einer gemeinschaftlichen Mittagsverpflegung. Der Eigenanteil des Kindes beträgt ein Euro pro Mittagessen.
- **Lernförderung:** Ein Anspruch auf angemessene Lernförderung besteht, wenn diese geeignet und erforderlich ist, um die wesentlichen Lernziele zu erreichen. Vorausset-

zung ist, dass vorrangig in Anspruch zu nehmende schulische Angebote nicht ausreichen.

- **Schulbedarf:** Für das notwendige Schulmaterial wird jährlich ein Zuschuss von 100 Euro in zwei Teilbeträgen berücksichtigt. Zu Beginn des ersten Schulhalbjahres werden 70 Euro, zu Beginn des zweiten Schulhalbjahres die restlichen 30 Euro gezahlt.
- **Ausflüge:** Die tatsächlichen Kosten für eintägige Schulausflüge und mehrtägige Klassenfahrten in Schulen und Kitas werden als Bedarf anerkannt.
- **Unterstützung zum Mitmachen in den Bereichen Kultur, Sport, Spiel, Geselligkeit und Freizeiten:** Es wird ein monatlicher Bedarf von 10 Euro berücksichtigt. Dieser Monatsbetrag kann auch „angespart" werden, um daraus größere Ausgaben finanzieren zu können.

14

SOZIALHILFE IN UNTERSCHIEDLICHEN LEBENSLAGEN

Abhängig vom Einkommen

Neben der Hilfe zum Lebensunterhalt umfasst die Sozialhilfe auch Hilfe für besondere Lebensrisiken. Auch in diesem Zusammenhang werden Leistungen nur unter Berücksichtigung der Einkommens- und Vermögenssituation des Hilfebedürftigen erbracht. Zu den Hilfen in anderen Lebenslagen gehören unter anderem die Hilfen zur Gesundheit, die Eingliederungshilfe für behinderte Menschen und die Hilfe zur Pflege.

HILFEN ZUR GESUNDHEIT

Seit 1. Januar 2004 sind alle nicht krankenversicherten Sozialhilfeempfänger leistungsrechtlich den gesetzlich Krankenversicherten gleichgestellt. Für sie gilt der Leistungskatalog der gesetzlichen Krankenversicherung. Hiervon ausgeschlossen sind Sozialhilfeempfänger, die voraussichtlich nicht mindestens einen Monat ununterbrochen Hilfe zum Lebensunterhalt beziehen und Personen, die im Rahmen dieser Hilfe nur Beratung und Unterstützung erhalten, ferner Deutsche im Ausland.

Empfänger von Sozialhilfe müssen unverzüglich nach deren Bewilligung eine gesetzliche Krankenkasse im Bereich des für die Hilfe zuständigen Sozialhilfeträgers wählen, die ihre Krankenbehandlung übernimmt. Nach der Anmeldung bei der Krankenkasse erhält der Sozialhilfeempfänger eine Krankenversicherungskarte, die zur Inanspruchnahme der Leistungen der gesetzlichen Krankenversicherung berechtigt. Die Krankenkasse rechnet die erbrachten Leistungen dann mit dem Sozialhilfeträger ab.

Tipp

Zuständig für Leistungen der Hilfe zur Gesundheit sind die örtlichen Träger der Sozialhilfe, also die Sozialämter in den Stadt-, Kreis- oder Gemeindeverwaltungen.

Nur die (in Ausnahmefällen) nicht krankenversicherten Sozialhilfeempfänger erhalten als Sozialhilfe die Hilfen zur Gesundheit. Diese entsprechen den Leistungen der gesetzlichen Krankenversicherung und umfassen die vorbeugende Gesundheitshilfe und Hilfen zur Behandlung einer Krankheit, zur Familienplanung, bei Schwangerschaft und Mutterschaft und bei Sterilisation.

EINGLIEDERUNGSHILFEN FÜR MENSCHEN MIT BEHINDERUNG

Wer nicht nur vorübergehend körperlich, geistig oder seelisch wesentlich behindert ist oder wem eine solche Behinderung droht, hat Anspruch auf Leistungen der Eingliederungshilfe. Ihre Aufgabe ist es, eine drohende Behinderung zu verhüten oder eine vorhandene Behinderung oder deren Folgen zu beseitigen oder zu mildern und den behinderten Menschen in die Gesellschaft einzugliedern. Mit anderen Worten: Die Eingliederungshilfe soll ein Leben in der Gemeinschaft ermöglichen oder erleichtern, die Ausübung eines angemessenen Berufs ermöglichen und unabhängig von der Pflege machen.

Anspruch auf die Leistungen der Eingliederungshilfe besteht nur, soweit die Hilfe nicht von einem vorrangig verpflichteten Leistungsträger (z. B. Krankenversicherung, Rentenversicherung oder Agentur für Arbeit) erbracht wird.

Zu den Leistungen der Eingliederungshilfe gehören:

- Hilfen zu einer angemessenen Schulbildung und heilpädagogische Leistungen, um den behinderten Menschen den Schulbesuch im Rahmen der allgemeinen Schulpflicht und auch an weiterführenden Schulen (z. B. Gymnasium) zu ermöglichen,
- Hilfe zur schulischen Ausbildung für einen angemessenen Beruf einschließlich des Besuchs einer Hochschule,
- Hilfe zur Ausbildung für eine sonstige angemessene Tätigkeit,
- Hilfe in vergleichbaren sonstigen Beschäftigungsstätten (Werkstatt für behinderte Menschen),
- nachgehende Hilfe zur Sicherung der Wirksamkeit der ärztlichen und ärztlich verordneten Leistungen und zur Sicherung der Teilhabe der behinderten Menschen am Arbeitsleben.

Viele Leistungen der Eingliederungshilfe für Menschen mit Behinderungen werden unabhängig vom Einkommen und Vermögen des behinderten Menschen erbracht.

Tipp

Zuständig für Leistungen der Eingliederungshilfe für Menschen mit Behinderungen sind die überörtlichen Träger der Sozialhilfe (z. B. in Baden-Württemberg der Kommunalverband für Jugend und Soziales, in Bayern die Bezirke, in Nordrhein-Westfalen die Landschaftsverbände).

HILFE ZUR PFLEGE

Die Sozialhilfe unterstützt pflegebedürftige Personen, indem sie die mit der Pflege verbundenen Kosten ganz oder teilweise übernimmt. Personen, die wegen einer körperlichen oder seelischen Krankheit oder Behinderung für die gewöhnlichen und regelmäßig wiederkehrenden Verrichtungen im Ablauf des täglichen Lebens auf Dauer, voraussichtlich für mindestens sechs Monate, in erheblichem oder höherem Maße der Hilfe bedürfen, ist Hilfe zur Pflege zu leisten. Hilfe zur Pflege ist auch kranken und behinderten Menschen zu leisten, die voraussichtlich für weniger als sechs Monate der Pflege bedürfen oder einen geringeren Bedarf haben oder die der Hilfe für andere Verrichtungen bedürfen.

Nachrangige Leistung

Die Leistungen der sozialen Pflegeversicherung (vgl. dazu Seite 171 ff.) gehen den entsprechenden Leistungen der Sozialhilfe vor. Die Hilfe zur Pflege ist also eine nachrangige Sozialleistung, wenn Leistungen der sozialen Pflegeversicherung nicht in Betracht kommen. So insbesondere für Personen, die keinen Anspruch auf Leistungen der Pflegeversicherung haben, weil sie nicht versicherungspflichtig sind oder aus anderen Gründen keinen Anspruch auf Leistungen der Pflegeversicherung haben. Die Hilfe zur Pflege hat auch bei Pflegebedürftigen einzutreten, deren notwendiger Pflegebedarf durch die Leistungen der Pflegeversicherung nicht gedeckt werden kann.

Tipp

Zuständig für Leistungen der Hilfe zur Pflege sind die überörtlichen Träger der Sozialhilfe (z. B. in Baden-Württemberg der Kommunalverband für Jugend und Soziales, in Bayern die Bezirke, in Nordrhein-Westfalen die Landschaftsverbände).

Die Hilfe zur Pflege umfasst

- häusliche Pflege,
- Hilfsmittel,
- teilstationäre Pflege,
- Kurzzeitpflege und
- stationäre Pflege.

Der Inhalt dieser Leistungen bestimmt sich nach den Regelungen der Pflegeversicherung (vgl. dazu Seite 174).

Die Höhe des Pflegegelds der Hilfe zur Pflege entspricht dem der sozialen Pflegeversicherung (vgl. dazu Seite 174). Es ist ebenfalls nach den drei Pflegestufen pauschaliert. Soweit Pflegegeld der Pflegeversicherung gezahlt wird, ist dieses in voller Höhe anzurechnen. Es gibt also keinen Doppelbezug von Pflegegeld der Sozialhilfe und Pflegegeld der Pflegeversicherung.

15 SONSTIGE STAATLICHE HILFEN

Staatliche Hilfe gibt es auch bei der rechtlichen Beratung und bei einer gerichtlichen Auseinandersetzung. Unter bestimmten Voraussetzungen kann auch eine Befreiung von der Zahlung des Rundfunkbeitrags erfolgen oder ein ermäßigter Beitrag gewährt werden.

BERATUNGSHILFE

Wer im Vorfeld einer möglichen gerichtlichen Auseinandersetzung wegen knapper finanzieller Mittel die Kosten für eine rechtliche Beratung nicht tragen kann, hat unter Umständen Anspruch auf Beratungshilfe. Rechtliche Grundlage ist das Beratungshilfegesetz. Dieses Gesetz gilt – mit Ausnahme von Bremen und Hamburg – für alle Bundesländer. In den Ländern Bremen und Hamburg gilt die schon seit längerem eingeführte öffentliche Rechtsberatung.

INHALT

Beratungshilfe bedeutet, dass in einer rechtlichen Angelegenheit fachkundiger Rat eingeholt werden kann. Sie beinhaltet auch die rechtliche Vertretung durch einen Anwalt.

Vielfältige Angelegenheiten

Beratungshilfe wird nahezu in allen Angelegenheiten gewährt, insbesondere in Angelegenheiten des Zivilrechts (z. B. Kauf- oder Mietrecht), Arbeitsrechts (z. B. Kündigung des Arbeitsvertrags), Verwaltungsrechts (z. B. Gewerberecht), Sozialrechts (z. B. Angelegenheiten der gesetzlichen Kranken-, Pflege- und Rentenversicherung) und des Steuerrechts. Wer in Verdacht steht, eine strafbare Handlung oder eine Ordnungswidrigkeit begangen zu haben, kann sich im Rahmen der Beratungshilfe zwar beraten, aber nicht vertreten lassen.

VORAUSSETZUNGEN

Anspruch auf Beratungshilfe besteht, wenn

- die erforderlichen Mittel nach den persönlichen und wirtschaftlichen Verhältnissen nicht aufgebracht werden können (das ist der Fall, wenn Prozesskostenhilfe ohne einen eigenen Beitrag zu den Kosten zu gewähren wäre; vgl. dazu Seite 249),

- es keine andere Möglichkeit gibt, Hilfe in Anspruch zu nehmen (z. B. durch eine Rechtsschutzversicherung oder Zugehörigkeit zum Mieterbund) und
- die Inanspruchnahme der Beratungshilfe nicht mutwillig ist (z. B. wenn der Rechtsanwalt aufgesucht wird ohne zuvor mit der Schuldnerberatungsstelle Kontakt aufgenommen zu haben).

ANTRAG

Die Bewilligung von Beratungshilfe muss schriftlich oder mündlich bei der Rechtsantragstelle des zuständigen Amtsgerichts beantragt werden. Auch ein Anwalt kann direkt aufgesucht und unter Darstellung der persönlichen und wirtschaftlichen Verhältnisse um Beratungshilfe gebeten werden. Der Antrag auf Bewilligung von Beratungshilfe ist dann nachträglich (innerhalb von vier Wochen) schriftlich beim Amtsgericht zu stellen.

Vorsicht

Wenn die Beratungshilfe so erfolgreich war, dass sich deshalb die finanzielle Situation des Antragstellers erheblich gebessert hat (z. B. weil eine Forderung beglichen wurde), kann die Beratungsperson beim Amtsgericht beantragen, dass die Beratungshilfe aufgehoben wird und dann die Zahlung einer vorher vereinbarten Vergütung verlangen. Darauf muss die Beratungsperson allerdings vor Übernahme des Mandats hinweisen.

Wird dem Antrag entsprochen, erhält der Antragsteller einen Berechtigungsschein für die Beratung. Mit diesem kann dann ein Anwalt nach Wahl aufgesucht werden. Dieser kann dann eine Gebühr von 15 Euro zuzüglich Mehrwertsteuer verlangen. Den Rest der entstehenden Kosten trägt dann die Staatskasse.

PROZESSKOSTENHILFE

Prozesskostenhilfe soll auch jenen eine gerichtliche Klärung ihrer Angelegenheit ermöglichen, die wegen ihrer persönlichen und wirtschaftlichen Verhältnisse die Kosten dafür nicht, nur zum Teil oder nur in Raten aufbringen können.

15

INHALT

Prozesskostenhilfe bedeutet, dass der Antragsteller weder Gerichtskosten noch einen Gerichtskostenvorschuss zu zahlen hat. Wird ihm ein Rechtsanwalt beigeordnet, werden auch dessen Kosten von der Staatskasse übernommen. Auch für benannte Zeugen oder Sachverständige muss er keinen Kostenvorschuss leisten.

Vorsicht

Geht der Prozess verloren, müssen unter Umständen – auch wenn Prozesskostenhilfe bewilligt wurde – die Kosten des Gegners, insbesondere die Kosten des gegnerischen Rechtsanwalts, bezahlt werden.

VORAUSSETZUNGEN

Die Bewilligung der Prozesskostenhilfe setzt voraus, dass die beabsichtigte Rechtsverfolgung oder -verteidigung hinreichende Aussicht auf Erfolg bietet und nicht mutwillig erscheint. Zudem darf der Antragsteller selbst persönlich und wirtschaftlich nicht in der Lage sein, den Prozess zu führen.

Von den Gerichtskosten und den Kosten des eigenen Rechtsanwalts völlig befreit wird, wer kein Vermögen hat und dessen einzusetzendes Einkommen weniger als 20 Euro beträgt.

Einzusetzendes Einkommen

Das einzusetzende Einkommen wird wie folgt berechnet:

Vom Bruttoeinkommen werden zunächst Steuern, Vorsorgeaufwendungen (z. B. Sozialversicherung) und Werbungskosten abgezogen. Weiter werden abgesetzt (Stand 1. Januar 2015):

- ein Freibetrag von 462 Euro für den Antragsteller,

- ein Freibetrag von 462 Euro für den Ehegatten bzw. eingetragenen Lebenspartner (dieser Freibetrag mindert sich jedoch um eigenes Einkommen des Ehegatten bzw. eingetragenen Lebenspartners),
- ein Freibetrag für jede unterhaltsberechtigte Person (Erwachsene: 370 Euro, Jugendliche vom Beginn des 15. bis zur Vollendung des 18. Lebensjahrs: 349 Euro; Kinder vom Beginn des 7. bis zur Vollendung des 14. Lebensjahrs: 306 Euro und Kinder bis zur Vollendung des 6. Lebensjahrs: 268 Euro),
- ein zusätzlicher Freibetrag von 210 Euro für erwerbstätige Personen,
- die Wohn- und Heizkosten und
- eventuell weitere Beträge mit Rücksicht auf besondere Belastungen (z. B. Körperbehinderung).

ANTRAG

Beweismittel darlegen

Prozesskostenhilfe erhält man auf Antrag, über den das Gericht zu entscheiden hat. In dem Antrag muss der Streit unter Angabe aller Beweismittel dargelegt werden. Ferner ist eine Erklärung über die persönlichen und wirtschaftlichen Verhältnisse (Familienverhältnisse, Beruf, Vermögen, Einkommen und Lasten) beizufügen. Das Gericht prüft dann vorab, ob die Rechtsverfolgung Aussicht auf Erfolg hat.

BEFREIUNG VOM RUNDFUNKBEITRAG

Volljährige Personen müssen Rundfunkbeitrag zahlen. Die Beitragspflicht beginnt in dem Monat, in dem sie erstmals in einer Wohnung wohnen, nach dem Melderecht dort gemeldet oder im Mietvertrag als Mieter genannt sind. Wenn ein Bewohner den Rundfunkbeitrag zahlt, brauchen die übrigen in der Wohnung lebenden Personen keinen Beitrag zu zahlen.

Unter bestimmten Voraussetzungen gibt es die Möglichkeit, aus finanziellen oder gesundheitlichen Gründen eine Befreiung von der Rundfunkbeitragspflicht bzw. eine Ermäßigung des Rundfunkbeitrags zu beantragen.

Tipp

Einzelheiten über die Beitragsbefreiung sind unter www.rundfunkbeitrag.de nachzulesen.

BERECHTIGTE

Wer bestimmte Sozialleistungen erhält, kann sich von der Rundfunkbeitragspflicht befreien lassen. Zu diesem Personenkreis gehören etwa Empfänger von Hilfe zum Lebensunterhalt (vgl. Seite 234), Grundsicherung im Alter und bei Erwerbsminderung (vgl. Seite 207 und 217), Hilfe zur Pflege als Sozialhilfe (vgl. Seite 244), Sozialgeld (vgl. Seite 118) oder Arbeitslosengeld II (vgl. Seite 100). Auch wer staatliche Förderung erhält, um eine Ausbildung oder ein Studium zu absolvieren, kann eine Befreiung beantragen. Dazu gehören Empfänger von Ausbildungsförderung nach dem Berufsausbildungsförderungsgesetz (vgl. Seite 41 ff.) und von Berufsausbildungsbeihilfe (vgl. Seite 50). Ferner können taubblinde Menschen oder Empfänger von Blindenhilfe eine Befreiung beantragen. Eine Ermäßigung des Rundfunkbeitrags können Schwerbehinderte mit dem Merkzeichen „RF" im Schwerbehindertenausweis beantragen.

Tipp

Wer keine der genannten Sozialleistungen erhält, weil die Einkünfte die jeweilige Bedarfsgrenze knapp übersteigen, kann eine Befreiung von der Rundfunkbeitragspflicht als besonderer Härtefall beantragen. Voraussetzung ist, dass die Überschreitung geringer ist als die Höhe des Rundfunkbeitrags.

ANTRAG

Rundfunkbeitragsbefreiung bzw. -ermäßigung gibt es nur auf Antrag. Das Antragsformular kann im Internet unter www.rundfunkbeitrag.de online ausgefüllt werden. Zudem ist das Formular bei Städten und Gemeinden erhältlich. Der Nachweis, der für den angegebenen Antragsgrund zutrifft, muss dem Antrag beigefügt werden.

Der Antrag ist an folgende Adresse zu richten: ARD ZDF Deutschlandradio Beitragsservice, 50656 Köln.

STICHWORTVERZEICHNIS

A

B

E

O

P

R

S

T

U

IMPRESSUM

Herausgeber
Verbraucherzentrale Nordrhein-Westfalen e. V.
Mintropstraße 27, 40215 Düsseldorf
Telefon: 02 11/38 09-5 55
Telefax: 02 11/38 09-2 35
Internet: www.vz-nrw.de
E-Mail: ratgeber@vz-nrw.de

Autoren:	Dr. Jürgen Brand, Dr. Otto N. Bretzinger, Peter F. Brückner
Fachliche Beratung:	Bernd Jaquemoth, Nürnberg
Herausgeber:	Dr. Frank Bräutigam
Koordination:	Wolfgang Starke
Lektorat:	Dr. Mechthild Winkelmann, Dortmund
Produktion:	bretzinger : media.production, Baden-Baden
Satz:	typografie & layout, Evelyn Haller, Gaggenau
Gestaltungskonzept:	Ute Lübbeke, Köln, www.LNT-design.de
Umschlaggestaltung:	Ute Lübbeke, Köln, www.LNT-design.de
Umschlagfoto:	Getty Images – Jurgen Ziewe
Druck/Bindung:	Kraft Druck GmbH, Ettlingen Gedruckt auf 100 Prozent Recyclingpapier

Redaktionsschluss: 15. Mai 2015